イタリアの
都市とオペラ

・

福尾芳昭

水曜社

まえがき

本書の主目的は、イタリア本土の十四都市およびシチリアと何らかの縁のある三十五曲のオペラについての考察と論述である。「何らかの縁」とは

一　オペラの作曲者、またはごく少数のオペラでは台本作者が都市の出身者である。
二　オペラの作曲者が都市名の楽派（ヴェネツィア派とかナポリ派）の所属である。
三　オペラの舞台がその都市である。
四　オペラの題材が都市の歴史や伝説と関係がある。
五　オペラの初演地がその都市である。
六　オペラがその他の点で都市と特別の関係がある。

などである。

付随目的として、（一）各都市の簡単な概説、（二）各都市のオペラ小史、（三）少数の都市でその他の特別事項が加えられている。

各章での記述順序は、付随目的が前に置かれ、主目的が後に置かれている。各章で取り上げられているオペラの数は一定ではなく、最多の章は五曲、最少の章は一曲で、全章合計で三十五曲である。

三十五曲のオペラの作曲家別では、ヴェルディが五曲、ロッシーニとドニゼッティとプッチーニが三曲ずつ、モンテヴェルディとペルゴレージとベッリーニが二曲ずつ、他の十五人の作曲家が一曲ずつで、作

曲家の総計は二十二人である。今日作品が劇場で上演されている著名なイタリア・オペラ作曲家のほとんどが、二十二人の中に網羅されている。

主目的である三十五曲のオペラについての記述は、一定の形式に従って進められている。記述内容は、各オペラの資料と筋書と解説から成っている。作品理解をより深めるために、筋書はかなり詳しく記述されており、聴きどころや重要事項にも言及している。解説では多面的、総合的な作品論を展開し、作品評を試み、作曲者の「人と作品」の概説をしている。

三十五曲の作品は、オペラ誕生期から二十世紀末に至る四世紀間のあらゆる世紀、時代、楽派から万遍なく集められているので、本書によってイタリア・オペラの膨大な作品群の概要に通じ、その特色や魅力に親しむことができる。

都市の配列順序は、第一章フィレンツェから第五章ナポリまでがオペラ誕生とその伝播の順序になっているので、それはほぼ十八世紀までのイタリア・オペラ史を形成していることになる。第六章のヴェローナ以下の順序は明確な一定の原則に従っているのではなく、任意の順序である。

同一章内の複数の作品の配列順序は初演順になっている。

第五章のペルゴレージのオペラ・セリア《誇り高い囚人》とその幕間オペラ《奥様女中》とは別個の曲だが、初めは二曲を一体として同時に上演した。その後《奥様女中》が本体と別れて一人歩きするようになり、幕間オペラ最高の名曲と評価され、本体の《誇り高い囚人》は没却の運命を辿り、二曲が同時に劇場上演されることはない。こういう事情で《誇り高い囚人》と《奥様女中》を二曲に数え、本書の作品総数を三十五曲としている。

イタリアの都市とオペラ　目次

第1章

フィレンツェ

ヤコポ・ペーリ《エウリディーチェ》
ジュゼッペ・ヴェルディ《マクベス》
ジャコモ・プッチーニ《ジャンニ・スキッキ》

◉都市の概説とオペラ小史

洗礼者ヨハネを守護聖人とするフィレンツェは、「花の都」と呼ばれ、イタリア中部のアルノ川中流に位置するトスカーナ州の州都で、ローマとミラノのちょうど中間にあり、イタリア全土に通ずる交通の要衝である。ルネサンスの揺籃の地であると同時にそれが最高度に開花したフィレンツェは、人文主義、学問、文化、芸術の歴史と伝統と栄光に輝き、文化財と芸術遺産が無尽蔵で、世界屈指の観光都市である。

フィレンツェの都市作りは紀元前一世紀にフロレンティアと呼ばれるローマの植民都市として始まり、

十二世紀には都市国家へと発展した。産業では十三世紀以来特に毛織物業が隆盛を極め、フィレンツェの繁栄の基盤となった。同業組合員だけが政治の執行機関の構成員で、共和制都市国家とは名ばかりで、参政権者は一部の商工業者だけだった。

メディチ家は十三世紀には裕福な新興成金となり、毛織物業や絹織物業で成功していたが、その後の一家の最大の実業は金融業で、ジョヴァンニ、コジモ（祖国の父）、ピエロ、ロレンツォ（豪華王）と続いた十四世紀から十五世紀にかけて、その営業網は広く海外に行き渡った。一家は莫大な産をなし、それを背景に政界に進出し、フィレンツェの支配者になった。一五六九年にコジモ・メディチはトスカーナ大公となり、共和制都市国家は大公国に変貌し、彼は大公国の君主となり、一家からローマ教皇も出た。一家は十四世紀から最後の大公ジャンガストーネの一八三四年の死までフィレンツェに君臨支配した。フィレンツェはその後の曲折を経て、一八六一年のイタリア統一を迎えた。

十四―五世紀のメディチ家四代の当主たちは、銀行家や政治家だっただけではなく、学術、文化芸術の偉大なパトロンであり、ジョヴァンニのように自身が学者・詩人だった当主もいた。ルネサンス時代のフィレンツェの文化財や芸術遺産は、メディチ家の莫大な財力と当主たちの文化や芸術の奨励と保護の熱意に大いに依存している。

無尽蔵と言ってもよい文化財や芸術遺産は枚挙にいとまがない。建築ではフィレンツェを象徴する存在で、周囲から屹立しており、巨大な円蓋が聳える雄大な、サンタ・マリーア・デル・フィオーレと呼ばれる大聖堂にまず瞠目する。一二九六年に着工し、一四二一年に完成した。ウッフィツィ美術館はフィレンツェ美術のハイライトで宝庫、ルネサンス期の巨匠たちの名品では全世界に類例を見ない充実ぶりで奇跡。

入場者の長蛇の列を見ることがあるほどの人気ぶり。

＊

フィレンツェの音楽史上最大の事件は十六世紀末のオペラの誕生である。日本ではちょうどこの頃オペラと類似点もある歌舞伎が京都で呱々の声をあげていた。史上最初のオペラは一五九七／八年に、現存するアルノ河畔のヤコポ・コルシ邸で上演された、オッターヴィオ・リヌッチーニ（一五六二―一六二一）の台本によるヤコポ・ペーリ（一五六一―一六三三）の《ダフネ》だが、これはごく一部分しか今日に伝わっていない。現存最古の上演オペラは《ダフネ》と同じ台本作者と作曲者による《エウリディーチェ》で、一六〇〇年十月六日にトスカーナ大公のピッティ宮殿で、フランス王アンリ四世とメディチ家のフランチェスコ一世の娘マリーアとの婚礼の余興として上演された。なお、この台本にはジューリオ・カッチーニ（一五五一―一六一〇）も作曲したが、その上演は約二年半後のことだった。

一六世紀のイタリアには文学、芸術、科学などの研究をするアッカデーミアと呼ばれる多くの団体があり、フィレンツェのカメラータはその一団体だった。カメラータは一五七〇年代に多才なジョヴァンニ・デ・バルディによって組織主宰され、彼の邸宅を会場に活動し、会員にはヤコポ・コルシ、ヴィンチェンツォ・ガリレーイ（有名な天文学者ガリレーイの父）、ピエロ・ストロッツィ、ヤコポ・ペーリ、ジューリオ・カッチーニ、エミリオ・デ・カヴァリエーリ、オッターヴィオ・リヌッツィーニのような学者、詩人、劇作家、音楽家たちがいた。

カメラータの重要な活動は古代ギリシャ音楽の語法や様式の研究と彼ら自身の新音楽の語法や様式の創

造だったが、古代ギリシャ音楽像は彼らにはくっきりと描けなかった。彼らはギリシャ悲劇では台詞は全部歌われたと憶測したが、事実はその一部は歌われ、大部分は語られた。彼らのギリシャ悲劇の研究とその復興上演の試みが、結果としてオペラの創始誕生へと発展し、人類文化に絶大な恩恵と福音をもたらした。

カメラータが生まれ育ったルネサンス末期のイタリア音楽は、ミサやモテットのような教会音楽でもマドリガーレに代表される世俗音楽でも、重唱や合唱が主流で、それらの語法は対位法であり、様式は多声（ポリフォニー）である。こういう音楽では、当然ながら言葉が複雑に重なり合うから、その意味が聴き取りにくいか、聴き取り不可能である。カメラータは多声音楽を排して、言葉が十分に聴者の心に届き、言葉と音楽とが融合一致する新音楽の創始と取り組んだ。彼らの新音楽の語法はモノディであり、様式はスティーレ・ラップレゼンタティーヴォである。モノディの元義はギリシャの独唱歌のことだが、ここでは彼らの提唱した通奏低音付きの単声歌を意味する。人文主義者の彼らのモノディという用語は、彼らの仕事上の立場とうまく合致する。スティーレ・ラップレゼンタティーヴォはレチタール・カンタンド（歌で語る）とも呼ばれ、レチタティーヴォ、または朗誦と解してよい。一方、器楽伴奏は歌詞の十分な理解の配慮がなされた簡単な通奏低音を基本とする。要約すれば、単声歌を通奏低音の伴奏で歌と語りの中間的歌唱法で歌った新音楽劇が、カメラータの創始したオペラである。独唱が大部分だが、重唱や合唱も皆無ではない。カメラータ独特の装飾歌唱は聴かれるが、シラビック歌唱（一音節一音符を基本とする歌唱）の朗誦が基本唱法だから、後のオペラでの一般的な装飾唱法は使われない。詩句の反復歌唱もごく少ない。

オペラがカメラータのギリシャ悲劇の研究とその復興上演の試みにその誕生理由の一部を依存しているのを考察すれば、草創期やバロック初期の圧倒的多数のオペラの題材がギリシャ神話に求められたのは極めて自然であり、フィレンツェはオペラ発祥地にふさわしい都市である。オペラはルネサンスの人文主義のかけ替えのない貴重な成果である。

オペラの先駆的音楽劇インテルメーディオ（幕間劇）の一例に言及しておくのも有益だろう。これは一五八九年五月二日にメディチ家のピッティ宮殿で、トスカーナ大公フェルディナンド一世とフランスの公女クリスティーヌ・ド・ロレーヌとの祝婚の余興として上演されたジローラモ・バルガーリの喜劇『ラ・ペッレグリーナ（女巡礼）』五幕の前後と幕間の六箇所に挿入された幕間劇である。台本作者と作曲者は個人ではなく、フィレンツェのカメラータの多くも参加した合作である。

絢爛豪華で、贅を尽くした舞台作りの六つの幕間劇が展開され、舞台空間は天上、地上、海上に及び、天上の神々も地上の人間（フィレンツェ市民）も挙って新婚夫婦を祝福し、メディチ家とトスカーナ大公国を賛美するのがこのインテルメーディオの大目的である。六つの幕間劇の構成は異なるが、音楽はそれぞれ独唱、重唱、合唱、アンサンブルから成り、それらが異なった種々の編成の楽器群によって伴奏される。シンフォニアと呼ばれる合奏曲やバレエの合奏曲もある。声楽、器楽、バレエが組み合わされて、六つの幕間劇が構成されている。ドラマの間の緊密な結びつきはないが、展開される舞台はオペラとさして変わりがない。草創期やバロック初期のオペラが君主や貴族の祝典のために上演されたり、彼らの権力や財力誇示に利用される豪華な娯楽だったのを思い起こせば、このインテルメーディオはどの点からもそれと軌を一にする。

ちなみに、このインテルメーディオは、LD（東芝EMI TOLW3620 二面）、CD（東芝EMI CE 33-5411）で楽しむことができる。LDでは第二幕間劇が未収録。

*

メディチ家の宮廷文化として誕生したフィレンツェのオペラの享受者は、宮廷人や富豪たちで、一般市民はオペラとは無縁だった。フィレンツェのオペラでメディチ家の祝典のためにピッティ宮殿で上演された作品の中で今日に伝わっているのは、ペーリとカッチーニの《エウリディーチ》、カッチーニの娘フランチェスカ・カッチーニの《ルッジェーロの救出》（一六二五）、マルコ・ダ・ガリアーノの《花神》（一六二八）の四曲にすぎない。筆者は《花神》を除く三曲を聴いている。

今日聴くことができるフランス・オペラの最初の作曲家ジャン＝バティスト・リュリ（イタリア名ジョヴァンニ・バッティスタ・リュッリ）は、一六三二年にフィレンツェで生まれ、一六八七年にパリで没したオペラや舞台音楽の世界的大作曲家である。彼は一六四六年にフランスへ移住し、一六六一年にフランスに帰化して、ルイ十四世の宮廷で大活躍した。

最初期のオペラは宮廷劇場や貴族の館で上演されたが、一六五〇年代にペルゴラ劇場が開場し、改修、改築、一時閉鎖などの曲折を経て今日に至っている。この劇場で初演された名曲オペラにはドニゼッティの《パリジーナ》（一八三三）とヴェルディの《マクベス》（一八四七）がある。

ヴィットリオ・エマヌエーレ・フィレンツェ大劇場の名称で一八六四年に開場したもう一つの劇場は、その後改装され、一九三二年にテアトロ・コムナーレ（市立劇場）として再出発し、今日ではフィレンツェの代表的オペラ劇場となっている。

リュリ以外にフィレンツェ生まれの有名なオペラ作曲家としてルイージ・ケルビーニ（一七六〇―一八四二）がいるが、彼も一七八八年以降パリに永住し、フランス語のオペラを書いた。今日では彼の最高の名作となっている《メデーア》（一七九七）は、台詞入りのオペラ・コミック《メデ》として初演されたが、今はイタリア語のオペラ・セリアとして劇場上演され、ディスク録音されるのが普通である。つまりイタリア・オペラである。

フィレンツェのオペラ史での名声と栄光は、ほとんどもっぱらオペラの誕生地だということである。オペラの草創期以降フィレンツェでフィレンツェのために活躍した知名の作曲家はほとんどいない。既述のように、フィレンツェ初演のイタリア・オペラもごく少数である。代表的オペラ劇場テアトロ・コムナーレのシーズンの上演演目も上演日も少なく、上演活動は活発ではない。

今日フィレンツェのオペラで非常に重視されている一大行事は、マッジョ・ムジカーレ・フィオレンティーノ、直訳ではフィレンツェ音楽の五月、俗称フィレンツェ五月祭である。一九三三年に指揮者ヴィットーリオ・グイを中心にして始められ、例年五―六月にテアトロ・コムナーレとペルゴラ劇場を主要会場に開催されている。地名からして花に象徴されているように、フィレンツェの最良の季節に音楽と花を愛で浮かれる催しである。オペラの上演だけではなく、コンサートなど多彩な音楽祭である。

◉作品紹介

ヤコポ・ペーリ《エウリディーチェ》プロローグと五場
――現存最古の初演オペラ

■原作　オルフェオ神話
■台本　オッターヴィオ・リヌッチーニ、イタリア語
■初演　一六〇〇年十月六日 ピッティ宮殿
■登場人物（登場順。以下の作品も同様）
トラジェディーア……メゾ・ソプラノ
アミンタ　牧人……テノール
ニンファI……ソプラノ
アルチェートロ 牧人……バリトン
ニンファII……ソプラノ
エウリディーチェ……ソプラノ
ニンファIII……ソプラノ
オルフェオ……テノール
ティルシ……テノール

ダフネ……ソプラノ
ヴェネーレ……ソプラノ
プルトーネ 地獄の王……バス
プロセルピーナ 彼の妻……メゾ・ソプラノ
カロンテ 三途の川の渡し守……バス
ラダマント……テノール

■録音ディスクと演奏時間 多数あるCDの一例 ARTS 47276-2 二枚組 海外盤 約一時間四十二分。

■すじがき

［プロローグ］
トラジェディーアが登場し、婚礼の催し物としてこれから上演される新しい音楽劇を楽しむ王侯貴族に前口上を述べる。彼女は音楽劇の主題や筋、上演者たちの役割を紹介し、最後にトラキアの楽人オルフェオの歌（この音楽劇）をお聴き下さいと挨拶を結ぶ。

［第一場］
今日はオルフェオとエウリディーチェの婚姻の日。牧人アミンタとニンファが彼らの婚礼を称え、エウリディーチェは嬉しくてうっとりしながら、森の心地よい木陰で歌い踊りましょうと仲間たちを誘う。

［第二場］
オルフェオが、これまで悲しい日もあったが、今はエウリディーチェとの結婚の喜びにひたり、悲しみ

は喜びへの試練だと歌う。彼の友アルチェートロもティルシも、彼の幸福な婚姻を祝福する。そのとき、ダフネが悲痛な顔で駆け込んできたので、オルフェオもこんな嬉しい日になぜ美しい顔を曇らせているのかと尋ねる。ダフネは初めは彼女の悲嘆の理由を打ち明けるのをためらうが、男たちにそれを明かすようせき立てられて、迷ったあげく、エウリディーチェの惨事を明かす。ダフネは、美しい花嫁が仲間たちと緑の牧場で優雅に踊っていると、花と草の間に潜んでいた毒蛇が彼女に噛みつき、彼女は死んでしまった、と告げ、彼女の死の模様を事細かに物語る。

あまりの惨事の衝撃で、オルフェオは初めは嘆くことも泣くこともできず、茫然自失の体だったが、やがて途方に暮れながら惨事の現場へ駆けつける。アルチェートロは熱愛の男女を悲惨な目に会わせた残酷な、妬み深い死神に腹を立て、オルフェオが極度の悲嘆に負けて自殺する危険を感じ、彼の後を追って行く。喜びが悲しみに、笑いが涙に、楽しく甘美な歌が悲痛な泣き叫びに一変した惨事を独唱と合唱が交互に歌い、アンサンブルで終わる。

［第三場］

オルフェオのところから帰って来たアルチェートロが、天の配剤で彼は自殺していないとニンファたちに報告する。彼はオルフェオがエウリディーチェの血で真っ赤に染まった牧場を見て真青になってさめざめと泣き、倒れて石のようになり、死んだも同然に見えた、そのとき不思議なことに、輝かしいサファイアの戦車に乗って女神が現れ、降りてきて彼を起こすと、彼の顔に平静がもどった、と物語る。これを聞いた人びとは女神を称え、天恵を合唱する。アミンタは神殿で感謝を捧げて歌おうと誘い、合唱となる。

［第四場］

オルフェオは天から降りてきたヴェネーレに導かれて地獄へ下る。女神は彼に竪琴に合わせて歌えと命じ、死神が奪った彼の婚約者はここにいると告げ、天上の神々を動かした彼の悲嘆は、地獄の死神をも動かすはずだから、彼に祈り、嘆き、泣けと勧める。女神が立ち去ると、オルフェオは冥府の王に心底から愛しい婚約者と死別した悲嘆を訴える。オルフェオがエウリディーチェを返してほしいと嘆願し、竪琴に合わせて歌うが、プルトーネは地獄の厳格な掟があって彼の懇願を拒絶する。しかし、オルフェオの再三の執拗な嘆願に地獄の王の妻プロセルピーナと三途の川の渡し守カロンテが同情し、遂に冥府の王も折れて、オルフェオの涙と美しい歌が勝利の栄光を勝ち取ったと宣言し、エウリディーチェを連れて地上に帰るのを彼に許す。地獄の人びとは暗黒の黄泉《よみ》の国から地上の光明の国へ帰った者はこれまで誰一人いなかったと言い、オルフェオの竪琴と歌は勝利したが、地上へ戻ることは至難の業で、これを成就する者は偉人だけだと合唱する。

［第五場］

トラキアでは夕暮れが迫り、アルチェートロはオルフェオが帰らないので心配し、牧人やニンファや友人たちも、彼の運命について悲観論や楽観論を交わしている。アミンタがオルフェオは幸せであり、エウリディーチェも今までより美しくなり、オルフェオの傍らで嬉しそうにしていると伝える。それを聞いて、アルチェートロはそんな話はたわごとだと主張するが、アミンタが、一同が神殿へ祈願に行ったとき、エウリディーチェの悩んでいる老父母を慰めているとぱっと光が射して、眼前に嬉しそうにしているオルフェオとエウリディーチェが現れたと断言する。これを聞いて、全員が驚き、喜ぶ。

オルフェオとエウリディーチェが現れ、オルフェオは愛の女神に案内されて黄泉《よみ》の国へ降り、残忍な王プルトーネを懐柔して、エウリディーチェを地上に連れ帰る許可を得た一部始終を一同に物語る。彼らは死者を地獄から生還させた彼の竪琴と歌の不思議な力と魅力を称え、彼らの歓喜の合唱で全曲の幕となる。

■解説

ヤコポ・ペーリは一五六一年にローマで生まれ、一六三三年にフィレンツェで没した作曲家、歌手、楽器奏者を兼ねた多芸多才の有能な音楽家。フィレンツェで修行し、一五八八年頃からメディチ家の宮廷に音楽家として出仕し、既に言及した一五八九年上演のインテルメーディオの音楽の一部の作曲者であり、歌手としてそれに出演もした。ちなみに、彼は《エウリディーチェ》の初演でもオルフェオ役で出演した。彼もその有力会員だったカメラータの新音楽劇（オペラ）のための理論と原理は、言葉が明瞭に聴き取れ、理解できるように、通奏低音の伴奏で独唱（一部重唱、合唱などを含む）を歌と語りの中間の唱法で歌うことである。カメラータの用語で言えば、モノディとスティーレ・ラップレゼンタティーヴォの原理による新音楽劇がオペラである。この原理を実験して作品化し、上演した現存最古のオペラがペーリの《エウリディーチェ》である。

《エウリディーチェ》のドラマの大部分は朗誦調の旋律の対話で展開され、節回しのある歌謡的旋律は皆無と言ってもよく、合唱は多くなく、重唱は極度に少なく、伴奏は大部分簡単な通奏低音なので、オペラは概して、声楽的にも器楽的にも単調で、変化に乏しく、味気なく、乾燥していて、潤いのない印象を強く受ける。いかにも新音楽劇のための理論や理念に基づいて実験されて作り上げられた曲だという感じが強い。全曲のフィナーレは祝婚の余興にふさわしく、舞踏を伴う華やかなアンサンブルとなっている。

ルネサンスの人文主義の申し子とも言えるオペラは、その四百年の歴史を通して好んでオルフェオとエウリディーチェの神話を題材としてきて、その作品は夥しい数である。モンテヴェルディの《オルフェオ》（一六〇七）やグルックの《オルフェオとエウリディーチェ》（ヴィーン版一七六二、パリ版一七七四）は特に人気が高い名作である。オルフェオは人間だけではなく動物さえも彼の美声でうっとりと魅了したのだから、オペラの題材にふさわしい人物であり、オペラ歌手はいわばオルフェオの子孫である。

オルフェオとエウリディーチェのオペラの物語には種々のヴァリエーションがある。特にオルフェオが冥府から地上へエウリディーチェを連れ帰る途中で禁止されていたのに、彼女を振り返って見たために彼女が再び冥府へ呼びもどされた後のオルフェオの物語は、オペラによっても大きな相違がある。神話ではオルフェオは最後には殺される悲劇物語になっているが、祝婚の余興として上演されたペーリのオペラがハピー・エンドであるのは当然である。

現存最古の上演オペラとしての栄誉が《エウリディーチェ》の今日的な第一の意義と価値である。初演当時は新生音楽劇としての価値と名声で歓迎され、享受されただろう。しかし、オペラはその後の四百年の歴史の中で多彩な名作、力作を生み出してきたので、それらを楽しんでいる現代のオペラ視聴者は《エウリディーチェ》の歴史的意義を高く評価しても、それを感動的名作だとは称えないだろう。その証拠に《エウリディーチェ》は劇場のレパートリーとはなっていない。音楽祭や地方劇場で時に上演されることはあるが、大劇場や有名劇場では上演されない。名曲並みにかなり多くの録音ディスクが出ているのは、歴史的意義が理由だろう。

ジュゼッペ・ヴェルディ《マクベス》四幕九場

――ペルゴラ劇場がその初演を誇る名曲オペラ

■**原作**　ウィリアム・シェイクスピアの悲劇『マクベス』(一六〇六)

■**台本**　フランチスコ・マリーア・ピアーヴェ、補筆　アンドレーア・マッフェイ　イタリア語

■**初演**　一八四七年三月十四日　フィレンツェのペルゴラ劇場　改訂版　一八六五年四月二十一日　パリのリリック劇場

■**ドラマの時と所**　十一世紀半ばのスコットランドおよびスコットランドとイングランドとの国境地帯

■**登場人物**

マクベス　武将、のちスコットランド王……バリトン

バンクォー　武将……バス

マクベス夫人……ソプラノ

召使い……バリトン

マクダフ　貴族……テノール

刺客……バス

第一の幻影……ソプラノ

第二の幻影……ソプラノ

第三の幻影……ボーイ・ソプラノ

マルコム　ダンカン王の長男……テノール
侍女……ソプラノ
　医師……バス

■**録音ディスクと演奏時間**　多数あるＣＤの一例　ロンドン　F70L50464-5　二枚組　約二時間十七分。
ＬＤの一例　東芝ＥＭＩ　TOLW 3559-60　三面　約二時間三十分。ＶＨＤ　ビクター　VHM 64055-6
二枚組　約二時間二十九分。ＤＶＤの一例　TDK TDBA-0040　二枚組　約二時間十九分。

■**すじがき**

［前奏曲］
殺人が横行し、血と闇のイメージに包まれた陰惨な悲劇を暗示する印象的な曲で、〈魔女たちの合唱〉と〈マクベス夫人の夢遊の場〉の音楽で構成されている。

［第一幕第一場　荒野］
激しい雷鳴と稲妻を突いて三集団の魔女たちが次々に現れ、奇怪で、不気味な合唱をしながら輪舞する。やがて小太鼓の音が聞こえ、マクベスとバンクォーが通りかかる。マクベスが「こんなに荒れた、美しい日はない」と言うと、バンクォーが「こんなに栄光に輝いた日もない」と応ずる。マクベスの文句は矛盾し、混沌としていて、彼の悲劇的運命を示唆している。魔女たちの集団がマクベスを「グラームズの領主」、「コーダーの領主」、「スコットランド王」と次々と呼び、バンクォーを「王の父」と呼んで姿を消す。
二人の武将が打ち驚き、不思議がっていると、王からの使者たちが現れ、コーダーの領主が反逆罪で処刑され、マクベスが領主に任命されたと合唱する。魔女たちの予言が的中したので、かねてからマクベスの意識の底で眠っていた国王への野心が目覚め、国王弑逆の犯罪が鎌首をもたげかけ、彼の心は野心と恐怖の狭間で葛藤を演ずる。冷静で、思慮深い智将のバンクォーは、魔女たちが表裏二枚舌で彼らを陥れるのを警戒する。マクベスの複雑な胸中を察することができない使者たちは、彼がコーダーの領主に任命されても素直に喜ばない素振りを不思議がる。全員が退場すると、魔女たちが再登場し、マクベスの悲劇の完結を仄めかす予言をする。

［第一幕第二場　マクベスの居城の広間］

マクベス夫人が魔女の予言とその一つの的中を知らせる夫の手紙を読みながら登場し、彼をスコットランド王の座に就かせるために、優柔不断な彼を叱咤激励し、その貫徹を彼に断乎決断させることにする。ダンカン王が今夜この城に泊るのを召使いから聞いて、彼女は国王弑逆の好機到来と喜び、地獄の支配者にさえ成功のための加勢を呼びかける。現行改訂版《マクベス》には四曲のアリアがあり、これは唯一のカヴァティーナ＝カバレッタ形式のアリアで、マクベス夫人の特異性格が巧みに、印象的に表現されたドラマティックな曲である。彼女は夫が帰城すると早速彼に今夜ダンカン王殺害の決行を迫る。彼が良心の呵責と恐怖でためらい、失敗の恐れを口にすると、彼女は弱気な夫を叱咤する。

マクベスは彼の野心と妻の強要でダンカン弑逆を決心したものの恐怖と良心の呵責に苛まれ、すでに精神異常の状態に陥り、幻覚症状が起こって幻の短剣を見る。彼は妻の決行合図のベルを聞いてダンカン王の寝室へ向う。代ってマクベス夫人が現れ、事の首尾を心配しながら夫を待つ。やがて事を終えてもどってきたマクベスは、気が動転し、幻聴に悩まされる。恐怖で凍りついた彼の心の煩悶は深刻で、彼は眠りを殺したからもう眠れないと嘆く。衛兵に殺人の罪をなすりつけるために、夫の代りに妻が血染めの短剣を置きに行く。大海の水も手の血を洗い落せないと嘆くマクベスに、妻は血に染まった彼女の手を洗うには少しの水で十分だと言う。マクベスは後悔し、ダンカン王が生き返ればよいと思い、発狂せんばかりである。この〈シェーナと二重唱〉はマクベス夫妻の心理のドラマティックな描写と性格表現の見事な、聴きごたえのあるナンバーで、ヴェルディが最も重視し、力を入れて書いた曲で、ドラマの展開の一つの山場でもある。第四幕第二場のマクベス夫人の〈夢遊の大シェーナ〉と共に全曲中の白眉である。

ともかく、野心実現の第一歩を踏み出したマクベス夫妻が退場すると、マクダフとバンクォーが登場し、マクダフがダンカン王を起こしに寝室に行く。その間にバンクォーが、大事件の前兆であるかのように死者の声や不吉な鳥の鳴き声が聞こえ、大地が揺れたとアリオーソ風に歌う。そこへ国王暗殺の惨事を発見して腰を抜かすほど驚いたマクダフがもどってくる。バンクォーが何事かと確かめに寝室へ駆け込み、マクダフが「殺人だ！」と大声で叫ぶ。マクベス夫妻、侍女、マルコム、その他の人びとが現れると、バンクォーがダンカン王暗殺を発表する。マクベス夫妻は何くわぬ顔で驚愕の振りをし、彼らにマクダフ、バンクォー、マルコム、侍女が加わって六重唱となり、さらに居合わせる全員のアンサンブルとなる。一同は「暗殺者を罰したまえ」と神への祈りを歌い、第一幕が終わる。

［第二幕第一場　マクベスの居城の一室］

マクベスは魔女の予言を暴力で実現して国王になったが、恐怖や不安に苛まれている。彼はバンクォーの子供が王になるとの魔女たちの予言が不安の種だと妻に打ち明け、彼らはバンクォー父子をその夜暗殺することに決める。マクベス夫人は王座への野心実現の喜びを歌う。このアリアはパリ改訂版で書き変えられた重点ナンバーの一曲で、当時のアリアの定型に縛られない自由な形式となり、ドラマティックなアリアの名曲である。

［第二幕第二場　城に近い公園］

二組のバンクォー暗殺団が親子を待ち伏せしながら合唱する。やがて親子が通りかかり、バンクォーはあたりに殺気を感じて不安になり、災難を予感する。暗殺団がバンクォーに襲いかかり暗殺するが、子供は辛くも逃げのびる。〈大シェーナ〉と名づけられたこのナンバーは、バンクォーの複雑な心理を巧みに歌ったアリオーソに近い佳曲である。

［第二幕第三場　マクベスの居城の大広間］

貴族、騎士、貴婦人たちが新王マクベスと王妃を称えて合唱し、彼らの祝福に応えて、王妃が乾杯の歌を歌い、一同がそれに唱和する。暗殺団の一人が現れ、バンクォー親子の暗殺の首尾を報告して退場する。マクベスが空とぼけて、バンクォーが祝宴の席にきていないのを残念がる振りをしてそこに着席しようとすると、彼の亡霊がいるのでマクベスはびっくり仰天する。亡霊は彼の恐怖と罪の意識が生み出した幻影で、出席者たちには見えないので、彼らは彼が発狂したと驚き、マクベス夫人は「それでも男ですか」と彼を窘《たしな》める。亡霊が消えると、再び乾杯の歌が歌われるが、再現した亡霊に、マクベスは虚勢を張って強気の文句を浴びせる。しかし、結局彼は弱気になって亡霊に消えてくれと哀願する。祝宴の場は大混乱に陥り、祝宴の続行は不可能となる。マクダフはじめ一同はマクベスの犯罪に気づいて国が乱れるのを愁い、身の振り方を熟慮する。マクベス夫妻とマクダフは各人各様の内心の思いを披瀝し、全員の合唱が加わって一大アンサンブルとなり、第二幕が終わる。

［第三幕　森の中の暗い洞窟］

雷鳴の最中に魔女たちが大釜で奇怪なものを煮ながら合唱している。パリ改訂版ではフランス人のバレエ愛好を考慮して、バレエ・ナンバーが付加されたが、一般の上演や録音では習慣的にカットされている。そこへマクベスが現れ、魔女たちに彼の運命の予言を求める。彼女たちは幻影を呼び出してそれに応じさせる。第一の幻影は「マクダフに用心せよ」と告げ、第二の幻影は「おまえは女から生まれた者には負けない」と告げ、第三の幻影は「バーナムの森が動かぬ限り、おまえは誰にも負けない」と告げるので、マクベスは無敵だと信じ、喜ぶ。またしても彼は予言を信じて騙される。彼が魔女たちにバンクォーの子孫が王になるのかと尋ねると、八人の王の幻影が次々に現れ、最後の幻影はバンクォーである。彼は幻影に恐怖して切りつけるが、気絶卒倒する。その間に空気の精たちが現れて彼を取り巻いて踊り、魔女たちは合唱する。

魔女たちと空気の精たちが退場し、マクベスが意識を回復すると、マクベス夫人が現れ、彼は奇怪な幻影の予言とバンクォーおよび彼の七人の子孫の幻影の出現を彼女に物語る。彼らはマクダフ一家やバンクォーの息子の皆殺しを誓い合い、殺人鬼と化して、犯罪の徹底的完結の決意を二重唱する。

［第四幕第一場　スコットランドとイングランドの国境地帯の荒野］

マクベスの暴政に虐げられた亡命者たちが、祖国の悲惨な絶望的運命を嘆いて合唱する。ヴェルディには勇壮で、力強く、激烈な合唱の名曲が多いが、これは暗く、沈痛な表情の合唱の名曲である。家族を国に残してイングランドへ亡命していたマクダフは、一家全員がマクベスに惨殺されたのを知り、彼らを守らなかった自責の念を痛感して、マクベスへの復讐のアリアを歌う。マルコムが彼を慰め、亡命者たちはマクベスに虐げられている祖国解放の勇壮な合唱をする。
マクベス夫人は野心と権勢欲のために夫に国王を弑逆させ、血の犯罪を次々と犯させた特異性格の女であるが、悪魔でも鬼でもない。結局、彼女も犯罪の恐怖と悔恨と良心の呵責に心を引き裂かれ、苦悶で精神錯乱に陥り、夢遊病者となる。かなり長い前奏があり、医師と侍女が待機しているとマクベス夫人が夢遊状態で現れ、手を洗うしぐさをしながら「アラビア中の香料もこの小さな手を清められない」と嘆く。彼女が血の犯罪を次々に朗誦するので、医師と侍女は恐怖に駆られ、神の慈悲を祈る。これは彼女の性格の一面の迫真の描写であり、全曲中最も感銘深い名曲である。

［第四幕第三場　マクベスの居城の一室］

イングランド軍に支援された反乱軍が来襲してくるが、マクベスは幻影の予言で不敗を信じ、敵との決戦に備え、全曲中唯一の彼のアリアを歌う。そのとき、侍女がマクベス夫人の死を知らせにくるが、多くの犯罪はすでにマクベスから人間性や人生の意味を奪い、彼の心を荒廃させ、彼を虚無的にしてしまったので、彼は妻の死にも無感動である。反乱軍が木の枝をかざして押し寄せてくるのを見て、バーナムの森が動いていると錯覚した部下の報告に慌てふためき、マクベスは急いで武装し、出陣する。

［第四幕第四場　丘と森に囲まれた平原］

反乱軍とマクベス軍との決戦となり、マクベスが「女から生まれた者はおれを殺せない」と叫ぶと、マクダフが「おれは母の腹を裂いて引き出された」と応ずるので、マクベスは急に力が抜け、決戦の末マクダフに打ち取られる。舞台裏から反乱軍の勝利の凱歌が聞こえ、やがてマルコム、兵士たち、亡命者たち、最後にマクベスを打ち取って復讐を果したマクダフが登場する。勝利とスコットランドの新しい夜明けと栄光を力強く歌うアンサンブルで全曲の幕となる。

■解説

ジュゼッペ・ヴェルディは一八一三年にレ・ロンコーレで生まれ、一九〇一年にミラノで没した、世界オペラ史上でモーツァルト、ヴァーグナーと共に三大作曲家の一人。貧困家庭に生まれ、苦学で音楽修業をし、名門ミラノ音楽院を志望したが失敗した。恩人の娘マルゲリータ・バレッツィと結婚後四年間で妻子と次々に死別し、家庭崩壊の憂き目を見、絶望のどん底で呻吟した。一八四二年ミラノ・スカラ座で初演の三作目のオペラ《ナブッコ》が大成功で迎えられ、一夜にしてイタリア・オペラ界のスターとなり、名声、経済的、社会的自由と独立を手にした。

名作の多いヴェルディのオペラで非常に重視されているのが十作目の《マクベス》である。彼はシェイクスピアを芸術の守護神と崇め、彼の芸術の父とも師とも仰ぎ、終生彼に畏敬の念と親愛の情を捧げた。彼のオペラ作法はシェイクスピア劇のオペラ化のたびに、主題的にも手法的にも飛躍的に進歩発展を遂げた。その第一歩が《マクベス》である。《マクベス》以前のオペラで彼は男女の三角関係と当時のイタリアで燃え盛っていたリソルジメント（イタリアの独立と国家統一運動）を絡ませた主題を好んで取り上げ、それで大きな人気を博した。彼はリソルジメントの精神的指導者に祭り上げられていた。その最大の成功作品が《ナブッコ》であり、《マクベス》の前作《アッティラ》（一八四六）もその主題で熱狂的賛辞と興奮で迎えられた。

今やイタリア・オペラ界で盤石の地歩を固めたヴェルディに自主独立のオペラ作法の洋々たる前途が開

かれた。《マクベス》では彼はリソルジメントと訣別し、シェイクスピアから学んだ「真実の創造」を大胆に試み、マクベス夫妻の内面の仮象と真実の矛盾相剋を主題とした。《マクベス》のモデルである史実は十一世紀のスコットランドのものだが、野心とそれが誘発する犯罪は、人類に普遍的なもので、現代社会でも瀰漫している。それだけに原作もオペラも現代人の心に強く訴え、彼らを感動させる。《マクベス》は原作もオペラも、国王への野心、弑逆の不安と恐怖、良心の呵責、悔恨と内面葛藤、精神荒廃、虚無、自暴自棄、精神錯乱、生の意味と価値の否定などが、巧みに、見事に展開されている深刻な心理劇である。

ヴェルディは彼のそれまでのどのオペラよりも《マクベス》を高く評価し、初演準備では万事万端自ら陣頭指揮し、特に歌手陣には歌唱法の教え込みと練習を苛酷なほど強制し、彼らに憎まれさえした。しかし、初演の結果は、彼の期待と聴衆の反応とが一致しなかった。今日では《マクベス》はオペラ史上の名曲として劇場で常時上演され、聴衆に深い感銘を与えているが、初演時の聴衆には、これは主題的にも手法的にも、彼らが日頃慣れ親しんでいたオペラやオペラの常識とはかなりかけ離れた作品だった。彼らは革新的なオペラの価値や偉大さを即時には理解できず、途方に暮れた。

《マクベス》はイタリア・オペラが過去二百年営々と培い、磨き込んできたベル・カント・オペラとはほとんど絶縁した作品である。美しい声で優雅に、しなやかに、超絶技巧の名人芸を駆使して、華やかな装飾をふんだんに施しながら旋律を歌う歌唱法と、ヴェルディが《マクベス》で人物たちの複雑微妙な心理や内面と彼らの特異性格を如実に、効果的に描写し、表現するために用いた歌唱法とは大きく異なり、対照的だった。

一八四九年一月二十二日にナポリのサン・カルロ劇場で《マクベス》が上演される二月前に、ヴェルディはマクベス夫人を演じるエウジェーニア・タドリーニが容姿端麗すぎ、天使のような美しい声だと不満を述べ、マクベス夫人は醜い女で、悪魔のような声であることを要求した。旋律の過度の装飾も詩句のくどい反復も必要ではなく、人物たちの心理や内面が明確に聴衆の心に届き、性格が的確に彼らに理解される歌唱法が必要だった。彼はマクベスの初演者で朗誦の得意なフェリーチェ・ヴァレージに満足した。性格劇・心理劇オペラ《マクベス》の基本歌唱は朗誦である。曲折はあるが、朗誦は彼のオペラで次第に重視されて優勢になり、朗誦オペラ《ファルスタッフ》へ行き着く。彼は人物たちの個性や特殊性を的確に表現する声質、音色、唱法、演技、演奏を厳しく要求した。

《マクベス》の現行改訂版は習慣的にカットされるナンバーもあるが、全曲は前奏曲と二十二のナンバーで構成されている。ナンバーの名称は実に多種多様で、この点からも彼のオペラ改革の熱意とその結果がくっきりと見られる。独唱ナンバーは四曲のアリアと二曲の大シェーナで、比較的少ない。十九世紀前半のオペラで多用され、重視された代表的アリア形式は、カヴァティーナとカバレッタを結合して、それぞれの前にシェーナ、またはレチタティーヴォを置いて、四部分から成る大形式である。この四部形式はアリアだけではなく、重唱などにも適用されている。

ヴェルディは、概して言えば、《ラ・トラヴィアータ》（一八五三）まではカヴァティーナ＝カバレッタ形式のアリアに依存しているが、音楽とドラマ、音楽と言葉の融合密着をオペラの理念とするようになってからは、このアリア形式ではアリアがドラマから遊離したり、ドラマの展開が停滞、または停止される恐れがあるので、これは彼のオペラ改革を阻害すると考えた。彼にとってはアリアはドラマと密着し、その一部でなければならない。人物の内面葛藤や精緻微妙な感情描写による性格表現のためには大形式アリアは有効ではなかった。《マクベス》の現行改訂版では、四曲のアリアでカヴァティーナ＝カバレッタ形式は、第一幕第二場のマクベス夫人の劇的表現に富んだ一曲だけである。これは野心家で、決断力があり、大胆で、陰険な彼女の特異性格をそれにふさわしい唱法で歌った印象深いアリアである。劇性重視の《マクベス》ではシェーナが多く、それが重視されているのは当然だが、アリアとシェーナの垣根が低くなり、両者の歌唱法の差が縮まっている。ちなみに《マクベス》はその性格と特質から、ベル・カント・オペラの伝統のあるイタリアよりも、どちらかというとイタリア以外でより愛好されてきたし、現在でもより頻繁に上演される傾向が見られる。

ヴェルディは《マクベス》のフィレンツェ初演十八年後の一八六五年四月二十一日にパリのリリック劇場でその改訂版を初演した。両版の異同はごく一部で、オペラの評価を根本的に変えるものではなく、基本はフィレンツェ初演版である。しかし、部分的な改変にせよ、改善が評価されているからこそ、パリ改訂版が決定版としてほとんどもっぱら上演されているのである。何度も何度も《マクベス》の上演を聴いてきたが、フィレンツェ初演版の上演を聴いたのは一度だけである。

ペルゴラ劇場とフィレンツェ市民は、名作《マクベス》のフィレンツェ初演を大きな栄誉として、ペルゴラ劇場の正面入口右手にその初演を証する銘板を掲げている。

ジャコモ・プッチーニ《ジャンニ・スキッキ》一幕

――フィレンツェが舞台のオペラ

■原作　ダンテの『神曲』の「地獄篇」第三十歌
■台本　ジョヴァッキーノ・フォルツァーノ　イタリア語
■初演　一九一八年十二月十四日　ニューヨークのメトロポリタン歌劇場
■登場人物
ツィータ　ブオーゾ・ドナーティの従妹……メゾ・ソプラノ
シモーネ　ブオーゾ・ドナーティの従弟……バス
リヌッチョ　ツィータの甥……テノール
マルコ　シモーネの息子……バリトン
チェスカ　マルコの妻……メゾ・ソプラノ
ゲラルド　ブオーゾ・ドナーティの甥……テノール
ネッラ　ゲラルドの妻……ソプラノ
ベット・ディ・シーニャ……バス
ゲラルディーノ　ゲラルドの息子……ソプラノ
ジャンニ・スキッキ……バリトン
ラウレッタ　ジャンニ・スキッキの娘……ソプラノ
スピネッロッチョ　医師……バス
アマンティオ・ディ・ニコラオ　公証人……バリトン

ピネッリーノ　靴屋・立会人……バス
グッチョ　染物屋・立会人……バス

■録音ディスクと演奏時間

多数あるCDの一例　CBSソニー　CSCR 8095-7　三枚組の三枚目　約五十三分。

■すじがき

［全一幕　死んだばかりの資産家ブオーゾ・ドナーティの寝室　一二九九年九月一日朝］

ブオーゾの亡骸を取り囲んで、大勢の親戚が沈痛な面持を装って、彼の死を仰々しく慨嘆している。その最中にベットが街の噂だと断って、故人は全財産を修道院へ寄贈すると遺言していると暴露する。一同は顔を見合わせ、もう故人へのうわべの悲嘆どころではなく、噂の対策を協議する。最年長のシモーネが、遺言状が公証人の手中にあれば万事休すだが、まだこの部屋にあればおれたちに望みありだ、と知識をひけらかす。遺産分配にあずかろうと、禿鷹のように悔みに駆けつけた親戚たちは、シモーネの分別を称えて、勇躍して遺言状のありそうな場所へ突進し、熱狂的に捜す。遺言状とは違っていて失望する面々があり、価値のありそうな物品を失敬する人たちもいる。遂にリヌッチョがそれと覚しき羊皮紙の巻物を発見し、興奮しながら「遺言状だ！」と叫ぶ。彼は遺産の分配にあずかって、フィレンツェの五月の花祭りにラウレッタと結婚する甘い夢を歌う。

ツィータはリヌッチョとラウレッタの結婚を許すと言って彼から遺言状を受け取る。リヌッチョはジャンニ・スキッキと娘のラウレッタがブオーゾの家へくるようにゲラルディーノを使いに出す。ツィータが遺言状を読み出すと、人びとは現金にもまたぞろ死者への哀悼の意を合唱するが、噂どおりの全遺産が修道院への寄贈だとわかり、彼らの分与の期待と夢は水泡に帰す。彼らは修道院と坊主どもに悪態を吐き、恋人たちは結婚の夢破れて落胆する。ブオーゾの死での空涙は、遺産分与の夢が消えた今、皮肉にも本物の悔し涙に変わった。

それでもなお親類の人びとは諦め切れず、事態好転の相談を始め、遺言状変更方法を今度もシモーネの知恵に頼ろうとするが、彼も霊感が湧かない。すると、リヌッチョが彼らの救世主として突然ジャンニ・スキッキを推す。折りよくゲラルディーノが帰ってきて、ジャンニ・スキッキの到着を告げる。人びとは田舎出のジャンニ・スキッキに反感を抱き、ドナーティ一族のリヌッチョが彼の娘と結婚することに反対するので、リヌッチョは彼の世才や知識や人柄を褒めそやし、彼の頼り甲斐のある相貌を描写して、彼を弁護する。更に彼は全曲中の彼の唯一のアリアで、フィレンツェの地勢や、学問、芸術、経済などの歴史的栄光や、それらを担った偉人たちの名誉を賛美して歌い、最後にジャンニ・スキッキを仲間として快く迎えようと旋律を結ぶ。このアリアはオペラとフィレンツェとの密接な関係を雄弁に物語っており、このオペラほど作品のあちこちでオペラと都市とが密着しているものは珍しい。

ジャンニ・スキッキは娘と共に現れ、人びとの不景気な顔を見て、これを芝居だと皮肉るが、彼らからブオーゾの遺産が修道院に寄贈されると聞く。ツィータは持参金のない彼の娘と彼女の甥を結婚させないと言い、スキッキは彼女を甥の愛を犠牲にする欲張り婆と悪態を吐き、恋人同士は愛の誓いも空しく、花咲く五月に結婚できないのではないかと不安がる。これらの四人が四重唱を展開する一方で、他の人びとは遺言状の始末を何とか彼らに有利にしようとしている。

リヌッチョはジャンニ・スキッキの着想の妙や機転の閃きに期待して、彼に遺言状を見せて、事態好転の活路を見つけてもらおうとするが、スキッキは彼に敵対的な人びとのために一肌脱ぐのは真平だと断る。ラウレッタはリヌッチョとの別離の不安に堪えかねて、彼と結婚ができないならポンテ・ヴェッキオ（有名な橋の名称）からアルノ川へ身投げすると父に迫り、燃え盛る恋情と苦悶を感銘深いアリエッタで歌う。このアリエッタは彼女の唯一の歌で、美しく、快い抒情歌であり、ここでもポンテ・ヴェッキオやアルノ川のようなフィレンツェの名所が言及されている。

ジャンニ・スキッキは泣きくずれる娘の情にほだされて遺言状に目を通したあげく、これではどうしようもないと呟くので、一同は失望落胆する。しかし、彼は遺言状を読み直すと、晴々とした顔に笑いを浮かべ、何か妙案を思いついたのか、ブオーゾの死を知っている人が誰かいるかと彼らに尋ねる。彼らが誰もいないと答えると、彼はブオーゾの亡骸を別の部屋に運ばせる。そのとき、突然医師のスピネッロッチョがきて、部屋へ入ろうとすると、スキッキの指示で、人びとが病人の回復を口実にして医師を部屋に入れないようにする。その間にスキッキが病人を装って、空になった寝台に潜り込み、ブオーゾの声を真似て、今はとても眠いので夕方診察にきてほしいと言って、医師を追い返す。医師はスキッキの芝居にころりと騙されて、彼の名医ぶりを自画自賛しながら退去する。

騒動が一段落し、一同がジャンニ・スキッキの回りに集まると、彼は「俺の勝だ！」と呟き、彼がブオーゾの遺産を収奪する芝居の説明をする。彼は自分がブオーゾになりすまし、声色を使って公証人に口述して遺言状を作成させる芝居のアリアを歌う。彼の魂胆に懐疑さえ抱かぬ親戚たちは、彼の新遺言状作成の陰謀を彼の霊感から湧き出た名案だと異口同音に称賛し、リヌッチョは早速公証人を迎えに行く。彼らはまたしても取らぬ狸の皮算用をし、欲の皮の突っ張り合い競争に狂奔し、各自が自分に有利に遺言状作りをしてくれるようにスキッキに頼み、袖の下の約束を彼に囁く。彼らの騒動の最中に弔鐘が鳴り、彼らはブオーゾの死が世間に知れたのかとどきっとするが、市長の家令のための弔鐘だとわかって、ほっと胸を撫で下ろす。彼は彼らの貪欲競争を嘲笑いながら、誰の頼みにも気前よく応じる。ネッラ、ツィータ、チェスカの三人は、彼の重病人への変装を手伝いながら、高価な遺産の相続を約束されて有頂天になり、楽しく、快活に三重唱を歌う。

ジャンニ・スキッキは親戚たちの貪欲競争が一段落すると、遺言状書き替えが露見した場合、首謀者も共犯者も手首切断の憂き目に会うと朗誦調のソロを歌い、続いてアルノルフォの塔を指しながら、美しいフィレンツェと告別し、無宿者となってさすらいの身となるとアリア調で歌う。ここでもまた、フィレンツェ賛歌が聴かれる。一同もびくびくしながらフィレンツェへの告別を合唱する。スキッキは寝台へ潜り込み、寝室を薄暗くし、カーテンを引いて、公証人を迎える準備を完了する。

リヌッチョが公証人と二人の立会人を帯同して帰ってくると偽ブオーゾがブオーゾの声を真似て三人の来宅を謝す。こうしてブオーゾの作成した遺言状が破棄され、偽ブオーゾの新遺言状作成の芝居が始まる。時に一二九九年九月一日十一時。宣誓が済むと、彼が葬儀は質素にニフィオリーニで営み、修道院への寄付は五リラでよい、残りの現金は彼らで平等に分けるべし、と宣誓すると、彼らは感激し、彼の知恵を称え、感謝する。続いて彼が彼らのそれぞれに遺産を分与し、最高の価値のあるトスカナ地方第一の名驢馬、自宅、粉挽場の三点は、彼の忠実な友人ジャンニ・スキッキに贈ると発表すると、彼らは唖然として耳を疑い、それから憤慨し、更に彼を無頼漢だ、ごろつきだと異口同音に罵倒する。しかし、彼が勝利の笑《えみ》を浮べてすかさず遺言状書き替えの罰則に言及すると、彼らは黙り込み、芝居は彼の独壇場となる。遺言状の作成が完了すると、彼はツィータに公証人への作成費を彼女の財布から払わせる。公証人は死を前にした偽ブオーゾの人柄を称賛し、近い彼の死を惜しみながら帰路につく。

散々な憂き目にあったツィータが口火を切り、他の人びとも加わって、ジャンニ・スキッキを罵倒するが、彼は彼らの咆吼には馬耳東風の体で、ブオーゾの杖で彼らを追い回す。彼らは寝室中の物品を手当り次第に盗み取り、彼を泥棒、ならず者、詐欺師と罵りながら彼の自称の「わしの家」から追い出されて、大騒動が鎮静する。室内の騒動などどこ吹く風だと言わんばかりに、テラスに出ていたリヌッチョとラウレッタが、フィレンツェは楽園のようだとフィレンツェ賛歌の美しい二重唱を歌い、うっとりしながら抱擁し合う。

ジャンニ・スキッキは親戚の人びとが盗み出した品物を拾い集めて床に投げ、その騒音でテラスの恋人たちの二重唱が途切れる。スキッキは恋人たちに嬉しそうに微笑みかけてから舞台中央に進み出て、今宵の芝居がおもしろく、楽しかったら、ブオーゾの遺産処分の途方のない方法を許していただきたいと歌って全曲の幕となる。

■**解説**

ジャコモ・プッチーニは一八五八年にルッカで生まれ、一九二四年に病気治療先のベルギーのブリュッセルで六十五歳で没した、イタリアではヴェルディに次ぐ、全世界でも五位以内にランクされている大オペラ作曲家。一八九三年二月一日にトリノ王立劇場で初演された三作目の《マノン・レスコー》の大成功で不動の地位を確立した。イタリア・オペラ界は一八四〇年代にヴェルディが覇権を掌握して以来五十年間ほとんどもっぱら彼の独壇場だった。その間のイタリア・オペラで今日劇場のレパートリーとして定着しているのは、アッリーゴ・ボーイトの《メフィストーフェレ》（一八六八、改訂版一八七五）とアミルカーレ・ポンキエッリの《ラ・ジョコンダ》（一八七六）の二曲にすぎない。しかし、一八九〇年からわずか十数年の間に、アルフレード・カタラーニ、ルッジェーロ・レオンカヴァッロ、プッチーニ、ピエトロ・マスカーニ、フランチェスコ・チレーア、ウンベルト・ジョルダーノの六人の有望な新人が陸続と輩出し、堰を切ったように名作が続出した。一方、ヴェルディはプッチーニの《マノン・レスコー》初演八日後に傑作《ファルスタッフ》を初演して、彼の長い長い独占的覇権を終えた。一八九〇年代は上記六人によってヴェルディ後の覇権の激しい争奪戦が展開された戦国時代で、着々と名曲を書いて頭角を現したプッチーニが争奪戦で勝利し、一八九〇年代半ばにヴェルディから覇権を受け継ぎ、以後三十年間それを維持した。

プッチーニは《マノン・レスコー》以後《ラ・ボエーム》（一八九六）、《トスカ》（一九〇〇）、《蝶々夫人》（一九〇四）とホームランを放ち、快進撃を続け、破竹の勢いだったが、その後約十五年間も長打の快音は途絶えた。この間に《西部の娘》（一九一〇）や《ラ・ロンディーネ》（一九一七）のような単打のヒットはあった。彼が久々に放った長打が《外套》、《修道女アンジェリカ》、《ジャンニ・スキッキ》の三曲から成る三部作オペラである。プッチーニは三部作を同時上演の意図で書き、同時上演の場合が多いが、それらの一曲—特に《ジャンニ・スキッキ》—が、他人の曲と抱き合わせで上演されることも珍しくない。三曲は三様のユニークな、対照的なドラマの内容と音楽語法、様式、曲想の優秀な短篇オペラである。

プッチーニはその後もう一曲の名曲《トゥーランドット》を書いたが、その第三幕の途中で彼が病死したので、これは文字通り彼の「白鳥の歌」となり、フランコ・アルファーノがそれを補筆完成した（一九二六年初演）。アルファーノはトルストイの名作『復活』を題材にした同名オペラ（一九〇四）などで知られる実力ある作曲家である。

プッチーニは処女作《妖精ヴィッリ》（一八八四）から死の一九二四年までの四十年間に十二曲を書いた。現代作曲家は概して寡作だが、彼もそうである。彼は題材や台本の選択から作曲法や様式に至るまで実に慎重を期し、時間をかけて十二分に想を練った。十二曲全体を聴いてみると、題材、主題、音楽語法、形式、様式が多彩で変化に富み、新鮮である。

《ジャンニ・スキッキ》をプッチーニの他の十一曲と区別している最大の特徴は、これが実に秀逸な喜劇オペラだということである。他の十一曲は全部悲劇オペラである。十七世紀のオペラで例が見られるように、彼の多くの悲劇オペラでは喜劇的人物—数例を挙げれば、ブノワ、アルチンドロ、堂守、ゴロー、とりわけピン、ポン、パン—が有効に活躍し、滑稽な笑いを振りまき、愉快で、おもしろおかしい状況や局面を現出させて、ドラマや音楽を味わい深くする効果を演じている。しかし、《ジャンニ・スキッキ》は丸ごと喜劇オペラである。

百年に及んだイタリア・オペラ・ブッファは、その最後の名曲、ドニゼッティの《ドン・パスクワーレ》（一八四三）で途絶えたが、その伝統は枯渇せずに底流で生き続け、五十年後八十歳でヴェルディがその限界の壁を突き破って新たな喜劇オペラの創始に挑戦し、見事に完成された《ファルスタッフ》を書いた。この驚異の不滅オペラに続く二十世紀の喜劇オペラが《ジャンニ・スキッキ》で、小粒ながら内容の実に充実した秀作である。

《ジャンニ・スキッキ》の題材はダンテの『神曲』の「地獄篇」第三十曲で語られている数行の詩で、ジャンニ・スキッキが死んだブオーゾ・ドナーティになりすまして遺言状を作成する話である。

人の抜き難い煩悩の我欲に駆られてじたばたし、右往左往して、浅ましく、醜い姿をさらけ出す大勢の凡人たちの諷刺が主題である。皮肉、機知、ユーモアが巧妙に織り交ぜられてドラマと音楽が展開する笑いとおもしろおかしさの世界は、実に生き生きとして真に迫り、痛快で楽しい。人の心の機微が自然に、無理なく、手に取るように鮮かに繰り広げられ、耳目を引きつけて一瞬も逸らさない。我欲の虜となった大勢の親族たちとは別に、結婚資金としてやはり遺産の分配を期待しながら愛の遊戯に熱中する若い恋人たちの姿態と動きが作品を味わい深くし、その価値を高めている。親族たちが諷刺の矢で責め立てられ、きりきり舞いする間、恋愛ごっこに耽る若者たちの一人、ラウレッタがジャンニ・スキッキの娘であるのは皮肉であり、意味深い。娘が父の詐欺罪を軽減し、彼を憎めない、むしろ機転の利くおもしろい知恵者のイメージに変える。彼は娘への愛のために犯罪を犯したことにもなり、彼の悪人像が薄れる。欲張りの親戚たちを手玉に取って彼らをやり込め、辛辣に諷刺する彼の手際は鮮かで、痛快である。彼の性格づけはユニークで印象深く、彼の人間像は精彩に溢れている。

もう一つ重要な注目すべきことは、このオペラとフィレンツェとの深い、密接な結縁である。ルネサンス発祥の地、それが最高に開花した学問、文化、芸術の都への明るく、惜しみない賛歌が《ジャンニ・スキッキ》の持つ一つの深い意味である。これほどオペラと都市との縁が強調されている曲は珍しい。

《ジャンニ・スキッキ》はその詩の言葉のほとんどが台詞で、対話オペラである。従って歌唱法は朗誦であるが、朗誦旋律は多彩で変化に富み、幅がある。一方、まとまった長さのアリアと呼べる歌謡的旋律はリヌッチョ、ラウレッタ、ジャンニ・スキッキに一曲ずつある。三曲はそれぞれに特徴のあるアリアである。リヌッチョのアリアはフィレンツェの町の描写、フィレンツェの歴史物語、フィレンツェ賛歌である。ラウレッタのアリアは燃え上がり、胸を焼きつくす恋の賛歌で、いかにもアリアらしく、印象深い。ジャンニ・スキッキのアリアは喜劇オペラにぴったりの歌唱法の歌でおもしろく、楽しい。

第2章
マントヴァ

クラウディオ・モンテヴェルディ《オルフェオ》
マルコ・ダ・ガリアーノ《ダフネ》
ジュゼッペ・ヴェルディ《リゴレット》

◉都市の概説とオペラ小史

マントヴァはロンバルディア州南東部の、ポー川流域の肥沃な大平野の真ん中に位置する小都市で、ガルダ湖から流れ出るミンチョ川を堰止めてできた人造湖に三方を取り囲まれたロマンティックな風情と雰囲気がある都市。紀元前三世紀にローマの植民地に組み込まれ、中世には都市国家となり、十四世紀にゴンザーガ家が統治するマントヴァ侯国となり、十八世紀初頭にオーストリア領になるまでゴンザーガ家の支配地だった。代々君主は開明的で、学問と芸術を積極的に後援したマントヴァは、ルネサンスが開花した侯国だった。とりわけ、フランチェスコ二世とフェッラーラのデステ家から彼に嫁いだイザベッラ・デステとが統治した十五世紀から十六世紀にかけての数十年は、マントヴァ・ルネサンスの最盛期だった。イザベッラ・デステは美人の誉れ高く、知性、学識、統治能力に優れ、才知縦横で、機知機略に富み、話術は巧みで、物腰は優雅、あらゆる点でルネサンス期の代表的な優れた女性の一人だった。

＊

フィレンツェで呱々の声を上げたオペラが次に波及して行った都市がマントヴァで、君主ヴィンチェンツォ・ゴンザーガ一世が彼の宮廷劇場でオペラ上演の意志表示の手をあげた。たぶん彼は一六〇〇年のメディチ家の結婚式の来賓として招かれ、現存最古のオペラであるペーリの《エウリディーチェ》の上演に接していただろう。これに刺激されて、彼は彼の宮廷楽長であるクラウディオ・モンテヴェルディにオペラ作曲を依嘱し、一六〇七年二月二十四日に彼の宮廷劇場で上演した。これが《オルフェオ》で、マントヴァでのオペラの嚆矢とされている。

アレッサンドロ・ストリッジョ（一五七三?─一六三〇）はマントヴァ生まれの台本作家・音楽家で、一五八九年のメディチ家の例の有名なインテルメーディオの創作にも参加した。彼はマントヴァ宮廷に出仕し、台本作家・音楽家として、後には外交官としても活躍した。今日彼はモンテヴェルディの《オルフェオ》の台本作者として記憶され、有名になっている。

マントヴァのオペラ史では、次の一六〇八年も重要な年で、オッターヴィオ・リヌッチーニの台本によるモンテヴェルディの《アリアンナ》が上演されたが、今日ではその終局の場の有名な一曲〈アリアンナの嘆き〉だけしか残っていない。この年にはマントヴァ宮廷劇場でもう一曲のオペラが上演され、これは今日全曲を聴くことができる。マルコ・ダ・ガリアーノの《ダフネ》である。台本作者はオペラ史上最初の作品だが、その大部分が消失してしまったペーリの《ダフネ》と同じリヌッチーニである。両《ダフネ》の上演には約十年の時間的間隔があり、それらの台本にも相違があったかも知れない。

オペラの草創期にマントヴァで上演された曲は上記以外にも何曲かあったと思われるが、今日聴くことができるのは、《オルフェオ》と《ダフネ》の二曲である。十八世紀にアントーニオ・ヴィヴァルディのような大作曲家が《ラ・カンダーチェ》(一七二〇)や《セミラーミデ》(一七三二)をマントヴァで初演したが、その後二曲とも消失してしまった。結局、マントヴァのオペラ史上の栄誉と名声は、ほとんどもっぱら草創期の二曲、特にモンテヴェルディの《オルフェオ》と彼の活動によっている。

劇場では、一七六九年にシエンティフィコ劇場、一八二二年にソチアーレ劇場が開場したが、今日のマントヴァのオペラの上演活動は注目に値するほど活発ではない。

◉作品紹介

クラウディオ・モンテヴェルディ《オルフェオ》五幕

——史上最初の名曲オペラ

■**原作**　ギリシャ神話

■台本　アレッサンドロ・ストリッジョ　イタリア語

■初演　一六〇七年二月二十四日　マントヴァ宮廷劇場（その前に他所で非公開上演）

■登場人物

音楽……ソプラノ

牧人1……バリトン

ニンファ……メゾ・ソプラノ

牧人2……テノール

オルフェオ……バリトン

エウリディーチェ　オルフェオの妻……ソプラノ

牧人3……バリトン

使者……アルト

希望……ソプラノ

カロンテ　黄泉《よみ》の川の渡し守……バス

プロセルピナ　プルトーネの妻……ソプラノ

プルトーネ　地獄の王……バス

霊1……バリトン

霊2……テノール

霊3……バリトン

エコー……ソプラノ
アポッロ……テノール

■**録音ディスクと演奏時間**　多数あるＣＤの一例　エラート　R30E 1001-2　二枚組　約一時間四十二分。ＬＤの一例　ポリドール　W80Z 25013　二面　一時間四十二分。ＤＶＤの一例　TDK TDBA-3022　約一時間五十四分。

■**すじがき**

［トッカータ］管弦楽の輝かしく、壮麗なファンファーレが三回繰り返えされる、聴衆を劇場へ呼び込むための音楽で、これから上演される催し物の楽しさを期待させる曲である。

［プロローグ］

初期のオペラのしきたりどおりプロローグが前置されていて、寓意人物「音楽」が登場して、歌で獣たちを魅了し、地獄の王さえ感動させたオルフェオの音楽劇をこれからお楽しみいただきますと聴衆の貴人たちに前口上を述べる。

［第一幕　トラキアの田園］

管弦楽のリトルネッロ（初期のオペラのしきたりで、歌の前、間、後で反復演奏される管弦楽曲）に続いて、牧人たちとニンファたちが、オルフェオと美しいエウリディーチェとの結婚で彼の悩みが終わり、幸せになったのを喜び、彼らの婚礼を祝福して独唱と合唱で歌う。冒頭の牧人とニンファの独唱は朗誦であるが、技巧的な装飾音の使用部分もあって、平板な歌唱ではない。合唱は踊りを伴って実に楽しく陽気で、心から婚礼を喜び、祝福している感じが如実に表現されていて微笑ましく、感動的で、この場面はオペラを名作にしている一理由である。

オルフェオは友人たちの祝福に応えて、エウリディーチェとの出会いから結婚までの経緯と折々の気持と結婚の喜びを歌い、エウリディーチェもオルフェオを心から愛している喜びを歌う。それから、ニンファたちと牧人たちが再び合唱しながら踊る。次に牧人やニンファがどんな苦難や試練に遭遇しても、希望をもってそれを乗り切ろうと二重唱や三重唱する。最後にまたエウリディーチェとの結婚で幸福と歓喜の絶頂にいるオルフェオを祝福する合唱で第一幕のフィナーレとなる。

［第二幕　トラキアの田園］

シンフォニアの演奏に続いて、オルフェオが、次に牧人1が美しい森や田園の情景を表情豊かな歌謡的旋律で印象深く歌い、美しい森や野と縁のある神々の悲喜こもごもの生活を歌う牧人1と3の二重唱が続く。これを受けて、オルフェオがこれまでの苦悩や悲嘆と、エウリディーチェと結婚した今の幸せを歌う。これは彼の感情や感動が纏綿《てんめん》と歌われた雅致のある歌唱で、アリアと呼んでもよい。

そうこうするうちに、事態の急変による劇的瞬間が訪れ、オルフェオを幸福の絶頂から悲運のどん底へ突き落とす。使者がきて、野辺で花を摘んでいたエウリディーチェが毒蛇に噛まれ死んだと伝える。全員が思わぬ悲運に驚愕し、悲嘆に暮れる。オルフェオは呆然としながらもやがて黄泉《よみ》の国の王の心を彼の妙なる歌で感動させ、彼女を地上へ連れもどすか、拒否されたら彼女と共に死者の国に永久に留まる決心をする。ニンファたちや牧人たちは幸運と悲運が隣り合わせである人の運命の定め難さや苛酷さを嘆く。オルフェオの運命の劇的変化に対する人びとの感懐が、変化に富んだ、柔軟性のある朗誦で歌われ、感銘深い。牧人1と3の二重唱とニンファたちと牧人たちの合唱が交互に二回ずつオルフェオとエウリディーチェの悲運を嘆いて歌われ、管弦楽のリトルネッロの演奏で第二幕が終わる。

［第三幕　黄泉《よみ》の国への入口］

場面にふさわしく沈痛で荘重な、テンポの遅いシンフォニアで始まる。

オルフェオは寓意人物「希望」の案内でエウリディーチェと再会のために闇の中を三途の川まで辿り着く。「希望」がここから先へは冥界の掟で案内できないと言ってオルフェオを失望させる。三途の川の渡し守が生者を渡し舟に乗せることはできないとオルフェオの冥界入りを拒否する。オルフェオは妻との死別以来死人も同然だから彼女のところへ運んでほしいと訴え、竪琴を弾きながら歌う。この歌は六連の詩から成り、間に三回リトルネッロの演奏が繰り返される大規模な曲で、全曲中最高の名曲である。最初期のオペラの曲としては、これは旋律性豊かで表情と変化に富み、形式的にはロンドに近いアリアと呼んでよい。装飾歌唱技巧も勝れている。伴奏楽器の編成も歌唱と同じように詩の内容によって巧妙に変化し、オルフェオの歌唱と器楽が絶妙な対話を交わしながら、彼の感情と情熱をあるいは抒情的に、あるいは劇的に表現して余すところがない。荘重悲痛な名曲は、最後はアリオーソとなって、静かに感銘深く終わる。

渡し守カロンテはオルフェオの音楽の魔力に呪縛され、恍惚となるが、地獄の掟に忠実で、オルフェオの訴えを拒絶する。しかし、彼の肉体は音楽の魅力に抵抗できず、彼は遂に眠り込み、その隙にオルフェオは舟に乗り込み、歌いながら川を渡ってしまう。地獄の霊たちが人間の勇気と知恵を称えて合唱し、管弦楽のシンフォニアの後奏で第三幕が終わる。この幕ではシンフォニアが五回も演奏される。

［第四幕　黄泉《よみ》の国］

地獄の王の妻プロセルピナはオルフェオの音楽にいたく感動して、夫のプルトーネにエウリディーチェをオルフェオに返してほしいと懇願する。地獄の王も彼の美しい音楽と切なる願いに逆えず、掟に背いてエウリディーチェを彼に返すことに同意する。ただし、奈落の世界を進行中はオルフェオが妻を振り向いてはならぬという条件付きである。地獄の霊たちが愛が地獄で勝利したと合唱する。

続いてオルフェオはエウリディーチェを再び得たオルフェオが歓喜と幸福に浸る抒情性豊かな明るい、晴々したアリアである。第二幕での使者の登場以来、暗く悲しい情景と音楽続きだったが、ここで再び第一幕の歓喜と明るさがもどる。しかし、それも長続きしない。オルフェオの独唱の後半は朗誦に変わり、情景も一変する。

続いてオルフェオの長大な独唱となり、その前半で彼は竪琴の威力を賛美し、妻を連れて地上への帰路につく。独唱の前半はエウリディーチェを再び得たオルフェオが歓喜と幸福に浸る抒情性豊かな明るい、

オルフェオの心に疑惑と不安が忍び込み、彼は復讐の女神がエウリディーチェを再び得た彼の幸福を嫉妬して、彼女を奪い返すのではないかと恐れて、彼女が彼の後にいるかどうかを確認するために、プルトーネの振り向き厳禁命令に違反して、振り向いて彼女を見てしまう。この瞬間に状況が一変し、地獄の霊たちが掟を破ったオルフェオは地獄の王の恩恵に値しないと非難する。劇的急変の再来である。エウリディーチェは彼女の命と夫を失う運命を嘆き、オルフェオは再び妻を失うことに絶望する。地獄の霊たちはオルフェオは地獄に勝ったが自分の情に負けたと合唱する。シンフォニアの後奏で幕となる。

［第五幕　トラキアの田園］

リトルネッロで始まる。妻を再び失ったオルフェオがトラキアのすべての自然物に彼の悲嘆の情を語りかけると、エコー（こだま）がそれに応える。オルフェオは妻の美徳を賛美し、他のすべての女たちの不

実や無情を責め、愛の神が黄金の矢で彼の心を射抜かないようにと歌う。これはオルフェオの孤独感と悲嘆の止めどない長大な効果的朗誦で、その間のエコーの三回の割り込みは有効である。

オルフェオの父アポッロは息子がエウリディーチェへの愛の情念に耽溺する危険を察知し、彼が破滅するのを恐れ、彼の救助のために天上から降りてきて、エウリディーチェへの愛と女性への怒りに心を引き裂かれて絶望に呻吟している息子に地上生活のはかなさを諭し、天上で不滅の生活を楽しむよう誘う。オルフェオが今なお死んだエウリディーチェの面影を慕っているので、アポッロは天上から彼女の美しい姿を眺めることができると息子を慰めるに及んで息子は天上への同行を決意し、親子は天上で平安と歓喜の生活をすると二重唱する。晴々と澄み切った、気高い印象的な二重唱である。リトルネッロを挟んで、牧人たちとニンファたちが、地上で地獄の苦悩をなめたオルフェオが天上で幸運に恵まれたことを祝福して合唱し、続いてモレスカという舞曲の伴奏で賑かに踊り、名曲の幕となる。

■解説

クラウディオ・モンテヴェルディは一五六七年にヴァイオリン製作で世界中で有名なクレモナで生まれ、一六四三年にヴェネツィアで没したバロック・オペラ最高の大家。彼は一五九〇年にマントヴァ公ヴィンチェンツォ一世に迎えられて宮廷音楽家となり、一六〇二年に宮廷楽長に昇進し、一六一二年までその地位にあった。《オルフェオ》は今日劇場のレパートリーとして定着している最古のオペラである。この上演の成功によって、彼は当代第一の作曲家としての名声を確立した。

自作のオペラ《アリアンナ》（一六〇八）は有名なアリア〈アリアンナの嘆き〉が残されているだけで

ある。ヴィンチェンツォ一世が一六一二年に死去し、モンテヴェルディは一時クレモナへ帰り、再就職運動した結果、一六一三年にヴェネツィアのサン・マルコ大聖堂の楽長に就任し、終生その地位を維持した。《アリアンナ》から最晩年の二曲《ウリッセの故国への帰還》（一六四一）と《ポッペアの戴冠》（一六四二）の間にもかなり多くのオペラが作曲されたと思われるが、今日に伝わっているオペラと呼べる作品はない。結局今日楽しむことができる彼のオペラは三曲で、少数だが三曲とも名作であり、とりわけ晩年の二曲はバロック・オペラの最高作で、後のモーツァルト、ヴァーグナー、ヴェルディの名作と比肩して決して遜色のないオペラ史上不朽の傑作である。

モンテヴェルディはオペラ以外でも時代の最高の音楽家で、代表的名曲に八巻のマドリガーレ（一五八七—一六三八）、宗教音楽「聖母マリアの夕べの祈り」（一六一〇）、「倫理的・宗教的森」（一六四〇）などの大作がある。

モンテヴェルディは感情や情熱、性格や心理の表現と描写によって生々しい人間の真実のドラマの音楽劇を創始した巨匠である。オペラが誕生して約四十年しか経過しないのに、彼はオペラが四百年にわたって試みたほとんどすべての音楽語法、様式、形式などの可能性の開拓を試み、それらを彼の射程内に取り込んでいた。「言葉が先か音楽が先か」というオペラ史上繰り返されてきた命題に、彼は彼のオペラで言葉と音楽との融合密着の実践でその模範的解答を提示していた。もっとも、彼は言葉の理解という観点からのフィレンツェのカメラータの歌唱法スティーレ・ラップレゼンタティーヴォ、またはレチタール・カンタンドをそれなりに評価し、彼自身もそれを追究した舞台作品《情知らずの女たちのバッロ》（一六〇八）や《タンクレディとクロリンダの戦い》（一六二四）を書いている。

ヤコポ・ペーリの《エウリディーチェ》からモンテヴェルディの《オルフェオ》までの時間的経過はわずか六年余にすぎないのに、あらゆる面での両者の余りにも大きな価値の差に唖然とする。後者の方が声楽的にも器楽的にも、長足の進歩発展と飛躍的充実を示していることに驚嘆する。これはモンテヴェルディの音楽劇のための天才的資質が発揮された名曲である。

モンテヴェルディはフィレンツェ派の新音楽理論モノディとスティーレ・ラップレゼンタティーヴォだけでは、人間の真実の全面的な劇的表現は不可能だと信じた。多声音楽のマドリガーレの大家だった彼は、その語法や様式をオペラでも活用している。《オルフェオ》はルネサンスの多声音楽語法とカメラータの新音楽語法との総合による成果である。彼はカメラータの提唱したスティーレ・ラップレゼンタティーヴォが心理描写や性格表現に有効な歌唱法だと認め、《オルフェオ》の歌唱法の基本として活用したが、カメラータが重唱、合唱、器楽を軽視したのが不満だった。彼はカメラータのように音楽を安易に言葉に従属させず、言葉と音楽の融合密着を彼のオペラの理念とし、美学とした。《オルフェオ》はスティーレ・ラップレゼンタティーヴォ（平たく言えば朗誦法またはレチタティーヴォ）を基本歌唱にしながら、アリア、重唱、合唱もかなり多く、歌唱法が多様で充実している。装飾歌唱は頻繁で、旋律を潤し、賑わしているが、それが所を得ていて、過剰な感じや余分な印象を与えない。合唱や重唱では対位法の語法が巧みに活用されている。歌唱の前奏、間奏、後奏としてオーケストラのリトルネッロが頻繁に演奏され、かなり多いシンフォニアの演奏と共に器楽面を充実させている。

第一幕はオルフェオとエウリディーチェの婚礼を牧人たちやニンファたちが祝福して、独唱、重唱、合唱と踊りで陽気に、賑やかに、和気あいあいと騒ぎ回る場面で、その情景描写に終始して、ドラマの展開はほとんど見られないが、実に充実していて、観ても聴いてもとてもほほえましく、無性に楽しく、ひどく感銘深い。牧歌的、天国的悦楽境である。

エウリディーチェはオルフェオと共に全曲を通して最重要人物であるが、彼女が舞台で歌うのは第一幕で一回、第五幕で一回だけで、彼らのドラマであるのに彼らの二重唱が一曲も聴かれないのは寂しく、台本の不備とも言えよう。

《オルフェオ》を聴いてからフィレンツェ派のオペラを聴くと、後者がいかにも単調で、味けなく、乾燥している感じを拭い得ない。《オルフェオ》に砂漠の後でオアシスで憩う爽やかさ、快感、歓喜を発見する。オペラの草創期にこういう曲がすでに存在していたのは驚異であり、特筆に値する事件である。

マルコ・ダ・ガリアーノ　《ダフネ》　プロローグと六場

――マントヴァ初演の草創期のオペラ

■**原作**　オウィディウス　『変身物語』

■**台本**　オッターヴィオ・リヌッチーニ　イタリア語

■**初演**　一六〇八年一月　マントヴァ宮廷劇場

■**登場人物**

オヴィーディオ　詩人……バス

牧人Ｉ……テノール
牧人II……テノール
ニンファＩ……ソプラノ
ティルシ……カウンター・テノール
牧人III……バス
ニンファII……ソプラノ
アポッロ……テノール
アモーレ……ソプラノ
ヴェーネレ……ソプラノ
ダフネ……ソプラノ

■**録音ディスクと演奏時間**　ＬＰ　ABC Records　AB67012/2　二枚組　海外盤　約一時間〇七分。

■**すじがき**
緩やかなテンポの三部形式のかなり長い序曲に続いて開幕する。
［プロローグ］
オヴィーディオ（『変身物語』の作者オウィディウス）が前口上役として登場し、ニンファのダフネが月桂樹に変身した物語をして、愛の神の力がどんなものかを皆さんにお見せしますと告げる。
［第一場］

怪獣ピュトンが森に棲みついて付近一帯を荒らし回り、牧人やニンファたちは怖くて仕事も手につかず、外出もできず、困り果てて大神ジョウヴに怪獣から守ってほしいと祈りを捧げる。そこへ怪獣が現れたので、彼らが恐怖で戦《おのの》き、怪物退治の祈願をすると、アポッロが現れ、強力な弓矢で残忍なピュトンを射殺し、彼らに森や牧場へ仕事に行くよう話すと、彼らはアポッロの栄光を称賛する。

［第二場］

ヴェーネレとアモーレ親子のところへアポッロがきて、ピュトン退治を意気揚々と自慢し、アモーレにおまえの弓でどんな怪物を射殺せるのかと言って彼を侮辱する。アモーレは立腹し、彼が立ち去ると、高慢な彼に致命傷を負わせない限り、彼はヴェーネレの息子でも愛の神でもないと断言し、嘲笑された彼の弓でアポッロを射て、彼に悲鳴をあげさせてやると誓う。

［第三場］

ダフネが森の女神チンティーア（キュンティア）に怪獣の居場所を尋ねると、牧人がピュトンはアポッロに退治されて、地面はその不浄な血で真赤だと教える。ダフネは英雄アポッロの功績を称え、もう安心して山や谷を駆け回り、大好きな狩りを楽しめると喜ぶ。アポッロはダフネの姿を見て、美しい眼差しの矢で胸を射られ、うっとりとなる。牧人が神々でさえ彼女の美貌には溜息するのだから、彼が彼女を恋しがるのは当然だと言う。アポッロは彼女が狩りの獲物を求めて山野を駆け回らなくても、彼女の美しい眼差しで高貴な獲物を射ることができる、と彼女に求愛する。彼女は鹿や野獣狩りをしていれば幸福で、満足だと答え、彼の求愛を拒絶する。こうしてアモーレの弓を弱いと嘲笑したアポッロは、彼の恋の矢に射られて深手を負い、侮辱の仕返しをされる。

［第四場］

ティルシはダフネがアポッロから慌てて逃げて行くのを見る。アモーレが彼の矢の威力をアポッロに思い知らせて満足顔をしていると、母親のヴェーネレが彼にその理由を尋ね、彼女も彼の喜びにあやかりたいと言うので、彼はその一部始終を彼女に語る。

［第五場］

牧人ティルシが仲間たちに不思議な光景を見たと話す。アポッロの求愛を拒絶して森を逃げ回っていたダフネが、逃げ切ることができないと悟り、涙ながらに天に両手を差し上げて悲しげに叫ぶと、彼女の優美な両足が突然動かなくなり、体が木になり、金髪も顔も白い胸も見えなくなり、彼女は花をつけた緑色の木に変身した、という話である。アポッロは立ち止まり、恐怖と同情で長時間岩のように身動きせず、愛するダフネの変身の木の幹を抱いて接吻を繰り返し、付近の人びとは彼女の変身を嘆き悲しんだ、とティルシは話を結んだ。

［第六場］

アポッロは美女ダフネの月桂樹への変身を慨嘆し、その枝や葉で冠を作り、絶えずそれを彼の額にかぶせていた。牧人やニンファたちはアポッロとダフネの事件を教訓としてアモーレの矢を恐れ、彼に盾ついたり、彼と争ったりしないでおこうと合唱して全曲の幕となる。

■解説

マルコ・ダ・ガリアーノは一五八二年にフィレンツェ郊外で生まれ、一六四三年にフィレンツェで没したオペラ草創期の重要な作曲家の一人。彼は音楽家であると共に聖職者でもあり、一六〇八年にフィレンツェのサン・ロレンツォ教会の楽長に、翌年にはトスカナ大公宮廷楽長に就任した。これより前、彼はマントヴァ侯ヴィンチェンツォ・ゴンザーガからオペラ作曲の依嘱をされ、オペラは一六〇八年一月にマントヴァ宮廷劇場でヴィンチェンツォの息子フランチェスコの婚礼の余興として上演され好評だった。彼はこの上演後フィレンツェへ帰り、死ぬまでメディチ家の宮廷作曲家として活躍した。彼は数曲のオペラを書いたが、現存しているのは最初の《ダフネ》と一六二八年にメディチ家の婚礼の余興として上演された最後の《花の女神》の二曲だけである。

ガリアーノはカメラータと同じようにオペラでの言葉の理解の重要性を強調し、彼の《ダフネ》の基本は、フィレンツェのオペラと同じように、モノディとスティーレ・ラップレゼンタティーヴォである。歌唱の多くは朗誦調の独唱であるが、重唱が数曲、合唱は重唱の倍以上あり、たとえばペーリの《エウリディーチェ》と比較すると、歌唱がかなり変化に富んでいる。そして、注目に値する特徴は、レチタティーヴォとアリアの分離の兆しが明瞭に見られるというほどではないが、独唱のごく一部にアリアと呼んでもよい歌唱を聴くことができることである。《エウリディーチェ》は新音楽劇（オペラ）の理論や理念の知的実験だという印象が強く感じられ、単調で、味気なく、乾燥的であるが、その八年後の《ダフネ》は多彩で変化があり、潤いと精彩があり、感性や情感に訴える力がある。

ジュゼッペ・ヴェルディ　《リゴレット》　三幕四場

――マントヴァが舞台の名曲オペラ

■原作　ヴィクトル・ユゴーの悲劇『王は楽しむ』（一八三二）

■台本　フランチェスコ・マリーア・ピアーヴェ　イタリア語

■初演　一八五一年三月十一日　ヴェネツィアのフェニーチェ劇場

■ドラマの時と所　十六世紀のマントヴァ

■登場人物

マントヴァ公爵……テノール
ボルサ・マッテオ　廷臣……テノール
チェプラーノ伯爵夫人……ソプラノ
リゴレット　宮廷道化師……バリトン
マルッロ　騎士……バリトン
チェプラーノ伯爵……バス
モンテローネ伯爵……バス
スパラフチーレ　刺客……バス
ジルダ　リゴレットの娘……ソプラノ
ジョヴァンナ　ジルダの世話役……メゾ・ソプラノ
マッダレーナ　スパラフチーレの妹……アルト

■**録音ディスクと演奏時間**　多数あるCDの一例　日本フォノグラム　35CD-296-7　二枚組　約二時間八分。ＬＤの一例　ポリドール　WOOZ 25001-2　三面　約二時間八分。ＤＶＤの一例　TDK TDBA-0032　約二時間九分。

■**すじがき**

［第一幕第一場　公爵宮殿の大広間］

短い前奏で始まる。それは悲劇を象徴する不吉で、不気味な、緊迫した音型のモチーフを変形しながら反復するもので、強烈な印象を与える。

続く導入部は陰気で暗澹たる前奏とは対照的に、明るく、陽気で、華やかな舞曲で始まる。舞踏会がたけなわで、好色の公爵と廷臣ボルサが、三月前から日曜日ごとに公爵が教会で見て心を引かれている美女のことを話題にし、公爵は有名なバラータを歌う。広く人口に膾炙《かいしゃ》している歌で、これによって彼は開幕早々浮気と好色、放蕩と軽佻浮薄の人柄を強く印象づける。次に公爵はチェプラーノ伯爵夫人に言い寄り、別室へ彼女を誘惑しようとするので、夫の伯爵が憤怒の面持で彼らの後を追うと、リゴレットが伯爵を嘲笑する。

リゴレットは醜男の宮廷道化師である。マルッロが飛び込んできて、リゴレットが女を囲っていると衝撃的な報道をする。公爵に、リゴレットがチェプラーノ伯爵の妻を弄ぶよう勧めるので、伯爵が憤激して刀に手をかけると、公爵が彼を制止し、リゴレットに廷臣たちのしっぺ返しを食うぞと警告する。リゴレットは公爵の寵愛を笠に着て廷臣たちを見下すので、伯爵はリゴレットに天誅を下そうと誘い、一同の宴を楽しむ合唱が加わって一大アンサンブルとなる。

モンテローネ伯爵が登場すると、リゴレットは今度は彼を侮辱する。伯爵は娘を公爵に弄ばれたことに憤慨し、復讐をすると天地神明に誓い、公爵を断罪する。彼はなおも彼を侮辱するリゴレットに呪いの言葉を浴びせるので、リゴレットは何か不吉な予感がし、身の竦む思いがする。酒宴を掻き乱された他の人びとの伯爵を罵倒する合唱が加わり、大アンサンブルで第一場が終わる。

[第一幕第二場　淋しい路地とリゴレットの家　夜]

小心なリゴレットがモンテローネの呪いに悩まされながら帰途についていると、スパラフチーレが彼に声をかける。彼はこの薄気味悪い男を追剝と思って金の持ち合わせはないと言うと、男は殺し屋だと自己紹介するので、先で彼の商売を利用することもあるような気がして、彼に会える場所を聞いておく。これは二重唱の曲名になっているが、短い断片的なレチタティーヴォの対話で、二人の声が重なるところはなく、全曲中でもユニークで効果的なナンバーであり、ドラマの展開を暗示している。

前の二重唱の効果は次のナンバーのシェーナの部分で早々に見られる。このシェーナはリゴレットのモノローグで、ここで彼は自分を舌先での殺し屋だと自嘲し、彼の醜い体躯や因業な道化商売を怨めしがり、美男の公爵を羨ましがり、廷臣たちを恨み、モンテローネに浴びせられた呪いの言葉に不安がり、これから先不幸に見舞われる気がしてならない。歌唱法もテンポも言葉の意味と密着して自由に、巧みに変化し、内容の充実したこの朗誦調のモノローグはバリトンの名曲である。

続く二重唱になると、音楽は軽快で活気のあるものに一変し、リゴレットは愛娘ジルダを見て気分が和む。家から出てきた娘は父に縋り付いて両親の身の上話をせがむが、彼は死んだ彼女の母のことを簡単に語り、彼女だけが彼の残された大事な宝だと言うだけで、彼自身のことになると一切口を噤み、彼の名前さえ明かさない。ジルダが町を見物させてほしいと頼むがリゴレットは許さず、彼女の世話役のジョヴァンナに戸締りを厳しくせよと命じる。再び二重唱となり、娘は父の彼女への深い愛情に感謝しながらも、彼の過度の彼女への気配りを訝る。そのときリゴレットは人の気配を感じたので二重唱が中断される。公爵がこっそり家に忍び寄り、ジルダがリゴレットの娘だと知る。リゴレットは誰も家へ入れないようにジョヴァンナに念を押す。中断された二重唱が再開され、父娘は抱擁しながら別れ、長大なナンバーが終わる。

ジルダは父には内証にしているが、日曜日ごとに教会で出会う美貌の好青年に魅了され、彼に夢中である。突然彼が彼女の前に現れ、彼女を熱愛していると告白するので、彼女は狼狽し、ジョヴァンナを呼ぶが、男に買収されている彼女は姿を見せない。男は、彼女は彼の太陽だ、天使だと熱っぽく愛の告白を続け、彼女は彼の愛の言葉に魅せられて夢心地で、彼らは二重唱する。経過部のシェーナで彼女は彼の正体を尋ねるが、彼はマントヴァ公爵の身分を秘してグァルティエル・マルデという貧乏学生だと名乗る。彼女は父の帰りを気にし、もどってきたジョヴァンナに男を家から連れ出すよう命令する。二重唱の後半部（カバレッタ）で、二人は情熱的な愛と別れを激しく歌う。ヴェルディらしい迫力の激情的な愛の二重唱である。

ジルダは恋慕うグァルティエル・マルデの名を鮮やかに胸に刻みつけて、全曲中最高で、人口に膾炙しているソプラノの名アリア〈愛しい方の御名〉を歌う。アリアの中で彼女はこの名を聞いただけで恋の喜びに胸は躍り、酔いしれると恋を賛美する。このアリアには超高音や装飾音で旋律を華やかに、技巧的に飾り立てるイタリア・オペラのベル・カント唱法がまだ残存している。このアリアは音楽的聴きどころというだけではなく、ここで表現されているジルダの強い愛がドラマを終始支配し、彼女を悲劇へ導いている点で重要である。

リゴレットがモンテローネ伯爵の不吉な呪いが頭にこびりついていて不安に駆られ、娘の安否を確めに帰ってくると、廷臣たちが集まっている。彼らの目的は、彼らがリゴレットの妾だと思い違いしているジルダを誘惑して公爵に献上し、彼への恨みを晴らすことであるが、彼は彼らがチェプラーノ伯爵夫人を誘拐しにきたと聞いて、娘のことを心配したのは思いすごしだったと一先ず安堵し、自分も彼らの仲間に加わり、暗闇の中で目隠しされる。廷臣たちは日頃道化師に嘲笑されている恨みを晴らすためにジルダを誘拐して、彼を宮廷中の笑われ者にしてやろうと合唱する。これはソット・ヴォーチェ（柔かい声）でひそかにスタッカート（断音）で歌われる特徴的なものであり、彼らの行動を効果的に表現している合唱の名曲である。攫われたジルダが父に助けを求める叫びがリゴレットの耳に届くと、彼は目隠しを取り、彼女のスカーフが中庭に落ちているのを見て、誘拐されたのは伯爵夫人ではなく、彼の娘だったのに気づく。彼は気にかかっていたモンテローネの呪いが身に降りかかったのだと絶望し、気を失う。

〔第二幕　公爵宮殿の一室〕

興奮しながら現れた公爵が、ジルダが攫われたと嘆き、彼に初めて愛の炎を燃え上がらせた天使のような女を奪ったやつに復讐すると息巻く。続くアリアは全曲中唯一のカヴァティーナ＝カバレッタ形式のものである。カヴァティーナは、攫われた愛しい女の身を案じ、彼女の誘拐を防止できなかったのを嘆く漁色家の彼にしては優しい、思いやりの深い気持を表現した抒情歌である。経過部のシェーナでは、廷臣たちがリゴレットの情婦だと思っている女を攫ってきた経緯を公爵に報告すると、彼は彼女を愛しいジルダだと直感し、大喜びする。この廷臣たちの合唱は楽しく充実した曲である。続くカバレッタで、公爵は彼女との愛は王位に匹敵すると歌い、彼女のところへ飛んで行く。

心は悲痛な思いでも、うわべは道化らしく平然としながらリゴレットが現れる。彼は廷臣たちが娘をどこかに隠したと疑っている。小姓が、奥方が公爵に用事だと伝えると、ボルサが殿様は狩りをお楽しみ中だと暗示的に言うが、リゴレットにはその意味がぴーんときて、彼が娘を取り返すと悲痛な叫びを上げるので、廷臣たちは攫ってきた女が彼の情婦ではなく、彼の娘だと初めて気づく。リゴレットは娘を取り返しに突進するが彼らに阻まれると、今度は泣き落し戦法に出て、娘を返してほしいと彼らに懇願する。これは形式でも歌唱様式でも表現内容でも、ヴェルディの最も傑出した、みごとなアリアの一曲で、彼のオペラ改革のこれまでの最高の到達点である。

ジルダが父の懐へ飛び込んでくると、彼は恥ずかしがる娘をやさしく慰めながら廷臣たちに出て行ってもらう。二重唱の前半部で、ジルダは教会で出会う素敵な青年に恋心を掻き立てられ、互いに情熱の恋を告白するに至った経緯と、廷臣たちの誘拐事件を物語る。抒情美溢れる純情な娘心の切々たる歌である。彼女の告白を聞いてリゴレットは彼女を抱擁し、心から彼女を慰める。経過部のシェーナとなる。衝撃的な娘の事件でリゴレットの宮廷観が一変し、彼にはそこが地獄と映る。入獄するモンテローネが通りかかり、彼の呪いの言葉が鉄槌として頭上に打ち下ろされて、彼と同じ境遇になったリゴレットは、公爵の肖像に向い敵討ちの決意をする。続く二重唱の後半部で、復讐の鬼と化したリゴレットが公爵の断罪を誓うと、娘は裏切られても彼を愛していると主張して、父の容赦を懇願するが、父は断乎として彼に死の鉄槌を下すと言い通す。ヴェルディ特有の激烈な二重唱で第二幕のフィナーレとなる。

第三幕　町はずれの河畔の淋しい場所

リゴレットは殺し屋スパラフチーレが妹マッダレーナと住んでいる河畔の粗末な二階家をジルダに覗かせる。公爵が美女マッダレーナとの情事を目的にやってきて、カンツォーネ〈女ごころの唄〉を歌う。オペラの中の歌でこれほど人口に膾炙しているものはない。マッダレーナが二階から降りてくると、公爵が彼女を抱こうとするが、彼女は身をかわす。

屋内の公爵とマッダレーナ、屋外のリゴレットとジルダ、二組の男女の名高い四重唱が展開される。公爵がマッダレーナに以前から魅惑されていると言い寄ると、マッダレーナは彼を女たらしの浮気者だとやり返す。ジルダが今なお愛しい公爵の裏切りと好色を嘆くと、リゴレットは彼のそういう人柄がわかっただろうと念を押す。四重唱の後半部では四人四様の気持や心境が華やかに、技巧的に、効果的に歌われる。四重唱が終わると、リゴレットは娘に男装してヴェローナに行くよう命じる。

第一幕第二場で暗示されているように、リゴレットは殺し屋スパラフチーレに公爵殺しを受け負わせる運命に立ち至り、暗殺料の半金を渡す。公爵がマッダレーナと戯れているところへスパラフチーレがきて、彼を暗殺する準備のために彼を寝部屋へ案内する。やがて公爵は〈女ごころの唄〉を歌いながら眠り込む。マッダレーナが公爵の若さと美貌に魅了されて彼を殺すのを止めるよう兄を説得していると、ジルダが公爵の裏切りと放蕩ぶりにもかかわらず、彼への愛を断念できず、父の命令に背いて舞いもどり、男装で戸口に現れる。マッダレーナがリゴレットを殺して金を奪えばいいと言うと、スパラフチーレは依頼人を裏切ることはできないと拒絶する。ジルダは父を殺すと聞いて慄然とする。

続く三重唱では、兄妹の間で公爵殺しのことで悶着があったが、結局、夜半までにこの家を訪れる人を公爵の身代わりに殺すことで彼らの話し合いが決着し、一方、ジルダは彼への愛ゆえに彼の身代わりになることを決心する。この殺伐な人間界の状況に呼応するかのように、自然界では雷鳴と稲妻が激しく、嵐が荒れ狂っている。「嵐の音楽」は当時のオペラのコンヴェンションだが、この意味でも効果をあげている。ジルダは公爵の裏切りと彼への愛に心を引き裂かれて、壮絶な葛藤を演じている。彼女は屋内に入るや否や殺し屋の短剣で刺され、虫の息となる。

三十日間耐えに耐えて復讐の時を迎えたリゴレットが、夜半を待って公爵の亡骸を受け取りにくると、スパラフチーレが袋詰めを渡す。彼が遂に公爵に娘の敵討ちをしたと喜んで袋を川岸に引きずって行くと、例の〈女ごころの唄〉が聞こえるので、一瞬彼は幻聴かと疑うが、次の瞬間例の「呪い」だと悟る。公爵の身代わりが娘ジルダだと認め、嘆き悲しむ。父娘の二重唱となり、娘は苦しい虫の息で、彼女自身のことと愛しい公爵のことで父の許しを乞い、死に行く者への彼の祝福を願い、天国の母のもとへ旅立つと歌い、父は彼を一人ぼっちにして死なないでくれと必死に歌う。しかし、ジルダは事切れる。リゴレットはモンテローネの「呪い」に復讐されたと呆然として娘の亡骸の上に倒れ、古今屈指の名曲オペラの幕となる。

■解説

マントヴァと聞けば、オペラ好きなら真っ先にヴェルディの名曲《リゴレット》を思い浮かべるかも知れない。一軒の民家がリゴレットの家と呼ばれ、中庭にリゴレット像が立っており、名所になっているが、住宅であるため屋内見学はできない。また、四角形の塔が上に付いている建物は、ジルダを刺殺する殺し屋スパラフチーレの家と名づけられている。しかし、オペラ《リゴレット》とマントヴァとは元来何の地縁関係はなかったのだが、オペラが余りにも有名になったので、両者の地縁が人為的に作られたのである。

オペラの原作であるヴィクトル・ユゴーの劇『王は楽しむ』は、フランス国王フランソワ一世（在位一五一五―四七）の放蕩生活や廷臣たちの淫猥行為の劇で、その扇情性が良俗を乱し、社会秩序を紊乱するものとして初演一日で上演禁止処分を受けた曰く付きの作品だった。オペラの初演地ヴェネツィアは当時オーストリアの統治下にあり、オペラの台本には検閲制度が敷かれていた。特に国王の行状を内容としたオペラには検閲当局は目を光らせた。台本作者フランチェスコ・マリーア・ピアーヴェと検閲当局との交渉は、フランス王をマントヴァ公に変更、他の登場人物名の変更、当初のオペラの題名《呪い》を《リゴレット》に変更で合意に達し、オペラ台本の主題、筋書き、人物の性格などの変更は一切必要ではなかった。

ヴェルディは《リゴレット》の初演までに《ナブッコ》、《マクベス》、《ルイザ・ミラー》（一八四九）のような名曲を含む十五曲のオペラを書き終え、現役ではイタリア最大の作曲家で、イタリア・オペラの屋台骨をほとんど一人で背負い、彼の名声はヨーロッパ中に及んでいた。彼は《リゴレット》で彼の作曲キャリアの中期に駒を進め、この作品で更に大きな飛躍と進歩発展の一歩を踏み出した。《リゴレット》後の十一曲は全作オペラ史上の名作、傑作だと評価しても過言ではない。

当時のオペラの常識や慣習では醜い道化が主役になるのは破格である。ヴェルディはオペラの禁を犯し、世間の思わくなど歯牙にもかけず、リゴレットの特異性格や彼の皮肉な悲劇的運命に限りなく心を惹かれ、彼のオペラ化に熱中した。リゴレットは醜男の僻みもあって宮廷人を憎悪し、自己卑下や自嘲に苛まれながら演技の世界で生きる道化であるが、娘の受難を契機に道化の仮面を脱ぎ捨て、真実の感情を回復し、人間性に目覚める。

《リゴレット》ではヴェルディのオペラ改革が画期的に大きく前進し、彼のオペラ理念が明確に見え、表現されている。音楽とドラマがバランスよく融合密着して一体化し、人物の心理や内面を巧みに描写して性格を見事に造形し、ドラマは弛《たる》みなく張り詰め、緊張感をもって展開され、迫力満点である。

一方で、《リゴレット》ではイタリア・オペラの伝統的ベル・カントがなお脈打ち、美しく魅力的な名曲が次々に披露され、イタリア・オペラの重要な醍醐味を満喫できる。しかも、これらの名歌はドラマから遊離せずに、見事にドラマの部分となっている。正しく《リゴレット》は巨匠が腕によりをかけて仕上げた絶品であり、名曲の非常に多いヴェルディのオペラの中で五指に入る名作だろう。

第3章
ローマ

ニッコロ・ヨンメッリ《見捨てられたディドーネ》
ドメニコ・チマローザ《オラーツィ家とクリアーツィ家》
ジャコモ・プッチーニ《トスカ》

◉都市の概説とオペラ小史

永遠の都と親しまれている世界有数の古都ローマは、膨大な書物や美術、盛んなマスメディアや観光などで万人にあまねく知れ渡っているので、都市概説は不用だろう。

ローマ生まれのエミーリオ・デ・カヴァリエーリ（一五五〇—一六〇二）はヤコポ・ペーリの《エウリディーチェ》よりも八か月前の一六〇〇年二月にローマの教会で彼の有名な《魂と肉体の劇》を上演した。これはモノディとスティーレ・ラップレゼンタティーヴォで書かれてローマで上演された最初の音楽劇である。カヴァリエーリはフィレンツェのカメラータの有力な一員で、メディチ家の音楽劇の参画者だった。《魂と肉体の劇》は宗教的、教訓的内容の音楽劇で、一般にはオペラとは呼ばれず、オラトリオの元祖と考えられているが、音楽上の語法、様式、形式は、草創期のオペラのそれらとほとんど同じである。

ローマの最初期のオペラで重要なことは、バルベリーニ家の絶大な後援である。フランチェスコ・バルベリーニ（一四五四―一五三〇）がフィレンツェで織物業で産をなし、ローマへ移住して大貴族となった。同家でオペラと重大な関係ができたのは、一六二三年に教皇ウルバヌス八世となったマッフェーオ・バルベリーニ（一五六八―一六四四）だった。彼の甥フランチェスコ・バルベリーニ（一五九七―一六七九）もオペラ愛好者で、一六三二年に彼の館でバルベリーニ劇場を開設し、これがローマの初期のオペラの拠点となり、十七世紀末まで存続した。

バルベリーニ家の後援を受けたステーファノ・ランディ（一五八六／七―一六三九）はローマ生まれで、ローマ最初期オペラの代表的作曲家の一人であり、一六一九年に教皇の館で上演された彼の《オルフェオの死》は、ローマで上演された現存最古のオペラで、作曲者がこれを牧歌的悲喜劇と呼んでいるように、滑稽な早口の独唱や喜劇的な二重唱などが含まれている。オペラの基本はカメラータのモノディとスティーレ・ラップレゼンタティーヴォの理論と原理によって作られているが、後のオペラのレチタティーヴォとアリアとの分離の兆候が見られる独唱も少数ながら聴かれる。重唱が数曲あり、合唱は重唱の二倍で、十曲を越え、五幕から成るオペラの各幕の終曲は合唱である。歌唱での詩句の反復や装飾音の使用もかなり盛んで、フィレンツェの草創期のオペラに比べると賑やかさと華やかさが感じられる。

ランディのプロローグと三幕仕立ての《聖アレッシオ》はバルベリーニ劇場の柿落《こけら》しのオペラとして一

六三二年に上演され、五世紀の聖人アレッシオの伝記を題材としたオペラ史上最初の歴史物作品である。《オルフェオの死》と同様に、歌唱の基本はモノディとスティーレ・ラップレゼンタティーヴォだが、アリアとレチタティーヴォの区別と分離の兆候は一層進んでいる。たとえば、第一幕のアレッシオの独唱や第二幕のレリジォーネの独唱は、レチタティーヴォとアリアの形式を取っている。重唱や合唱は《オルフェオの死》よりはずっと少ない。全曲のフィナーレでは四回の器楽伴奏付きの踊りを挟んで七行詩句の合唱が五回歌われ、賑やかに終わる。独唱曲によっては装飾歌唱が華やかであり、滑稽な歌唱があって、喜劇的要素の含まれたオペラである。

バルベリーニ家に出仕したローマ初期のもう一人の重要な作曲家はルイージ・ロッシ（一五九七?―一六五三）である。バルベリーニ家出身の教皇ウルバヌス八世の没後、新教皇選に絡んで紛争が持ち上がり、一六四四年にバルベリーニ家は追放されてパリへ移住し、音楽家たちもそれに同行したので、ローマのオペラ活動は頓挫した。ロッシも一六四六年にパリへ出て滞在し、一六四七年にパリ・ロワイヤル（王宮）で《オルフェオ》を上演した。作曲者は音楽による悲喜劇と呼んでいるプロローグと三幕のオペラで、ギリシャ神話を戯画化した内容で、パリで上演された最初のオペラである。パリで上演されたためにバレエが多く含まれている。全曲が非常に長大だという理由もあろうが、ランディの曲と比べると、節回しのある歌謡的旋律部分が非常に多くなっているが、それらの中でアリアと呼べるほどまとまった長さの曲は比較的少なく、それらの中の多くは歌謡的旋律からすぐにレチタティーヴォへ移行する。これらの旋律の中には華やかな装飾歌唱のものもある。レチタティーヴォとアリアの分離は進んできてはいるが、まだ明確ではない。重唱もかなり多くなっているが、やはり短いものが多い。合唱は重唱よりも少ない。オペラの歌唱は合唱で始まり、合唱で終わっている。

バルベリーニ家は教皇と和解し、一六五三年にローマに帰り、オペラも再開されたが、その後バルベリーニ家のオペラの火は消えた。

スウェーデン女王クリスティーナが退位後一六五四年から一六八九年までローマに居住し、オペラ愛好家の彼女は、彼女の宮殿でオペラを上演した。バレルモ生まれで、ナポリ派オペラの巨匠アレッサンドロ・スカルラッティは、一六七二年にローマに移り住み、クリスティーナの楽長を務め、一六八四年までローマで活動し、何曲ものオペラをローマで初演し、晩年にもローマに滞在して知名の《グリゼルダ》を書き、一七二一年に初演した。

トルディノーナ劇場が一六七〇年に開場し、その後の曲折を経てアポッロ劇場と改称され、一八八九年にテヴェレ河畔拡張工事のために取り壊された。ここで初演されたオペラにはドニゼッティの《アルバ公》(一八八二)、ヴェルディの《イル・トロヴァトーレ》(一八五三)や《仮面舞踏会》(一八五九)のような名曲がある。

ヴァッレ劇場は一七二七年に開場し、現在に至っているが、今は演劇の専門劇場。ロッシーニの《デメトリオとポリビオ》(一八一二)と《チェネレントラ》(一八一七)、ドニゼッティの《当惑した家庭教師》(一八二四)、《サン・ドミンゴ島の狂人》(一八三三)、《トルクァート・タッソー》(一八三三)がここで初演された。

アルジェンティーナ劇場は一七三二年に開場し、ロッシーニの名曲《セビリャの理髪師》(一八一六)、ヴェルディの《二人のフォスカリ》(一八四四)と《レニャーノの戦い》(一八四九)を初演し、コスタンツィ劇場が開場するまではオペラ上演の中心劇場だったが、現在は演劇の専門劇場。

コスタンツィ劇場は一八八〇年十一月二十七日にロッシーニの名曲《セミラーミデ》で開場し、有名な音楽出版業者エドアルド・ソンツォーニョがその支配人だったことがある。拡張と改修を経て一九二八年に王立劇場となり、一九四六年にローマ歌劇場と改称して現在に至り、ローマの中心的オペラ上演劇場であり、テルミニ駅のすぐ近くに位置し、地の利を得ている。ここで初演されたオペラにはマスカーニの名曲《カヴァレリア・ルスティカーナ》（一八九〇）と彼の三曲の佳作《友人フリッツ》（一八九一）、《イリス》（一八九八）、《ロドレッタ》（一九一七）、プッチーニの最高傑作《トスカ》（一九〇〇）、ザンドナーイの《ジュリエッタとロメーオ》（一八二二）がある。

上記のかなり多くのローマ初演のオペラは全部、ローマ生まれでない作曲家の手になるものである。ローマ生まれでローマで作品を初演した知名の作曲家は、ローマ・オペラの草創期に活躍した既述のランディとロッシの二人だけである。

◉作品紹介

ニッコロ・ヨンメッリ《見捨てられたディドーネ》三幕八場

――ローマ生まれのオペラ・セリア台本作家の巨匠メタスタージオの台本オペラ

■台本　ピエトロ・メタスタージオ　イタリア語

■**初演**　一七四九年　ウィーン

■**ドラマの時と所**　神話時代のカルタゴ

■**登場人物**

エネーア　トロイの指揮官……メゾ・ソプラノ
セレーネ　ディドーネの妹……メゾ・ソプラノ
オスミーダ　ディドーネの部下……テノール
ディドーネ　カルタゴの女王……ソプラノ
アラスペ　イアルバの部下……カウンター・テノール
イアルバ　ムーア人の王……カウンター・テノール

■**録音ディスクと演奏時間**　ＣＤの一例　ORFEO　C381953F　三枚組　海外盤　約二時間四十九分。

■**すじがき**

［序曲］

［第一幕第一場　王宮の広間］

トロイの落武者エネーアはイタリア建国の地を目指して流浪中にカルタゴに漂着し、女王ディドーネの款待を受けて日々を送るうちに彼女と相愛の仲になっている。しかし、彼はイタリア建国の使命を果たす運命を神々から授けられているので、いつまでものうのうと、彼女との愛欲にうつつを抜かしてはおれない。彼がイタリアへの船出の決意を女王の妹セレーネと女王の部下オスミーダに打ち明けていると、女王が彼に近づいてきて、彼のよそよそしげな態度で彼の胸の内を察し、彼女との愛がもう冷めてしまったのかと手厳しく彼を責める。彼が彼女を心から愛していると断言して立ち去ると、セレーネとオスミーダが、彼は彼女を捨ててカルタゴから船出する決心だと彼女に告げる。

アルバーチェと名乗るムーア人の王イアルバの使者（事実はイアルバ本人）がきて、彼の王がディドーネとの結婚を願っている、とオスミーダが彼女に告げる。アルバーチェことイアルバが部下のアラスペと女王に近づいてくると、彼女は玉座に着座する。イアルバはアラスペに、彼のことを王と呼ばずにアルバーチェと呼べと小声で命じる。女王はイアルバの贈り物を辞退し、彼の彼女への求婚を即座に断乎拒絶し、彼女の夫はエネーアだと誇らしげに告げ、さっさと退去する。

イアルバがディドーネに傲慢な態度で無視されたことに憤慨し、彼女への復讐を誓って退出しかけると、オスミーダが彼を制止する。オスミーダはかねてからカルタゴ王への野心を抱いていて、イアルバとディドーネの結婚の実現に便宜を計り、加勢するのと交換に、彼のカルタゴ王座の乗っ取りの陰謀にイアルバの荷担を提案する。イアルバは同意を装うが、オスミーダが退去すると、彼が約束を守る男だとオスミーダが信じているなら、彼は大馬鹿者だとせせら笑い、エネーアの殺害をアラスペに指示して立ち去る。正義と美徳を愛し、不義不正を憎むアラスペは独りになると、王の命令の不履行を誓う。

［第一幕第二場　王宮の中庭］

セレーネがエネーアに、もう少しの間船出を延ばして、ネットゥーノ（海神）の神殿にいるディドーネとの話し合いを要望する。一方、イアルバは宮殿中を捜索してもエネーアが見つからないので、アラスペが彼はもう船出したのだろうと告げる。そのときエネーアが近づいてくるが、イアルバは彼をエネーアと識別できず、彼に名前を尋ねると、彼はそれを無視する。

オスミーダがイアルバに女王はネットゥーノの神殿でエネーアと結婚すると告げ、彼にエネーアの殺害を急がせる。アラスペがイアルバにエネーアの殺害のためには兵士の準備ができていないと伝えると、イアルバは彼を騙し討ちにすると告げる。

［第一幕第三場　ネットゥーノの神殿］

エネーアはディドーネと会い、ジュピター、彼の父の霊、祖国、天、彼の約束、義務、名誉、栄光の命令に従ってイタリア建国の使命を果たすために今日船出し、彼女と別れる決心だと伝える。長くこの地に逗留すれば、神々の怒りを掻き立てるばかりだと釈明すると、彼女は彼の彼女との愛の裏切り、彼女の彼への款待への忘恩に抗議し、多くの王たちの彼女への求愛を拒絶して、彼との愛に忠実だったと断言する。彼が神々から命じられた使命さえなければ、絶対に彼女を捨てないと誓うと、彼女はそれでは彼の運命に従えと捨て鉢的になり、海が荒れて、天が彼女に代って彼に復讐してくれようと恨みごとを彼に投げつけ、彼を裏切り者、忘恩者と呼び、早く出て行けと自暴自棄的になる。彼は彼女の憤怒を宥《なだ》めようとし、彼女への愛と彼の運命との相剋と葛藤に懊悩する。

［第二幕第一場　王宮の一室］

セレーネがアラスペにエネーアに陰謀が仕組まれているので、彼の命を守るように頼むと、アラスペはエネーアは敵だが、彼女の頼みとあればそうしようと約束する。彼女が退出しようとすると、彼が彼女を制止し、彼女に彼の愛に応えてくれと願うが、彼女はそれを拒む。彼は希望は失わないとアリアを歌う。

ディドーネはイアルバがアルバーチェと変名しているのを知り、彼女への彼の求婚を侮辱だと立腹し、彼を亡きものにしたいと願う。彼女はエネーアに会うと、まだこの地にいたのかと皮肉を彼に浴びせ、彼を愛しく思った時はもう過ぎ、愛の炎は消えたと強がりを言うが、結局は彼への愛を告白し、船出しないよう懇願して退出する。彼は彼女の燃え上がる愛の炎を前にして、彼の不動の決意がぐらつくのを感じる。

［第二幕第二場　港］

エネーアの心は今なお使命と愛の葛藤でひどく揺れている。アラスペがエネーアを敵と呼ぶので、二人は剣で決闘を始めるが、セレーネが現れて仲裁し、アラスペを退去させる。セレーネはエネーアへの愛を抑えてきたが、その苦悩に耐え切れず、遂にそれを彼に洩らす。しかし、彼がそれを聞きとがめると、彼女は臆して、ディドーネの彼への愛を口にしたのだと言い訳する。彼はディドーネと別離の運命にあるのは拷問だと告げる。

［第二幕第三場］

ディドーネは彼女の運命を決めるために最後にもう一度エネーアの愛を試す時がきたと感じ、彼に嫉妬を起こさせるためにイアルバと結婚するか、死ぬかだと告げる。エネーアが敬愛する女王が彼の恋敵のイアルバと結婚するのはとんでもないことだと反対すると、彼女はそれでは代りに死なねばならないと言い出し、彼の剣で刺殺してと彼に迫り、その方が彼女には慈悲だと言う。彼がそれを拒絶すると、それではイアルバと結婚すると彼を脅迫し、小姓にイアルバを呼びに行かせる。

イアルバがきてディドーネに求愛すると彼女がそれに応じるので、エネーアは立腹し、イアルバとの愛を楽しめと彼女に言って退去しようとする。彼女がエネーアを押し止めると、イアルバが彼を放置しておけと世話をやく。彼女はエネーアの怒りや煩悶を見て、彼の彼女への愛を確認し、希望を抱く。彼女が一度は応じたイアルバの求婚を撤回するのでイアルバは侮辱されたと憤慨し、彼女への復讐を誓う。彼女は愛しいエネーアに心の慰めを求める。愛をめぐる三人の掛け引きや胸の試し合いの長大な三重唱で第二幕のフィナーレとなる。

［第三幕第一場　港］

エネーアがイタリアの岸を目指して船出の準備にかかり、彼の一行に勇気を出せと叱咤激励していると、イアルバが家来たちと現れ、彼に決闘を挑む。エネーアが勝者となるが、彼は敗者を生かしておく。

［第三幕第二場　王宮］

ディドーネの失意と煩悶は深まる一方である。オスミーダが現れ、女王への反逆罪を告白する。彼女は忠実だと信じていた部下に背かれて嘆く。セレーネがきて、エネーアがやがて海に乗り出すと告げると、ディドーネは彼の不実と忘恩を呪い、彼がもうしばらく滞在するよう頼みにオスミーダを走らせる。セレーネが彼女に自分で彼のところへ行って、泣き落し戦術に訴えるよう助言すると、誇り高い女王は、そんな卑しい振舞いをせよと言う妹に腹を立てる。妹は姉に地位を忘れるか、願望を捨てるか、どちらかだ、愛と女王の威厳とは両立しないと説く。

カルタゴの町中で火の手が遠望される。アラスペがきて、激怒したイアルバが町を焼きつくそうとしていると注進し、彼の怒りを宥《なだ》めないと、女王も国も滅びてしまうと伝える。

帰ってきたオスミーダがエネーア一行が船出したと報告すると、女王は武器、船、兵士を集めて不実な裏切り者を追跡し、彼を鎖に繋いで連れてこい、と狂乱の体で命じる。アラスペがきて女王の身の危険を案じ、セレーネも町の被害の防止策をはかるよう女王に進言する。ディドーネはエネーアに見捨てられた苦悩のためにどんな行動もできないと嘆き、セレーネに彼女の代理を頼むが、セレーネも彼女以上にみじめな気持になっている。

火の手が町から王宮へ広がり、空は煙と焔で覆われている。すでに死を決意している女王は、右往左往するセレーネやオスミーダに死に方を教えようとする。現れたイアルバに、彼女は孤立無援の彼女に今こそ復讐する時だと呼び掛けるが、彼は彼女の窮境に同情し、彼女のこれまでの侮辱を赦し、彼女と結婚して王座を共にすると申し出る。しかし、彼女がそれを拒否するので、彼は激怒し、カルタゴ中を破壊しつくすと宣言して退去する。

ディドーネは彼女の不幸の原因であるエネーアの不実の裏切りに神々の復讐を願う。セレーネは女王が怒りを抑えるよう勧め、彼女もまたエネーアを愛して苦悶していると打ち明けると、女王は彼女の絶望に苦悩を加えるなと言って、セレーネを退出させる。

ディドーネが神々に不敬な言葉を浴びせるのにオスミーダは身震いし、逃げ出す。彼女は孤立無援で、絶望と怒りで自暴自棄と狂乱状態に陥り、カルタゴは崩壊せよ、宮殿は焼け落ちよ、と絶叫しながら火焔の中に身を投じて果てる。

■解説

ニッコロ・ヨンメッリ（一七一四—七四）はナポリ派最有力のオペラ作曲家の一人で、一七三七年にナポリで《恋の過ち》でデビュー。その後ローマ、ボローニャ、ヴェネツィアに滞在して作曲活動と作品の上演に従事し、一七四七年にウィーンへ移住してオペラ・セリアの台本の完成者で最大の作家ピエトロ・

メタスタージオの知遇を得て親交を結び、同年に早くもメタスタージオの台本によって二曲のオペラを書いた。その一曲が《見捨てられたディドーネ》である。一七五三年に彼はシュトゥットガルトのビュルテンベルク公の宮廷に迎えられ、精力的に次々とオペラの創作と上演に励み、シュトゥットガルトのオペラ活動の振興に貢献し、宮廷楽長として管弦楽団の水準を一流のものに高めた。シュトゥットガルトでの長期滞在を終えて、一七六九年帰国し、一七七四年にナポリで没するまで作曲活動に精励した。

ヨンメッリはオペラ・セリアを主力に八十曲余りのオペラを創作した。代表作を数曲列挙すれば《見捨てられたディドーネ》の他に、《セミラーミデ》(一七四二)、《皇帝ティートの慈悲》(一七五三)、《牧人の王》(一七六四)、《見捨てられたアルミーダ》(一七七〇)などがある。しかしながら、今日ではナポリ派のほとんどすべてのオペラ・セリアの運命がそうであるのと同じように、ヨンメッリのオペラも忘れ去られ、劇場で上演の機会のあるものは一曲もない。ディスクで聴ける曲もごくごく少数である。

バロック・オペラの時代には、概して言えば、フランス・オペラを除いて、諸国のオペラの趨勢はイタリア・オペラの影響下にあった。ヨンメッリは長期間の国外での活動もあってか、ナポリ派全盛時代にその定型漬けになっているのを潔しとせず、その改革に乗り出し、彼のオペラ作法には際立った革新的な跡が認められ、この点で彼は同時代のグルックと共に重要な存在である。

《見捨てられたディドーネ》は彼の比較的若い三十五歳の時の作品であるが、この曲に則して彼のオペラ改革のいくつかの実績を検証してみよう。

アリアをレチタティーヴォ・セッコで繋いで全曲を構成するのを基本形式としているナポリ派オペラと違って、ヨンメッリはレチタティーヴォ・アッコンパニャートを非常に多用している。このことは、彼がオペラでの管弦楽の役割と能力や劇的表現を重視したことを意味する。彼のオペラの独唱形式はアリア、アリオーソ、レチタティーヴォ・セッコ、レチタティーヴォ・アッコンパニャートと多様である。アリアのナンバー構造はレチタティーヴォ・セッコ＝アリア、レチタティーヴォ・セッコ＝レチタティーヴォ・アッコンパニャート＝アリア、レチタティーヴォ・アッコンパニャート＝アリアの三種類に分類できる。

ナポリ派のアリアはダ・カーポ・アリアが基本で、たとえばメタスタージオの台本ではほとんどのアリアが一節が四行から成る二節構成で、第一節が反復される（ダ・カーポ・アリアではなく、四行一節だけのものもある）。しかし、ヨンメッリはダ・カーポ・アリアにとらわれず、これを改造し、改革して、アリアの自由化に挑んだ。《見捨てられたディドーネ》ではダ・カーポ・アリアは二曲だけである。大部分のアリアは四行一節であり、三行一節のものもある。重唱は二重唱と三重唱が一曲ずつあり、合唱は皆無である。

ナポリ派のオペラ・セリアはカストラートを中心に歌唱の超絶技巧の名人芸を磨きに磨いて、ベル・カントによって聴衆を楽しませ、魅了したが、当時の歌唱の再現不可能な現代では、その歌唱は定型的で変化に乏しく、単調すぎるきらいがあり、ドラマも劇的感動と魅力に欠け、ほとんど全作品が劇場上演されていない。それに比べると、ヨンメッリのオペラは管弦楽が充実していて、歌唱法も複雑で、変化に富んでいるので、聴きやすく、感銘深い。

イタリア建国の使命を神々から負わされたトロイの落武者エネーアとカルタゴの女王ディドーネとの宿命的な悲恋物語は、オペラの題材として好んで採り上げられ、多くの作品が書かれたが、今日まで生き残って劇場のレパートリーとして定着している名曲は、パーセルの《ダイドーとエネアス》（一六八九）とベルリオーズの《トロイ人》(全曲初演は一八九〇)の二曲だけである。二曲に次ぐ注目作がヨンメッリのこの傾聴に値する実力オペラである。

ピエトロ・メタスタージオ(一六九八―一七八二)はオペラ・セリア台本完成者で、十八世紀最大のその作家。ウィーン宮廷詩人の招聘に応じて一七三〇年以来そこに定住。彼の台本の中には何十曲ものオペラが作曲されたものが多く、彼の台本によるオペラの総数は実に膨大な数であるが、それらの中で今日まで命脈を保って劇場上演されている曲は皆無に近い。モーツァルトの《皇帝ティートの慈悲》(一七九一)はメタスタージオの同名の台本のカテリーノ・マッツォーラによる改訂版を台本にしているが、この曲だけは特に近年上演頻度が上昇の一途を辿っている。その原因は主としてモーツァルトの音楽の実力によるものだろう。台本そのものはおもしろ味も魅力もなく、現代人の目にはむしろ陳腐なものにさえ映るだろう。

ドメニコ・チマローザ《オラーツィ家とクリアーツィ家》二幕五場

――ローマ建国伝説オペラ

■**原作** ピエール・コルネイユの悲劇『オラース』(一六四〇)

■**台本** アントーニオ・シメオーネ・ソグラーフィ

■**初演** 一七九六年十二月二十六日 ヴェネツィアのフェニーチェ劇場

■ドラマの時と所　紀元前七世紀のローマ

■登場人物

祭司……バス

サビーナ　マルコ・オラーツィオの妻でクリアーツィオの妹……ソプラノ

プブリオ・オラーツィオ　マルコの父……テノール

マルコ・オラーツィオ　ローマ人……テノール

クリアーツィオ　アルバ人……ソプラノ

オラーツィア　クリアーツィオの妻でマルコの妹……ソプラノ

卜占官《ぼくせん》……バス

■録音ディスクと演奏時間　ＣＤの一例　ボンジョヴァンニ　GB2021-2　二枚組　約二時間十四分。

■すじがき

［序曲］

［第一幕第一場　ローマのヤヌス神殿の柱廊玄関］

アルバ・ロンガとの長期の戦争でローマは疲弊し、住民が平和の到来を祈って合唱していると、歓声とラッパが聞こえ、祭司が来て、ローマはアルバ・ロンガに勝利し、その運命が変わるという信託を彼らに告げる。アルバ・ロンガの出身でマルコ・オラーツィオの妻のサビーナは、夫婦愛と祖国愛、歓喜と悲嘆の板挟みに煩悶する。祭司はローマに天才が出現するとアリアを歌う。悩んでいるサビーナに夫の父プブリオ・オラーツィオが、ローマとアルバ・ロンガの休戦と彼女の兄クリアーツィオと彼女の夫の妹オラーツィアとの婚約を伝えるので、彼女は喜び、希望が湧いてきたとアリアを歌う。

人びとがローマの栄誉を担う高潔な英雄オラーツィオ、高貴で愛らしいオラーツィア、クリアーツィオの三人を称え、三人は愛と友情で結ばれたすばらしい日を喜び合い、三重唱する。クリアーツィオはどんな状況の中でも片時も祖国への忠誠を忘れないとアリアを歌う。プブリオ・オラーツィオがローマ王とアルバ・ロンガ王との協議で両国を代表する各三人の戦士の決闘で戦争の決着と両国の運命を決めることになったと伝える。マルコ・オラーツィオは名誉ある戦士として祖国のために奮闘したいとアリアを歌う。彼の願望は叶えられ、彼は感激で胸を躍らせ、祖国と住民のために勇敢に戦うと誓い、人びとは彼を激励する。

［第一幕第二場　オラーツィ家の住居の正面］

人びとが愛らしく、美しいオラーツィアとクリアーツィオの結婚を祝って合唱している。二人が祭壇の前に進み、相互の愛と信義を誓い合い、オラーツィアが彼女の命と喜びであるクリアーツィオに不変の貞節を捧げると誓っていると、マルコ・オラーツィオがきて、オラーツィ家とクリアーツィ家の各三人の兄弟の決闘が決ったと告げる。クリアーツィオは愕然として血の凍りつく思いがし、オラーツィアは彼女の兄弟と夫を失う残酷な不運を嘆き、苦衷に苛まれる胸中をアリアで歌う。

クリアーツィオは不運にも決闘で斃れたら不幸な新妻を慰めてやってくれと彼女の兄に頼み、二人は決闘する羽目になった残酷な運命を嘆いて二重唱する。卜占官（占師）が武器を取って決闘場へ行くよう彼らを駆り立て、彼らは神々の加護を祈る。

［第二幕第一場　マルツィーオ広場］

オラーツィアは残酷非道な決闘を思い止まるよう夫を説得するが、彼は祖国のために戦わねばならぬとそれを拒む。彼女は敗者となったら悲観のあまり生きてはおれないと嘆く。彼らは冷酷な運命に身震いし、彼らの愛は今や終わろうとしていると苦悶の二重唱をする。

人びとやクリアーツィオとオラーツィオが、アルバ・ロンガとローマの運命は二人の双肩にかかっているとアンサンブルで歌う。彼らはそれぞれの祖国の栄光のために武器を取る。すると、人びとが神々は決闘を望んでいないから中止せよと合唱するが、クリアーツィオと彼の一族もオラーツィオと彼の一族も、戦うのだと勇み立つ。

祭司がきて、親族であり友人である両家が祖国のためという理由で戦うのは、神々の意志に背き怒りを買うことになると主張する。オラーツィアも祭司も賛成し、戦いを中止し、神殿で祈りを捧げて神託を伺うよう勧める。戦いがもたらす惨禍と悲嘆に耐えながら彼女はアリアを歌う。両家の戦士たちは神託伺いの提案を受諾し、アポロの神殿へ向う。

［第二幕第二場　アポロの神殿］

夜更けで、静寂に包まれた神殿には不気味で、険悪な雰囲気が漂っている。クリアーツィオは、両国が今それぞれの栄誉のために危急存亡の瀬戸際に追い込まれ、苦難に喘いでいるので、神の御意を明かして欲しいと願い、祖国の栄誉と妻への愛の板挟みで煩悶しているとアリアを歌う。神託は「戦え」と出て、戦士たちも人びとも戦場へ向う。オラーツィアは夫を失う恐れに慄然とし、クリアーツィオはこれほど悲惨な不運に見舞われた人はいないと慨嘆する。

［第二幕第三場　ローマの広場］

オラーツィアは彼女の二人の兄弟が斃れるのを見て心が張り裂けそうであるが、彼女の兄のマルコは胸を躍らせながら彼の勝利をローマ人たちに宣言する。オラーツィアは夫の無残な死を嘆き、彼女も死の覚悟をする。そして、夫を殺した兄のマルコを呪い、勝利に酔いしれるローマ人たちを狂人だと罵るので、兄は祖国の栄誉を汚す妹をおぞましい女だと弾劾する。妹は兄に夫を殺されて絶望し、彼女をも殺してくれと彼に迫るので彼は激怒し、心が煮えくり返り、兄妹は罵り合って二重唱する。

オラーツィアは自暴自棄になり、祭壇をひっくり返し、ローマの破滅を願望する。たまりかねた兄のマルコは彼女を刺し殺す。人びとは神々にローマの加護を祈り、人の愛はしばしば正義を狂暴に変えると合唱して全曲の幕となる。

■解説

ドメニコ・チマローザは一七四九年にナポリ郊外で生まれ、一八〇一年にヴェネツィアで没したナポリ派後期の大作曲家。ナポリのサンタ・マリーア・ディ・ロレート音楽院に十年余り在学してイタリア・オペラの作法を修得し、卒業の一七七二年初演の第一作《伯爵の奇行》でオペラ界にデビューして注目され、以来次々に新作を発表してオペラ界で地歩を固め、彼の名声はヨーロッパ中に広がる。一七八七年に彼はロシアのエカテリーナ二世の招きでサンクト・ペテルブルクの宮廷楽長に就任し、数曲のオペラを初演して成功を収め、一七九一年に任期を終えて、次はウィーンのレオポルト二世の宮廷楽長となり、ここで畢生の名作《秘密の結婚》（一七九二）を初演して一代の大成功を楽しむ。一七九三年に功成り名遂げて栄光と名誉に浴しながらナポリに帰り、多数のオペラ作りに精力的に取り組む。

一七九九年にナポリ市民が蜂起してパルテノペア共和国を建国したとき、チマローザはこれに賛同して共和国賛歌を作曲したが、共和国は短命で崩壊し、王政復古となる。彼は投獄の憂き目を見るが、処刑を免れて国外追放処分となり、ヴェネツィアで作曲中に急死する。

チマローザはパイジェッロと共に後期ナポリ派の最大の作曲家で七十曲以上ものオペラを書いているが、その四分の三がオペラ・ブッファで、文字通り質量ともに彼の本領はオペラ・ブッファにある。彼の音楽の名声と価値はほとんどもっぱらオペラにあり、オペラ以外で知名の曲はレクイエム ト短調(一七八七)だけである。

《オラーツィ家とクリアーツィ家》は建国後まだ日の浅い都市国家のローマと隣接のアルバ・ロンガとの戦いでローマが勝利した伝説を題材としたオペラである。アルバ・ロンガは現在のローマ南東部にあったラティウム地方の都市国家である。

ローマを統治するオラーツィ家の三人の兄弟とアルバ・ロンガを統治するクリアーツィ家の三人の兄弟が両都市国家の代表戦士となって決闘をし、オラーツィ家の二人の兄弟とクリアーツィ家の三人の兄弟が斃れ、オラーツィ家のマルコ・オラーツィオだけが生き残り、戦いはローマ側に凱歌があがる。マルコ・オラーツィオの妻はクリアーツィ家の娘であり、クリアーツィ家の長兄の妻はオラーツィ家の娘であるから、戦った両家はごく親密な血縁関係にあり、これほど残忍で、凄惨至極な戦いはない。

クリアーツィオの妻オラーツィアは夫の無残な死に絶望し、自暴自棄になり、兄のマルコを呪い、半狂乱になる。兄妹が罵り合い、妹は兄に殺せと絶叫し、兄は妹に激怒の余り彼女を刺殺する。これほど残忍極まりない悲劇的オペラも珍しい。

独唱、重唱（二重唱と三重唱）、合唱の曲数のバランスが巧みにうまく取れていて好ましい。装飾歌唱は華やか過ぎではなく、過剰でもなく、全曲的には適度である。レチタティーヴォ・セッコとレチタティーヴォ・アッコンパニャートが併用されているが、第二幕はレチタティーヴォ・アッコンパニャートの使用が断然多い。

《オラーツィ家とクリアーツィ家》はチマローザのオペラ・セリアの代表的な一曲で、《秘密の結婚》のような際立った名曲と比較すればいささか見劣りするが、彼の七十曲を越えるオペラの中で屈指の作品である。

ちなみに、ロッシーニと同時代の人で、ヴェルディに強い影響を与えた有力な作曲家サヴェーリョ・メルカダンテ（一七九五―一八七〇）にも《オラーツィ家とクリアーツィ家》（一八四六）がある。台本作者はサルヴァトーレ・カンマラーノで、チマローザの曲の台本作者と違っているが、題材は同じである。両曲の間にはごく一部の登場人物名の相違がある。これはメルカダンテの代表作の一曲で、ＣＤで聴くことができる。

ジャコモ・プッチーニ《トスカ》三幕

――ローマの名所が舞台の名曲オペラ

■**原作**　ヴィクトリアン・サルドゥーの劇『ラ・トスカ』（一八八七）

■**台本**　ジュゼッペ・ジャコーザとルイージ・イッリカ　イタリア語

■**初演**　一九〇〇年一月十四日　ローマのコスタンツィ劇場

■**ドラマの時と所**　一八〇〇年六月のローマ

■**登場人物**

チェーザレ・アンジェロッティ　共和主義者の政治犯……バス

堂守……バリトン

マリオ・カヴァラドッシ　共和主義者の画家……テノール

フローリア・トスカ　有名なソプラノ歌手……ソプラノ

スカルピア男爵　ローマの警視総監……バリトン

シャッローネ　スカルピア配下の警吏……バス

スポレッタ　スカルピア配下の密偵……テノール

牧童……ボーイ・ソプラノ

看守……バス

■**録音ディスクと演奏時間**　多数あるCDの一例　東芝EMI　CC30-3333-4　一時間四十六分。多数あるLDの一例　パイオニア　SM138-3054　三面　約二時間七分。DVDの一例　TDK　TDBA-0025　約一時間五十五分。

■すじがき

［第一幕　聖アンドレア・デッラ・ヴァッレ教会］

不気味で、あわただしく、重々しい短い前奏に続いて、獄衣のままの脱獄政治犯アンジェロッティが恐怖で震えながら教会へ逃げ込み、ほっと一息吐いて、妹のアッタヴァンティ公爵夫人が聖母像の足下に隠しておいた同家の礼拝堂の鍵を捜し出し、錠を開けて中へ隠れる。

重苦しい音楽から軽快な音楽に一変すると、堂守が現れ、物音の気配で、いつものように画家がきているると思ったのに姿が見当たらないので怪訝がる。カヴァラドッシがきてカンバスの覆いを外すと、女性像が現れる。これはアッタヴァンティ公爵夫人をモデルにして、カヴァラドッシが描いているマグダラのマリア像である。彼はポケットから愛人のトスカの肖像画を取り出し、絵と見比べて、この絵を描いているときでも、彼の心はひたすらトスカのことに思いを馳せている、と彼女を賛美してアリア〈妙なる調和〉を歌う。これは全曲中屈指の聴きどころの名曲である。堅物の堂守は美女をモデルにマグダラのマリアを描く画家を嫌悪しながら、画家の手つかずの昼食を貪欲そうに眺める。

堂守が退出すると、カヴァラドッシは礼拝堂の錠が開く音に気づき、人影を見る。二人は旧知の仲を認め合い、アンジェロッティが今ここにいる理由を説明すると、カヴァラドッシはどんな援助も惜しまぬと旧友に約束する。トスカの声が聞こえるので、彼は疲れ果てたアンジェロッティに昼食とぶどう酒を渡し、即刻隠れるように彼を急き立てる。嫉妬深いトスカは、カヴァラドッシが女性と話し込んでいたと怪しみ、周囲を見回す。信心深い彼女は聖母像に花と祈りを捧げてから、今夜の舞台後彼の別荘で逢引しようと彼を誘うが、彼はアンジェロッティのことに心を奪われて彼女に気のない返事をするので、彼女は気分を損ねる。彼女は絵のモデルをアッタヴァンティ公爵夫人だと言い当て、またしても嫉妬を起こすので、彼は彼女ほど愛している女性はいないと誓って彼女の嫉妬を鎮め、帰らせる。この長大な美しい愛の二重唱も聴きどころである。

礼拝堂から出たアンジェロッティは、カヴァラドッシに国外逃亡かローマに潜伏かだと言い、妹が変装用の女性衣裳を祭壇の下に隠してくれていたと告げる。カヴァラドッシは生命を賭して極悪人のスカルピアからアンジェロッティを救出する覚悟を決め、彼の別荘に彼を匿い、危険が迫ったら庭の井戸に隠れるよう彼に助言する。聖アンジェロ城の大砲が囚人脱獄の合図をするので、二人は大急ぎで教会から出て行く。

入れ違いに堂守がナポレオン敗北のニュースに浮かれ気嫌で現れ、カヴァラドッシが見当たらないので怪訝顔をし、集まってきた聖職者や聖歌隊員たちに王党派の勝利を伝えると、彼らは国王万歳の合唱をする。

警視総監スカルピアがスポレッタや他の部下たちと現れてテ・デウムの準備を命じ、堂守に国事犯の脱獄と教会への逃げ込みを告げ、アッタヴァンティ公爵夫人の礼拝堂の場所を尋ねる。礼拝堂の格子戸が半開きで、公爵家の紋章入りの扇子が落ちている。カヴァラドッシの昼食を入れた籠の中味が空であるのに堂守が気づく。堂守からこの事情を聞いたスカルピアは、脱獄囚が籠の中味を食べたと結論する。トスカをわがものにする魂胆のスカルピアは、イアーゴがオテッロの嫉妬に火をつけるためにハンカチを使ったように、トスカの嫉妬を煽るために扇子を使おうとほくそ笑む。

戦勝祝賀でカンタータを歌うために、カヴァラドッシとの別荘での逢引ができなくなったのを知らせにトスカが教会へきてみると、彼の姿が見当たらないので彼女が怪訝顔をすると、堂守が画家は魔法で姿を消したと皮肉な嫌味を言う。スカルピアはトスカを芸術と信心の鑑のように気高い人だと賛美する一方で、カヴァラドッシとアッタヴァンティ公爵夫人との恋愛関係を仄めかしてトスカの嫉妬を煽り、その証拠として扇子を彼女に見せ、それが画架の足場の上にあったと嘘を吐く。トスカは一瞬のうちに嫉妬を募らせ、スカルピアは嫉妬に喘ぐ彼女を見て、彼の陰謀の成功に快哉する。トスカはカヴァラドッシと公爵夫人との情事を妄想して彼を裏切り者と罵り、カンバスの女性像に向って、彼を絶対に渡さぬと敵意を込めて誓い、悲痛な苦悶に苛まれながら教会を後にする。

スカルピアは部下たちにトスカを尾行させ、彼女の心に彼が根を下ろしたと、彼女の征服の自信を示すアリアを歌う。戦勝の祝砲が轟き、テ・デウムの大合唱の中でスカルピアはトスカの魅力で恍惚となり、彼女は神を忘れさせると言いながらふとわれに返り、テ・デウムに唱和する。

［第二幕　ファルネーゼ宮殿のスカルピアの部屋］

スカルピアはトスカとの情事や、脱獄囚と彼の逃走に手を貸す画家の処刑のことを思いめぐらし、トスカへの伝言を部下に届けさせる。彼は、彼女はきっとやってきて、カヴァラドッシの命を救うために彼の快楽の餌食になる、女の従順な献身よりも暴力的な征服の方が味わい深い、情欲が満たされたら餌食を替えるだけだ、と歌う。

スポレッタがきて、別荘にはカヴァラドッシはいたがアンジェロッティの姿はなかったと報告すると、スカルピアは激怒し、彼を絞首台行きだと威嚇するが、カヴァラドッシを連行してきたとの報告で気嫌を直す。広間でトスカたちが歌うカンタータが聞こえてくる。スカルピアは何か思案顔で、スポレッタにカヴァラドッシを連れてくるように命じ、シャッローネに死刑執行人、裁判官、書記を呼びに行かせる。彼は現れたカヴァラドッシに脱獄囚の逃走手引きをしたと追及するが、画家は彼の尋問の全部を否認する。トスカがきて恋人と抱擁し合う。カヴァラドッシがアンジェロッティの動向一切を口外せぬよう彼女に口止めする。スカルピアはカヴァラドッシを拷問して自白させるために全員を配置につかせる。彼は優しく、丁重ぶった態度でトスカに接し、彼女攻略の小道具として扇子を利用するが、彼女はカヴァラドッシと公爵夫人の情事は事実無根で、彼女の愚かな嫉妬にすぎなかったと答える。彼は脱獄囚のことで画家が依然口を割らないとシャッローネから聞いて、拷問を強化するよう指示する。トスカが愛しい男の呻き声を聞いて、拷問を中止するよう懇願するので、スカルピアは一時中止を命じる。しかし、カヴァラドッシが毅然たる態度で脱獄囚のことを喋るのをトスカに禁ずるので、拷問が再開されて一層苛酷なものとなり、カヴァラドッシの呻き声で彼女は我慢できなくなり、脱獄囚は別荘の庭の井戸にいると白状する。この緊迫した、息詰まるばかりの劇的二重唱の展開はみごとであり、感銘深い。

気絶したカヴァラドッシが運び込まれてくると、トスカは血まみれの彼の姿に恐怖して顔を覆う。正気づいた彼は、スカルピアが部下に庭の井戸を調べに行けと命じるのを聞いて、トスカがアンジェロッティの隠れ場所を白状したと察知し、彼女を裏切り者だと罵る。このときシャッローネがスカルピアにマレンゴでのナポレオン軍の勝利の報告をするのを聞いて、カヴァラドッシは自由の勝利と圧制の終結と復讐の夜明けの到来だと感激する。王党派の敗北に衝撃を受けたスカルピアは、カヴァラドッシに青ざめた死刑執行人だと罵倒されて、カヴァラドッシに絞首台が待っていると言葉で復讐し、彼を牢獄へ連れていかせる。緊迫の連続だった第二幕の前半が終わり、一時的平穏が訪れる。

スカルピアは中断された夕食を再開し、トスカにもぶどう酒を勧める。彼女は恋人の身代金額を尋ねるが、彼は美女には金銭ではなく肉体で支払ってもらうと答える。トスカはスカルピアへの憎悪を募らせ、彼を卑劣漢、悪党と罵倒しながら逃げ回る。彼は彼女が煩悶し、窮地に追い込まれれば追い込まれるほど情欲を掻き立てられ、快感を味わう。

小太鼓の音が聞こえ、スカルピアがあれは絞首台への案内役だとトスカに告げ、彼女の恋人の命も、彼女の出方次第で風前の灯火だと威嚇する。ここでトスカは全曲中の彼女の最高の名歌〈歌に生きき恋に生き〉を歌う。彼女は世の中の気の毒な人びとに救いの手を差しのべ、信仰心を磨いてきたのに、神様はなぜ苦難で彼女に報いるのかと歌い、スカルピアに彼女の恋人の助命を嘆願する。彼女の心中が全部表現され、彼女の全生命が歌われている、抒情的でもあり劇的でもある、同情と感動を誘う名アリアである。

トスカの崇高な歌が終わると、スカルピアが彼女の恋人の助命の代償に彼女との性的快楽を要求するので、彼女は彼の卑劣な交渉を軽蔑し、身震いする。スポレッタがきてアンジェロッティの自殺とカヴァラドッシの処刑準備完了を報告する。絶体絶命の窮境に追い込まれたトスカは、恥辱に涙しながらスカルピアの強要に応じ、顔を覆う。彼はカヴァラドッシの公然たる助命は不可能で、彼の死刑の見せかけが必要だから、彼の絞首刑を銃殺刑に変更せよとスポレッタに命じ、意味ありげな目配せをしてパルミエリ伯爵の例に従えと指図する。トスカは恋人の釈放の保証として国外退去の通行証を要求し、彼がその準備中に卓上のナイフに気づいてそれを手にし、通行証を書き終えたスカルピアが、トスカは遂におれのものになった、と喜びの叫びを上げた途端に、彼女のナイフが彼の胸を深く刺し貫き、彼の喜びの叫びは苦悶の叫びに一変する。彼が絶命すると、彼女は彼の手から通行証を抜き取り、用心深く部屋から出て行く。

［第三幕　聖アンジェロ城の屋上］

夜明け前で、羊の群れを追う牧童の歌声が聞こえ、教会の鐘が朝の日課を告げる。カヴァラドッシが哨兵に連行されてくる。牢番が彼をカヴァラドッシだと確認すると、カヴァラドッシは最愛の人に伝言を書く便宜を牢番に頼み、彼に唯一の財産の指輪を与える。伝言を書いているうちに思い出が込み上げてきて、彼は名曲〈星は光りぬ〉を歌う。愛する人との永遠の別離を前にして、これほど命を愛しく思ったことはないと歌う感動的歌唱である。彼が咽び泣いていると、スポレッタに伴われてトスカが現れ、彼を驚かす。彼女は彼と一緒に通行証を読み、彼が自由の身になる一部始終を物語る。彼は彼女の汚れを知らぬ柔らかい手とスカルピアを倒した彼女の手の働きに感嘆する。

トスカはカヴァラドッシに空砲で銃殺刑を受け、それから彼らは自由になって国外へ去ることになっていると語る。彼らは自由の身になる喜びで恍惚としながら長大な愛の二重唱を続け、感激に浸って燃え盛る愛の情熱を謳歌し、新生活への門出の歓喜に陶酔する。感銘深い二重唱である。

カヴァラドッシの銃殺の時がきて、彼は刑の執行位置につき、眼帯をするのを拒む。遂に銃が発射されてカヴァラドッシが倒れ、下士官が検屍し、係りの人びとは退去する。待ちあぐんでいたトスカが彼の名を叫びながら彼を助け起こそうとすると、彼女が恐怖で青ざめたことに、銃殺は本物で彼はすでに事切れていた。彼女は咽び泣きながら彼の亡骸の上に倒れ込む。

シャッローネ、スポレッタ、兵士たちが、スカルピアがトスカに刺し殺されたと叫びながら彼女に迫ってくる。彼女は捕えようとするスポレッタの手を逃れ、城の胸壁から空中に身を躍らせて果てる。主役全員の死で名作オペラ《トスカ》の幕となり、聴衆に深い感銘を残す。

■**解説**

前作《ラ・ボエーム》（一八九六）にはロドルフォとミミとの愛のドラマの主筋はあるが、その醍醐味はドラマとプロットにあるのではなく、主として、貧しいながら自由奔放に青春を謳歌するボヘミアンたちの生活の哀歓の一齣一齣の描写と、そこから発散する詩情と抒情に溢れた音楽と歌唱を満喫することにある。しかしながら、《トスカ》ではプッチーニは、一転して前作とは対照的に、緊迫感と緊張感を駆使して、劇的効果満点で、プロットの破綻のない、見事に構築されたドラマの世界を顕現している。ここでは彼の劇場感覚が満開し、劇的才能が見事に発揮されていて、《トスカ》はオペラが音楽劇であることの手本のような曲である。

《トスカ》はナポレオン戦争を背景とし、一八〇〇年六月のマレンゴの戦闘のような歴史的大事件をも取り入れ、不安定な政治的、社会的状況下で、国事犯の脱獄という劇的なスリルとサスペンスを惹起する事件で始まる。ドラマを展開するエピソードは、脱獄囚を命を賭して匿うカヴァラドッシの友情、彼とトスカとの熱愛、スカルピアの脱獄囚追跡と彼のトスカへの赤裸々の情欲、彼のカヴァラドッシ拷問、愛人の拷問に堪えられないトスカの煩悶苦悶、彼女のスカルピアの情欲への屈服の切羽詰った意志表示、彼女のスカルピア刺殺、カヴァラドッシの銃殺、万事休したトスカの投身自殺などである。残忍非情で、血腥いエピソードに事欠かず、センセーショナルなアピールが強烈で、ヴェリズモの影響が見られる。

エピソードとエピソードとが因果関係によって必然的に、緊密に結びついて次々にプロットを展開して隙がなく、弛みがない。追跡するスカルピアと追跡される脱獄国事犯、愛し合うカヴァラドッシとトスカの四人が次々と非業の死を遂げて衝撃的な悲劇が完結する。劇的構成が整いすぎるほど鮮やかに、見事に整っている。

《トスカ》はスリルとサスペンスの衝撃的なオペラであると共に、表題役トスカの愛と嫉妬、憎悪が惹起する彼女の内面的苦悶と葛藤の心理劇オペラである。

《トスカ》はドラマの優秀さで際立っているが、プッチーニ節と呼んでもよい独特の甘美で流麗なメロディが流れ、ドラマに詩情と抒情の趣きと深い味わいを添えている。独唱（アリア）はドラマと遊離せず、ドラマの部分となっている。音楽とドラマ、音楽と言葉が融合密着し、理想的な音楽劇を作り上げている。

プッチーニのオペラの大部分は悲劇だが、喜劇的人物の登場が彼のオペラの特徴である。《トスカ》でも滑稽な堂守が深刻な悲劇の世界を多彩にし、味わい深くしている。彼の独特の動きを描写する管弦楽の軽快な伴奏は快く、楽しい。

《トスカ》の舞台である聖アンドレア・デッラ・ヴァッレ教会、ファルネーゼ宮殿、聖アンジェロ城は由緒ある現存の建造物で、このこともオペラを引き立て、身近に感じさせるのに貢献している。聖アンジェロ城は観光名所にもなっている。

第4章
ヴェネツィア

クラウディオ・モンテヴェルディ《ポッペアの戴冠》
アントニオ・ヴィヴァルディ《狂乱のオルランド》
バルダッサーレ・ガルッピ《田舎の哲学者》
ジュゼッペ・ヴェルディ《アッティラ》
アミルカーレ・ポンキエッリ《ラ・ジョコンダ》

◉都市の概説とオペラ小史

「マルコ福音書」の著者聖マルコを守護聖人とするヴェネツィアはヴェネト州の州都で、水の都と呼ばれ、アドリア海の女王とも親しまれ、名物ゴンドラの行き交う屈指の観光、商業、文化都市である。ヴェネツィアは海でも陸でもなく、海と陸の中間のラグーン（潟）に造成された、本土から四キロメートルの海上に浮かぶ特殊な都市である。車の往来は市の入口のローマ広場までで、市内の通行は徒歩か船。車文明の現代、車を拒否している唯一の文明都市である。

中央アジアのフン族が四世紀にヨーロッパに移住し、その最盛期の国王アッティラ（四〇六？—五三）がローマ侵略を企て、四五二年にイタリア北部を攻撃した。この侵略で最も残忍で、凄惨な戦闘が展開されたのが、今日のヴェネツィアの北方に位置しているアクイレイアだった。アッティラとアクイレイアとの戦争はヴェルディのオペラ《アッティラ》の題材になっているので、オペラ愛好家ならよく知っている事件である。征服され、破壊された地域の住民は、アドリア海沿岸のラグーンに避難した。その中心地が今日ヴェネツィアとなっているラグーンで、彼らはそこに仮設小屋を建てて再起を期した。フン族の難後故郷へ帰る難民もいたが、七世紀には北イタリアへ侵入したロンバルト族の脅威にさらされてラグーンでの生活は恒久化し、こうしてヴェネツィアの都市作りが始まった。六九七年に初代総督を選出して都市共和国となった。

共和国は地中海での東西貿易の中継国として発展し、ヴェネツィア商船はアドリア海や地中海を往来して共和国に莫大な富をもたらし、ヴェネツィアはヨーロッパ最大の商業国となった。繁栄と共に共和国の階級分化が進み、大商人や金融資本家による寡頭支配の国に変貌した。彼らが貴族と化し、元老院制度が確立され、一三一〇年に十人委員会が設立されて最高権力機関となった。それと共に総督の実権が弱体化し、象徴的存在と化した。これを不満としてマリン・ファリエーロ総督が実権掌握の陰謀を企てたが成功せず、彼は一三五五年四月十七日に処刑された。この史実はドニゼッティのオペラ《マリン・ファリエーロ》（一八三五）の題材となり、総督と十人委員会との権力関係については、ヴェルディの《二人のフォスカリ》（一八四四）でオペラ化されている。

一三八〇年にヴェネツィア海軍はキオッジャでジェノヴァ海軍と海戦して勝利し、地中海での覇権を確立し、十五世紀にはヴェネツィアはイタリアでの最も強力で繁栄した共和国になった。しかし、十六世紀になると、ヴェネツィアの政治力、経済力、軍事力は衰退し始めたが、一方で、十六―七世紀のヴェネツィアは芸術文化の隆盛の絶頂期だった。十六世紀はヴェネツィア派絵画の黄金時代だった。音楽はサン・マルコ大聖堂を中心に活況を呈し、十七世紀にはイタリア第一のオペラの中心地だった。

一七九七年にナポレオンの侵入によって共和国は崩壊し、ヴェネツィアはオーストリアの属領を経てイタリア王国に統合された。

＊

ヴェネツィアへ波及したオペラは、ここでこれまでの三都市のオペラよりも飛躍的に量が増大し、質が進歩向上した。題材がほとんど神話一辺倒だったこれまでのオペラよりも拡大され、豊かになった。オペラはヴェネツィアで初めて充実した芸術となり、貴重な文化財となった。ローマまでのオペラの語法や様式の基本は、フィレンツェのカメラータの理論や原理に基づいていたが、ヴェネツィア派のオペラはそれから解放されて、独自の語法や様式を探究しながら充実した歩みを進めた。

注目すべき一つの重要な事実は、オペラの社会的影響力の拡大である。オペラは王侯貴族の庇護のもとで創始され、彼らの慶事の余興として宮殿や貴族の館で上演され、彼らの支配力や財力を誇示する道具でもあったが、一六三七年に初めてヴェネツィアで商業劇場が開場してオペラが市民に解放され、十七世紀のここでのオペラの最盛期には、人口十万余の小さな一個の都市国家で十七もの劇場がオペラの上演を競い合ったのだからただごとではない。十七世紀のヴェネツィアでのオペラの盛況は、オペラ史上謎めいた特筆に値する役割を演じた。
約百年に及ぶヴェネツィア派オペラはオペラ史上で華々しい一時期を画し、多数の作曲家が活躍し、作品を上演した。筆者が劇場やディスクで聴いたことのあるオペラを以下に記録しておこう。
モンテヴェルディ　《ウリッセの故国への帰還》（一六四一）、《ポッペアの戴冠》（一六四二）
フランチェスコ・カヴァッリ　《ディドーネ》（一六四一）、《オルミンド》（一六四四）、《ジャゾーネ》（一六四九）、《カリスト》（一六五一）、《クセルクセス》（一六五四）、《恋するエルコーレ》（一六六一）
ピエトロ・チェスティ　《オロンテーア》（一六四九）
トマゾ・アルビノーニ　《オーロラの誕生》（一七一六）
アントニオ・ヴィヴァルディ　《離宮のオットー》（一七一三）、《ダリーオの戴冠》（一七一六）、《ファルナーチェ》（一七二六）、《嵐の中のドリッラ》（一七二六）、《狂乱のオルランド》（一七二七）、《忠実なニンファ》（一七三二）、《オリンピアーデ》（一七三四）、《グリゼルダ》（一七三五）、《ティート・マンリオ》（？）
一六三〇年にモチェニーゴ・ダンドロ宮殿で、その後消失したモンテヴェルディの《略奪されたプロセルピーナ》が上演され、これがヴェネツィアでの最初の上演オペラだと言われている。
一六三七年に世界最初の商業劇場として一般公開されたサン・カッシアーノ劇場では、モンテヴェルディ晩年のオペラ史上不滅の名作《ウリッセの故国への帰還》や、カヴァッリの前記の曲の中の初めの三曲と彼の他の数曲が初演された。劇場は十八世紀末頃まで存続した。
サン・ジョヴァンニ・エ・パオロ劇場は一六三九年に開場し、モンテヴェルディの最高傑作《ポッペアの戴冠》やカヴァッリの《クセルクセス》などが初演され、一七一五年まで上演が続けられた。

サン・モイゼ劇場は一六四〇年に開場し、一八一〇年代末までオペラ劇場として存続した。この劇場を有名にしているのは、ロッシーニの最初期の、今も人気のある五曲の一幕物の笑劇オペラ《結婚手形》（一八一〇）、《幸福な間違い》、《絹の梯子》、《成り行き泥棒》（三曲とも一八一二）、《ブルスキーノ氏》（一八一三）の初演である。

サンティアポストリ劇場は一六四九年に開場して一六八七年までオペラ劇場として存続し、前記のチェスティの名作《オロンテーア》を初演した。

サンタポッリナーレ劇場は一六五一年に開場して一六六九年まで存続し、カヴァッリの名曲《カリスト》を初演した。

上記の劇場は十七世紀に開場した劇場のごく一部で、その他多くの劇場が開場し、多数のオペラを初演し、無数の作品を上演した。

ヴェネツィア派オペラより後に開場した劇場であるが、イタリアで最有力で、輝かしい歴史と伝統を誇っているオペラ劇場の一つがフェニーチェ劇場である。一七九二年の開場以来多数のオペラを初演してきた。それらの中にはロッシーニの《タンクレーディ》（一八一三）、《セミラーミデ》（一八二三）、ベッリーニの《カプレーティ家とモンテッキ家》（一八三〇）、ヴェルディの《リゴレット》（一八五一）、《ラ・トラヴィアータ》（一八五三）、《シモン・ボッカネグラ》（一八五七）のような、オペラ史上屈指の名曲が含まれている。劇場と火災は不幸な縁で結ばれているらしく、劇場火災は多い。フェニーチェ劇場も一九九六年に焼失し、二〇〇四年に再建された。

ヴェネツィアほど頻繁にオペラの舞台として取り上げられた都市はない。名作や佳作もかなり多く、十曲ほどの作品名をあげるのは容易である。

◉作品紹介

クラウディオ・モンテヴェルディ《ポッペアの戴冠》プロローグと三幕

――ヴェネツィア初演のバロック・オペラ最高傑作

■原作　コルネリウス・タキトゥスの『年代記』

■台本　フランチェスコ・ブゼネッロ　イタリア語

■初演　一六四二年　サンティ・ジョヴァンニ・エ・パオロ劇場

■ドラマの時と所　紀元六五年のローマ

■登場人物

幸運の女神……ソプラノ

美徳の女神……ソプラノ

愛の神……カウンター・テノール

オットーネ　ポッペアの夫……カウンター・テノール

第一の兵士……テノール

第二の兵士……テノール
ポッペア……ソプラノ
ネローネ　ローマ皇帝……テノール
アルナルタ　ポッペアの乳母……テノール
オッターヴィア　皇后……メゾ・ソプラノ
オッターヴィアの乳母……テノール
セネカ　哲学者でネローネの師……バス
小姓……カウンター・テノール
バラッデ　女神……ソプラノ
ドルジッラ　オッターヴィアの侍女……ソプラノ
メルクーリオ　神々の使者……バリトン
解放奴隷である衛兵隊長……テノール
女官……ソプラノ
ルカーノ　ネローネの友人……テノール

■**録音ディスクと演奏時間**　多数あるＣＤの一例　CBS RECORDS　M3K 39728　三枚組　海外盤　約三時間三十九分。ＬＤの一例　ポリドール　POLL 1005-6　約二時間四十四分。

■すじがき

［プロローグ］

ごく短い管弦楽の序奏（シンフォニア）に続いて、当時のオペラの慣習に従ってプロローグが置かれている。幸運の女神が美徳の女神に、あなたは人間に役立たないから消え失せよと迫ると、今度は美徳の女神が幸運の女神に、卑しいあなたこそ地底へ沈むがよいとしっぺ返しする。両女神が人間に対する主権を主張し合い、相手を侮辱し合っていると、愛の神が現れて、あなたたちでは世界の支配は無理である、私は体の小さい子供だが神々を負かしてきた、私を尊敬し、私をあなたたちの主権者と認めなさいと主張し、私がよろしいと言えば、世の中がどのように変わるか、これから見せてあげようと宣言する。こうして、愛の神の主導のもとで、ポッペアとネローネの愛欲と彼女の皇后への権力欲の音楽劇が始まる。

［第一幕］

夜明け前にオットーネが妻ポッペアのもとに戦場から帰ってくると、家の外でネローネの二人の衛兵が居眠りしているので、彼は皇帝が彼の妻と愛欲に耽っているのを知り、嫉妬する。彼は彼女の裏切りを目にして悲嘆に暮れる。装飾音の多い、表情豊かなこの歌唱は、悲劇的情感を湛えていて感銘深い。曙光と共に目を覚した衛兵たちが、ネローネとポッペアの不義やローマの腐敗堕落に憤慨する。これはレチタティーヴォの対話で始まり、感情が嵩じてアリオーソ調になり、最後は装飾的二重唱で、このオペラの数少ない重唱の一例である。

一夜を愛の歓楽に耽ったネローネが帰りかけるが、皇后への野心に燃え立っているポッペアは、彼と別れがたい気持を切々と訴えて、彼を引き止めにかかる。彼女の秘術をつくした媚態に戸惑いながら、彼はまたすぐに逢瀬を楽しみにくると約束して別れる。

軽快な管弦楽曲の後で、ポッペアがネローネとの次の逢引と皇后の地位を夢見ていると、乳母アルナルタが皇帝との愛欲や皇后への野心の危険を警告し、彼女を諫めるが、彼女は愛の神が彼女の味方だと言ってそれを無視する。乳母は彼女を狂人だと非難する。管弦楽曲を数回挟んだ乳母の長大な朗誦調の歌唱は印象深い。

宮殿では皇后オッターヴィアが皇帝の不義裏切りに屈辱を感じ、煩悶している。乳母が復讐のために彼女も男と浮気するよう勧めるが、彼女はそれを恥知らずの慰めだと拒否する。彼女の毅然たる長大なレチタティーヴォの歌唱は感動的である。

哲学者でネローネの師のセネカが、オッターヴィアの苦境に同情しながら、世界の偉大な皇后の地位を毅然と保つように切望する。彼女は皇帝が彼女を離縁してポッペアと結婚するものと自覚しながらも、神殿へ祈りを捧げに行く。パラッデ（女神パラス）の幻影が出現し、切迫したセネカの不運な死を予言するが、彼はそれを恐れぬ決然たる覚悟を示す。女神の予言を裏書きするかのように、ネローネが現れ、皇后を離縁してポッペアと結婚するとセネカに宣言するので、セネカはそれを思い止まるよう説得するが、皇帝は彼の諫止に怒り狂い、たとえ天や地獄が反対しようと、それが不義であろうと、断乎実行すると宣言する。沈着冷静な哲学者と癇癪を爆発させる皇帝との鮮かな対比が、効果的、印象的である。

ポッペアの寝室では彼女とネローネが再び愛欲に耽っている。彼は彼女の美を最大級に称賛し、彼女との結婚を約束する。一方、彼女は彼女の魅力を誇示しながら、セネカの正道論が彼らの結婚の邪魔だと彼に訴える。皇帝はセネカが夜明け前に自殺するように衛兵隊長に伝達させる。

ネローネが退去すると、館の外でオットーネがポッペアのむごい仕打ちを嘆く。彼女がバルコニーに現れ、彼と離婚してネローネと結婚し、皇后の座に就くつもりだから邪魔してくれるなと言い捨てて姿を消す。そのとき、かねてからオットーネに惚れている皇后の侍女ドルジッラが現れ、彼が妻に捨てられたのを世間が笑っていると告げる。彼は妻との破局的な状況に絶望してドルジッラを好きだと言うが、彼の心から最愛の妻を追い出すことができず、心を引き裂かれて煩悶している。

宮殿内の庭園で小姓が侍女にうっとり恋心を打ち明け、彼を喜ばせるために彼女は彼の恋の相手を引き受け、二人が恋に戯れている。

［第二幕］

神々の使者メルクーリオがセネカに彼の地上生活が終わりに近づいたから天上への旅の支度をするように告げる。すると、衛兵隊長がきて、ネローネの死の命令を彼に伝える。哲学者は泰然としてそれを受け入れ、死は幸福の住処であるオリュンポスの山で神々と暮らすことだと弟子たちに語り、彼らに入浴の支度を頼み、浴槽の中で従容として自決する。宮殿ではネローネが師の死で快哉の叫びを上げ、友人ルカーノと有頂天になって愛を称える二重唱を歌う。これはセネカの死で彼の弟子たちが打ち沈んだ前場の情景とは鋭く対比的な、愛と現世謳歌の情景である。

オッターヴィアがオットーネに彼の妻を殺害して欲しいと頼む。彼は今なお彼女を愛しているので皇后の頼みに煩悶するが、彼がそれを拒絶したら、皇后が、彼は彼女を凌辱するために彼女の部屋に侵入したと告発すると脅迫するので、彼は不本意ながら殺害を引き受ける破目になる。彼は宮殿から路上へ出ると、ドルジッラと出会い、彼女に皇后から命じられた妻殺害計画を打ち明け、彼女の衣裳で変装する。

セネカが死んで、皇后の期待に胸躍るポッペアは愛の神にその実現を祈願し、乳母の子守歌に誘われてまどろむ。妻殺害計画で苦悶する夫と皇后戴冠を夢見る妻の情景は鮮かな対照である。無防備で安らかに眠っているポッペアの前にオットーネが現れ、断腸の思いで彼女を刺殺しようとした瞬間、天上から降りてきていた愛の神が彼の手を遮り、彼女は目覚める。彼女の救助を求める叫び声で乳母が駆け込んできて、侍女たちと共に逃げ出したオットーネを追う。

［第三幕］

路上でドルジッラがポッペアが殺害されて、好きなオットーネが彼女のものになると夢想して喜んでいると、アルナルタが彼女を殺人未遂犯人として捕吏に逮捕させる。ドルジッラは初めは抗議するが、ネローネがきて事件の究明を命じると、彼女は事件の内容を推察し、愛するオットーネの罪をかぶって彼の身代わりとなり、彼女が犯人だと虚偽の自白をする。ネローネが彼女に死刑宣告をすると、オットーネが現れて彼が犯人だと名乗り出るが、彼女はなおも彼を庇い、彼らは互いに死罪にして欲しいと主張し合う。ネローネはかばい合う彼らの愛に心を動かされたのか、死罪を減刑して、地位財産を剥奪し、追放の刑に彼らを処す。さらに、彼は皇后を離縁し、彼女を木舟に乗せて国外追放すると宣言する。

宮殿ではオッターヴィアが国外追放の身を悲嘆し、絶望しながら祖国と家族に告別する。彼女のこの悲痛な長い独唱は、全曲中で最も感動的で印象深い絶唱である。これは朗誦的旋律の歌唱であり、この方がアリアよりも彼女の悲嘆と絶望の感情や心理を感動的に、劇的に表現できる。

アルナルタが、ポッペアが皇后になることで彼女も偉い女への階段を登り、人びとが彼女に平伏するだろう、と彼女の出世と栄光の期待に酔いしれる。これもやはり長大な朗誦調の歌唱であるが、オッターヴィアの朗誦とは対照的に軽快な歌である。

プロローグでの愛の神の力で世の中がどんなに大きく変わるかの予言がみごとに実現し、ポッペアの戴冠の時がきた。愛のために美徳が敗北し、愛は幸運を開いた。フィナーレは愛の喜びで恍惚となったネローネとポッペアの対話で始まり、彼らが結婚を宣言し、宮廷中や神々が二人の愛と戴冠を祝福する合唱となり、最後に二人が愛の勝利と栄光と歓喜を抱擁し合いながら高らかに、華麗に二重唱して全曲の幕となる。勧善懲悪が愛の情熱に屈服して、美徳の女神が顔をそむける堂々たる、圧倒的な愛の二重唱である。

■解説

オペラ誕生の理由または動機の一部が、フィレンツェのカメラータのギリシャ悲劇の研究やその復活上演の試みであったので、初期のオペラの大部分の題材がギリシャ悲劇であるのは当然である。ちなみに、筆者が聴いたことがある、《ポッペアの戴冠》以前のオペラ九曲の中で七曲の題材がギリシャ神話である。しかし、《ポッペアの戴冠》は筆者が聴いた二番目に古い歴史上の人物のオペラであり、一番古い歴史上の人物のオペラはステーファノ・ランディの《聖アレッシオ》（一六三二）で、宗教的オペラである。

オペラの主題またはモラル（寓意）は勧善懲悪や美徳の栄えどころか、不倫の愛の成就と賛歌であり、悪徳の栄えであることは瞠目に値する。ドラマは戦場から帰ったオットーネが妻のポッペアと皇帝ネローネとが愛欲に耽っているのを知って嫉妬に呻吟する場面から始まり、不倫の男女が愛の神の主導のもとで彼らの愛を貫徹して結婚を宣言し、ポッペアの戴冠を宮廷中が祝福し、彼らが愛の勝利と栄光に歓喜し、抱擁し合いながら歌う二重唱で幕となる。大胆で意表に出る愛の賛歌のオペラである。

その間に、ネローネとポッペアのエゴイズム、ネローネの専制支配、ポッペアの皇后への野心とネローネへの歓心買い、セネカの死を賭してのネローネ諫め、正義感、克己心、死の超克、皇后オクターヴィアの悲嘆、絶望、復讐の試み、オットーネの苦悶、諦念、侍女ドルジッラの愛の歓喜、盲目的献身、乳母アルナルタの俗物根性など、多くの登場人物たちの姿態の多彩な絵巻きが次々と繰り広げられ、彼らの人間性の真実が多面的に鮮かに描き尽くされ、精彩を放っている。これらの描写や表現によって多彩な性格や個性が造形され、心理描写が深められ、ドラマの現実感が聴衆を感動させる。

十七世紀中葉になると、朗誦一辺倒だったオペラの歌唱様式にかなり大きな変化が生ずる。《ポッペアの戴冠》ではオペラ誕生時の二大原理であるモノディ様式とスティーレ・ラップレゼンタティーヴォはなお生きているが、フィレンツェ派のオペラのように朗誦が窮屈ではなく、もっと幅が広く、柔軟である。そして重要なことには、《ポッペアの戴冠》の独唱では、節回しのある歌謡的旋律が多数ある。しかし、それらは後のナンバー制オペラのアリアのような長いものはごく少なく、それらの大部分は短いものである。朗誦的旋律と歌謡的旋律とがテクストの意味内容に対応して柔軟に、融通無碍に、頻繁に交替するのが独唱の歌唱様式の特徴である。後の番号制オペラのアリアとレチタティーヴォの間の截然たる区分はここにはほとんどなく、朗誦的旋律と歌謡的旋律が、必要に応じて自在に交替する。

モノディ様式のフィレンツェ派オペラでは重唱は稀だが、《ポッペアの戴冠》では重唱（ほとんどが二重唱）が多くはないが使われている。特に全曲フィナーレのポッペアとネローネの〈愛の二重唱〉は名曲で、このオペラのモラル（寓意）を堂々と、華麗に歌い上げている。《オルフェオ》では合唱が多く、それがオペラの楽しさやおもしろさの一因でもあったが、個性の造形を重視している《ポッペアの戴冠》には合唱がほとんどない。

音楽と言葉が完全にバランスが取れている《ポッペアの戴冠》では、音楽とドラマが融合密着していて、オペラは誕生後四十数年で、早くもその理想的姿、そのあるべき形態を成就した。しかし、モンテヴェルディのこの偉業は彼以後あまり長く持続せず、音楽と言葉のバランスが崩れ、音楽とドラマの乖離が始まり、やがてイタリア・オペラは歌唱技術の名人芸を磨きに磨く歌オペラへと傾斜する。

《ポッペアの戴冠》にはオペラがその後試みたほとんどすべての音楽語法、様式、形式が総合的に使われている。これはオペラの理念や美学の教科書的オペラであるのに、教科書にとかく付随する弊害が皆無である。これこそ四百年のオペラ史上の輝かしい金字塔であり、稀有の傑作である。モンテヴェルディは音楽劇の大天才である。

アントニオ・ヴィヴァルディ《狂乱のオルランド》四幕

――ヴェネツィア生まれの協奏曲作曲家の代表的オペラ

■**原作**　ロドヴィーコ・アリオストの『狂乱のオルランド』(一五一六)
■**台本**　グラツィオ・ブラチォリ　イタリア語
■**初演**　一七二七年秋　ヴェネツィアのサンタンジェロ劇場
■**ドラマの時**　シャルルマーニュ大帝(七六八―八一四在位)の時代

■**登場人物**

オルランド　アンジェリカを愛するシャルルマーニュの甥……メゾ・ソプラノ

アンジェリカ　メドーロを愛する王女……ソプラノ

メドーロ　卑賤な生まれのサラセンの英雄……テノール

アルチーナ　女魔法使い……メゾ・ソプラノ

ルッジェーロ　キリスト教徒の騎士……バリトン

ブラマンテ　ルッジェーロを愛するシャルルマーニュの姪……アルト

アストルフォ　オルランドの従兄弟の騎士……バス

■**録音ディスクと演奏時間**　ＣＤの一例　ERATO　ECD 88190　三枚組　海外盤　約二時間四十三分。

ＬＤ　パイオニア　PILC 1127　三面　約二時間二十七分。

■**すじがき**

［序曲］

［第一幕　アルチーナの魔法の島］

オルランドが登場し、深い闇に包まれて先の見えない、仮借なき逆境と勇敢に戦い、勝利して、愛するアンジェリカと幸福になるのだと歌う。嵐の海上で、アンジェリカが行方不明になったメドーロのことで心を痛めていると、救助を求める叫び声が聞こえ、沈没しかけた小舟に彼女の愛するメドーロの姿が見えるので、彼女が必死になって助けを求めると、アルチーナが現れ、魔法で瀕死のメドーロを生き返らせる。

アルチーナの求めに応じて、メドーロはアンジェリカと別れた後、海賊船の虜になったが、危く一命を取りとめた冒険談をする。

オルランドが現れ、嫉妬に狂って恋敵のメドーロを殺害しようとするが、アルチーナがメドーロとアンジェリカは兄妹だと言って、もう一度メドーロの命を救う。アンジェリカもオルランドを愛していると言って、今度はメドーロに嫉妬を起こさせる。しかし、彼女は本当に愛しているのはメドーロだけで、オルランドは愛する振りをしただけだと歌って、彼の不安と嫉妬を鎮める。アンジェリカとメドーロが退去すると、オルランドはやはり嫉妬に苦しみ、アンジェリカが彼から遠い女になって行く気がして、愛の神は冷酷だと歌うと、アルチーナは愛の神はまだまだ彼を傷つけると警告する。

一人になったアルチーナの所へ、翼のある馬に乗ったルッジェーロが駆けてくる。彼にはここが至福の島にみえる。アルチーナはルッジェーロと名乗る眉目秀麗な若い騎士にすっかり魅惑されて歓迎するが、ルッジェーロは彼の愛するブラマンテに匹敵する美女はいないと恋人を賛美する。アルチーナは彼を木陰へ誘い、彼に清流の水を飲ますと、彼はこんな爽やかな、清々する水は初めてだと褒める。これは魔法の水で、これで彼の婚約者ブラマンテの美貌も彼の脳裏から消え、彼の心にアルチーナへの愛が燃え上がる。彼は彼女への愛に呪縛されて、彼女と共にいる時だけ平和と慰めを感じると歌う。これはフルートの伴奏の美しいアリアである。

ブラマンテがルッジェーロを捜しにきて、彼がアルチーナの仕掛けた罠にかかっているのを悲しむ。アルチーナはルッジェーロをいつまでも愛すと誓い、ルッジェーロは彼女を絶世の美女だと賛美するので、ブラマンテは嫉妬で激怒し、ルッジェーロを裏切り者だと憤慨する。彼はブラマンテのことをアルチーナに尋ねられても知らない女だと答え、彼女を無視する。ブラマンテは今はアルチーナに有頂天になっているルッジェーロが、いつか彼女の誠の心に目覚めるだろうと歌って自分を慰める。

［第二幕　アルチーナの魔法の島］

ブラマンテはルッジェーロほど不実な男はいないと嘆きながら、それでも彼女が彼にとって美しく、魅力的な時もあったと思い、彼女の目の怒りを見てほしいと彼に訴えるが、彼はまだ彼女のことを思い出さない。そこで、彼女は彼から送られた婚約指輪を彼に与え、彼の手が指輪に触れると、アルチーナが彼にかけた魔法が解け、彼はブラマンテの正体を認め、彼女を花嫁だと叫ぶ。ブラマンテは彼が今もなおアルチーナを愛するなら、彼らの恋仲を許すと言って、彼女の所から去ってしまう。ルッジェーロはアルチーナの魔法のせいにせよ、婚約者のブラマンテを裏切ったことを後悔する。

オルランドがきて、ルッジェーロのブラマンテへの酷い仕打ちは、悪意から出たものではないと彼を慰め、嵐が過ぎれば、恐ろしい、敵意ある雲もすぐに消えて、穏かな空が現れると比喩的表現で歌う。

アストルフォはアルチーナを愛しているが、彼女は一人の男の愛では満足できず、愛は相手を変えることで、その喜びが一層甘くなると思っている。彼はそういう彼女の愛の考えを受け入れることはできないが、彼女を諦めることもできない。

ブラマンテとルッジェーロが再会し、ブラマンテがアルチーナは依然として彼の愛人かと皮肉に尋ねると、彼はブラマンテこそ愛しい女だと率直に答えるが、彼女は意地悪くアルチーナの所へ帰るように彼に勧める。しかし、ルッジェーロが必死にブラマンテの愛を取り戻そうとする熱意に心打たれて、彼女は彼を抱擁し、彼らは和解する。彼女は彼を取り戻した喜びを歌う。

アンジェリカとメドーロが険しい崖の突き出た山嶽地帯へきている。アンジェリカはメドーロとオルランドとの三角関係の愛に苦悶し、オルランドの愛から逃れたがっている。彼女はそのための計画を立て、一人でそれを実行するためにしばらくメドーロと別れると言い出すので、彼は不安になり、悲しむ。

アンジェリカが一人になるとオルランドが現れ、彼の愛に報いてくれと彼女に懇願し、彼女がそれを拒絶すれば、彼女の足もとで死ぬと脅す。彼女は彼の愛を受け入れる振りをし、彼を騙してアルチーナの魔法の山に彼を閉じ込める陰謀を企てる。彼女はここから見える崖の上に不老の水があるので取ってきてほしいと彼に持ちかけ、でも、恐ろしい怪物がそれを監視しているが、それを飲めば彼らの愛を永遠のものにできると話す。彼は承諾し、勇躍して危険な冒険に立ち向う。

オルランドは崖下の洞窟に入り込み、水をよこせ、さもないとおまえの塒《ねぐら》を破壊するぞ、と怪物に叫ぶ。すると、洞窟の内側からおまえはアルチーナの虜になったという声が返ってくるが、彼はそんな威嚇には驚かないと言い返す。しかし、洞窟が閉って出口がないのに気づいて、彼はアンジェリカに騙されたのを知る。彼が強力《ごうりき》で岩を退けると、かすかな一条の光が射す。彼はアンジェリカの不実な裏切りに憤慨し、彼女とメドーロとの愛を踏みにじってやると激怒する。彼の大力《だいりき》でもう一つの岩が排除され、彼は洞窟の外へ出る。

一方、その間に丘の麓の木陰でアンジェリカとメドーロが結婚式を挙げ、喜びと幸福に包まれてうっとりする。

オルランドが現れ、立ち去っていくアンジェリカとメドーロを見て、アンジェリカを不実な嘘つきだと罵倒し、木の皮に刻まれた「恋人として、夫婦としていつまでも愛に生きて行くよう祈る—アンジェリカとメドーロ」の銘を見て、これで彼のアンジェリカへの愛の望みが切れたと嘆き、これでオルランドは死んだと慟哭する。彼は復讐を誓い、支離滅裂の文句を口走り、鎧や兜を地面に叩きつけ、銘の刻まれた木の枝を引き裂き、幹を根こそぎにする。オペラの題名どおり、まさに「狂乱のオルランド」の姿が現出する。

［第三幕　アルチーナの魔法の島］

ルッジェーロとアストルフォはオルランドがアルチーナの魔法の山で死んだと思い、アルチーナへの復讐を企てる。男装のブラマンテがきてアルチーナを殺すと告げる。アルチーナが現れ、ルッジェーロの居所を知りたがる。アルチーナが「開け」と言うと、鉄の壁が二つに別れて、地獄のヘカテの神殿の中に魔法使いマーリンの像が見える。男装のブラマンテがアルチーナにアルダリーコと名乗り、彼女にルッジェーロを見つけたと話す。そこへオルランドが現れ、狂気じみたことを喋るので、アルチーナもブラマンテも彼が発狂したと思うが、ルッジェーロは彼に同情する。アンジェリカが現れると、オルランドは支離滅裂の言葉で彼女の不実を責める。彼女が彼を苦しめたために彼は発狂したと思い、彼女は彼に同情する。

オルランド以外の全員が退場し、一人になると、彼は長い独白をしてから眠り込む。アルチーナがきて、眠っているオルランドを短刀で刺そうとすると、ルッジェーロが現れ、彼女を引き下がらせる。ブラマンテもきて、アルチーナが彼女をアルダリーコと呼ぶと、彼女はブラマンテで、彼女の敵だと応ずる。次にアンジェリカとメドーロも現れる。ブラマンテはアルチーナが魔法でオルランドを発狂させたと彼女を責める。すでに魔力を失ったアルチーナは敗れ、彼女の盟友アンジェリカも彼女の魔法の島の崩壊を見る。アストルフォが兵士たちを連れてきて、アルチーナの敗北の運命を決定的にする。ルッジェーロが眠っているオルランドを目覚めさせる。アルチーナはオルランドが正気に返ったことと彼女の魔力の喪失を宣言し、復讐を口にしながら退去する。オルランドはアンジェリカへの愛を断ち、彼女とメドーロの愛の絆を認め、二人の結婚を祝福する。全員で「いつまでも愛に忠実な人は、結局は愛の報いを受ける」と歌って、全曲の幕となる。

■解説

ヴィヴァルディのオペラへの関心が少しずつ高まり、その復活の兆しがぼんやりと見えかかってきているが、ヴェネツィア派オペラの重要な作曲家だったヴィヴァルディ像よりも、ヴァイオリン音楽の大家としてのヴィヴァルディ像を先に思い描く音楽愛好家の方が圧倒的に多いだろう。

アントニオ・ヴィヴァルディは一六七八年にヴェネツィアで生まれ、一七四一年にウィーンで没した大作曲家で、大ヴァイオリン奏者。サン・マルコ大聖堂のヴァイオリン奏者の父に幼少時からヴァイオリンの手ほどきを受けて腕を磨く一方、聖職者教育も受けて一七〇三年に司祭に叙階された変わり種の音楽家で、同年ヴェネツィアのピエタ女子慈善院のヴァイオリン教師にも就任した。作曲家としては器楽曲の作曲の方が先行し、生涯にヴァイオリン曲を中心に無数とも言えるほどの作品を書いた。有名なものに十二曲の協奏曲集「調和の霊感」、超有名な「四季」を含む十二曲の協奏曲集「和声と創意の試み」などがある。

一方、オペラの方は比較的遅く、一七一三年にヴィチェンツァで《離宮のオットーネ》でデビューした。その後彼は一七三〇年代にかけてヴェネツィアのサンタンジェロ劇場で断続的に座付作曲家および支配人として活躍する一方、イタリア国内だけではなく国外でもオペラの興行活動をした。

彼は生涯に五十曲近いオペラを作曲したが、現存するものよりも消失したものの方が多い。彼の作品の多くは歴史や英雄伝説に取材しており、ドラマの展開は概して緊張感と迫力に欠けるきらいがあり、書法の形式や様式は革新的ではなく、伝統遵守型である。一方、彼は器楽曲の膨大な作品があるだけに管弦楽のオペラ伴奏では巧みな手腕を発揮し、効果的な描写を聴かせる。

当時のオペラはそのシーズンだけ上演される、いわば使い捨てのもので、お役ご免になってお蔵入りすれば二度と蔵出しされず、そのうちに忘れられたり、消失するものがほとんどのオペラの運命だった。ヴィヴァルディの全オペラもこういう運命に二百五十年甘んじてきた。今日ヴェネツィア派のオペラで常時上演されるものは、飛び抜けて名作であるモンテヴェルディの三曲だけである。モンテヴェルディに次ぐ重要な作曲家フランチェスコ・カヴァッリの二、三曲が時に上演されることがある。

ヴィヴァルディのオペラでディスクで聴いたことがある曲を九曲この章の「オペラ小史」の項で列挙しておいたように、ディスクでは彼の作品のかなり多くが復活して聴けるようになったが、劇場での上演はごく稀である。これまでに海外の劇場で五三四回オペラを視聴してきたが、ヴィヴァルディの曲の上演に接したことは不運にも一回もない。未聴のオペラの上演劇場へは足を運ぶよう極力努めてきたが、この始末である。

《狂乱のオルランド》の原作は長大な物語詩で、その全体や部分を題材にして数え切れないほど多くのオペラが作曲されてきた。特に十八世紀には作曲家に人気が高かったが、十九世紀には次第に衰え、二十世紀にはぴたりと止まってしまった。文学としては今も人気があり、日本語訳も出版されている（たとえば、脇功訳『狂えるオルランド』、名古屋大学出版会）。しかし、それらの中で今日復活上演されているオペラはヴィヴァルディの曲を含めて数曲にすぎず、彼の曲は彼の五十曲にも及ぶオペラの中で最良の作品ではあるが、それほど頻繁に上演されるものではない。

オペラの主題は愛と結婚で、アンジェリカとメドーロの愛にオルランドのアンジェリカへの恋慕が絡まって三角関係が形成され、三人それぞれの思わくから嫉妬や陰謀やさまざまの事件が発生し、それらがドラマの主筋を展開する。

《狂乱のオルランド》は概して言えば当時のイタリアのバロック・オペラ・セリアの書法に準じて作曲されている。全曲のほとんどの部分がアリアとレチタティーヴォの反復で構成され、正規に重唱と呼べる曲はなく、合唱もごくわずかにすぎず、全曲の結びだけがアルチーナを除く全六人の登場人物と合唱による明るく、輝かしい簡単なアンサンブル・フィナーレになっている。レチタティーヴォは大部分がレチタティーヴォ・セッコで、レチタティーヴォ・アッコンパニャートの使用はごく一部である。アリアの大部分はダ・カーポ形式のものである。愛が主題のオペラだから、概して言えば、アリアの内容は愛の歓び、不安、願望、苦悩、葛藤や愛ゆえの嫉妬などで、しばしば比喩によってそれらの情念や詩情と抒情性が歌われる。

重唱がなく、レチタティーヴォ・アッコンパニャートが極めて少ないことからも推測できるように、ドラマは劇的緊張や迫力が弱く、劇的内容の充実感が薄手で、劇的展開が不十分である。イタリアの十八世紀バロック・オペラ・セリアが概してそうであるように、《狂乱のオルランド》も歌―特にアリア―中心の曲で、ベル・カントの妙技と醍醐味で満足すべきかも知れない。オルランドやアンジェリカをはじめ、登場人物たちが華やかな装飾歌唱を競って、ベル・カントの妙技を披瀝することにそれなりの快感と魅力が感じられるが、そのくどさが現代人には鼻につくきらいがあり、感覚の表面をくすぐって快感を催させるだけでは現代人の心を感動させるのに力不足であるのも事実である。

それはそれとして、《狂乱のオルランド》が二百五十年の長い長い眠りから覚めて復活上演されるようになったのは、たとえ初演時のままの上演は不可能だとしても、オペラの楽しみを拡大してくれる快事である。

バルダッサーレ・ガルッピ　《田舎の哲学者》　三幕七場

――ヴェネツィア生まれの喜劇作家ゴルドーニの台本によるオペラ・ブッファ初期の名曲

■台本　カルロ・ゴルドーニ　イタリア語

■初演　一七五四年十月二十六日　ヴェネツィアのサン・サムエル劇場

■登場人物

エウジェーニア　ドン・トリテーミオの娘でリナルドの恋人……ソプラノ
レズビーナ　ドン・トリテーミオ家の女中……ソプラノ
ドン・トリテーミオ　エウジェーニアの父親……バス
リナルド　エウジェーニアの恋人の貴族……テノール

ナルド　田舎の哲学者と呼ばれる裕福な農民……バス
レーナ　ナルドの姪……アルト
カポッキオ　公証人……テノール

■録音ディスクと演奏時間　ＣＤの一例　BONGIONANNI　GB 225658-2　三枚組　海外盤　約二時間五十五分。

■すじがき

［序曲］

［第一幕第一場　ドン・トリテーミオの庭］

エウジェーニアと女中のレズビーナが娘は若いうちが花で男にちやほやされるが、娘盛りが過ぎて瑞々しさが消えればすぐに男に見向きもされなくなる、と二重唱する。エウジェーニアは歌いながらとても悲しくなる。彼女にはリナルドという恋人がいるのに、彼女の貪欲な父が彼女と裕福な農民ナルドとの縁談を進めているからである。レズビーナが彼女に同情し、縁談に反対の意志表示を勧めるが、彼女は父に背く勇気がない。そこで、彼女がエウジェーニアのために女中独特の知恵や機知を総動員して一肌脱ごうと申し出る。

レズビーナが独りになるとドン・トリテーミオが現れるので、彼女は娘盛りのうちは女は柔らかく、味があるが、それを過ぎるともう味もなくなるとアリアを歌う。彼はわしは瑞々しく、うまいから、今わしを摘んで食えとアリアを歌い返し、彼女に手出しする気があるのを仄めかす。彼女が彼の思わくをさらりとかわし、彼の娘の結婚話を切り出すと、彼は娘の縁談はまとめてあり、すぐにもナルドと婚礼だと答える。彼女は老羊飼いの手で若葉を摘まれるのではなく、若い美男の羊飼いと生活したい、それが叶わぬなら、牧場にいつまでもいたい、とアリアを歌い、エウジェーニアの夫はナルドではなく、若い美男子でなければならないと彼に抗議する。レズビーナとドン・トリテーミオの寓意と比喩を交えた歌合戦は機知に富み、楽しく、おもしろい。

ドン・トリテーミオが娘をナルドと結婚させたら、レズビーナを可愛がってやろうとの思いに耽っていると、リナルドが現れて騎士だと自己紹介し、彼の娘との縁談を申し込むので、彼はにべもなく断る。リナルドが彼の身分や財産を誇示して、彼らの結婚の反対理由を尋ねると、ドン・トリテーミオは賛成できないのが反対理由だとアリアを歌って出ていく。リナルドは娘との結婚を実現するか、彼女の父の反対を後悔させてやるかのどちらかだと決心し、このまま意気地なく恋を諦めはしないとアリアを歌う。

［第一幕第二場　田舎家］

ナルドが農夫たちと楽しく野良仕事や飲食しようとアリアを歌う。彼は先祖代々この一帯の地主である。都会では親が勤勉や才能のおかげで裕福になっても放蕩息子が財産を蕩尽するが、彼は派手な都会生活よりも農耕生活に満足している。

ナルドの姪のレーナが彼に結婚相手を見つけてと頼むと、彼は一人の農夫に彼の姪と結婚するかとからかう。彼女は都会の金満家との結婚を夢見ているので、彼は都会人の悪口を言う。彼が女はみんな同じだから大きな欠点がなければ今日会うエウジェーニアと結婚すると語ると、彼女は早速結婚するよう彼に勧めて出て行く。彼は哲学者らしく、人の欲には切りがなく、もっと大きな梨を見て木に登り、逆さまに地面に落ちるとアリアを歌う。彼の歌には比喩や寓意が多い。

［第一幕第三場　ドン・トリテーミオの応接室］

エウジェーニアはリナルドと一緒のところを父に見つかるのを恐れ、彼以外の男とは結婚しないと誓って、彼に帰ってほしいと頼む。レズビーナがきて、ナルドが彼女と面談にきたと告げるので、彼女はすっかり困惑し、ドン・トリテーミオの娘だが、愛しているのはリナルドと巧みな言葉で彼女の窮境を告白する。女中はとかく機転の利く知恵者だが、レズビーナは恋人同士に加勢をすることにし、事態の処置は彼女にお任せあれと申し出て、二人を別々の部屋に隠す。

女中特有の処世の技巧と才能で万全に身を固めたレズビーナがナルドを迎え、しおらしく、内気そうに振舞う。彼が彼女のことをドン・トリテーミオの娘かと尋ねると、彼女が否定しないので、彼はそうだと思い込み、彼女を気に入る。彼女は敏感にそれを察知すると、誰かが彼女を呼んでいるという口実で退出しようとして彼を慌てさせ、愛や男のことは何も知らないうぶで、感情を口に出せないから、彼女に近づかないで、とアリアを歌って出ていく。

入れ代わりにドン・トリテーミオが入ってきてナルドを歓迎し、娘もすぐ顔を出すと告げると、ナルドは彼女とはもう面識ずみで、なかなかの美人で気に入ったと喜ぶので、彼は満足する。そこへナルドの姪のレーナがおじの縁談相手の表敬訪問にくる。父が娘を呼びに行っている間に、おじが姪に彼の縁談相手は星のように輝いていて、彼を愛していると自慢し、幸福だと胸をはずませる。レズビーナが顔つなぎに入ってきてレーナと挨拶を交わし、恥じらいながらすぐ出て行く。ドン・トリテーミオが帰ってきて娘がいないと告げると、ナルドとレーナが彼女はここから出て行ったばかりだと教える。父が娘を捜しに行っている間にレズビーナがまた現れ、ナルドに結婚指輪をはめてもらうと、父がくると言って出て行く。ナルドとレーナは婚約した娘が父を恥ずかしがるのを訝り二重唱する。父が娘は見つからないとまた帰ってくると、ナルドとレーナが彼女は今しがた結婚指輪を渡されたばかりだと告げるので、彼は怪訝顔をする。三人は恥ずかしがりの花嫁も最後は気持が変わって、彼女の心で愛が勝利しようと三重唱し、婚約を喜び合う。

［第二幕第一場　ドン・トリテーミオの部屋］

レズビーナが指輪をエウジェーニアに渡し、彼女の父に見せて婚約したと信じ込ませようとすると、彼女はそれをいやがるので、レズビーナは彼女への支援を拒む。結局彼女は女中の言いなりになり指輪をはめる。父がきて娘の雲隠れを叱ると、レズビーナが彼女は恥ずかしがりですと言い訳するので、彼は父を恥ずかしがるのは解せないと言い、指輪のことを念を押すと、彼女は彼にそれを見せる。彼が満足すると、彼女はみじめな気持になる。リナルドが公証人カポッキオを連れてくる。公証人はリナルドの身分や財産の公文書をドン・トリテーミオに見せ、それらの自慢のアリアを歌って退出する。ドン・トリテーミオはリナルドが資産家で名門であり、娘の結婚相手にふさわしいと認めるが、彼女が結婚を承諾するかどうかが問題だとリナルドに告げ、彼女の意志確認をすることにする。彼は娘がナルドと結婚すると信じ切っている。娘がきて、父がリナルドとの結婚の意志を確かめると、彼女は彼との結婚は彼女の最高の幸福と答えるので、リナルドは大喜びする。しかし、父が娘の指の指輪を見せ、彼女はナルドと婚約したと告げるとリナルドは驚愕し、娘はそれを否認する。リナルドは父娘に騙され、嘲笑されたと感じ、彼らの残酷な仕打に激怒し、彼らへの復讐を誓って出て行く。

エウジェーニアは彼女とリナルドとの間の深刻な事態の原因はレズビーナだと彼女を非難するが、レズビーナは澄ましたもので、最後はエウジェーニアは彼女に感謝すると自信を持つ。エウジェーニアが彼女に指輪を突っ返すと、彼女は指にそれをはめ、彼女に似合うかと尋ねる（暗示的な言葉で、後で事態はその通りになる）。エウジェーニアはレズビーナにひどく腹を立てる。

ドン・トリテーミオはいまだに娘とナルドが婚約の間柄だと信じ、ナルドが彼女に贈った見事な宝石を彼女に渡すが、彼女はそれを拒絶する。しかし、彼が再度強制すると、彼女はそれを受け取ってレズビーナに与える。こうして、レズビーナとナルドの結婚のレールが着々と敷かれて行く。一方、ドン・トリテーミオは娘がナルドと結婚したらすぐにレズビーナと結婚するとそっと彼女に打ち明ける。独りになると、エウジェーニアは耐え難い苦難と不幸を嘆き、恋慕するリナルドと一緒でなければ生きていたくないとアリアを歌う。

［第二幕第二場　田舎］

リナルドがナルドの家にきて、ドン・トリテーミオの娘と婚約したのは事実かと尋ねると、ナルドはそれを肯定し、指輪も贈ったと答える。そこで、リナルドが彼と彼女は愛を誓い合った仲だと告げると、ナルドは彼女が彼と結婚したければ彼女を彼に譲る、彼自身は理性と感情を抑えることができるから、と平然と語る。リナルドはナルドが哲学者と呼ばれるのはもっともだと感心する。リナルドはドン・トリテーミオにこの事情を説明し、彼が彼と彼の娘の結婚に反対したら、彼を容赦しないと言う。

他の男とは愛も結婚も争わないのがナルドの哲学のようである。彼はレズビーナに彼女は別の男と婚約したのだから彼女とは結婚しないと告げ、彼女を狼狽させる。彼が彼女とリナルドの婚約を口にすると彼女はそれを否定し、彼だけのものだと断言する。そこで、彼は折れ、彼らは仲直りし、恋人同士に返る。

レーナがきてナルドの婚約者は女中だと暴露する。彼がレズビーナにそれを確かめると、彼女はそうだと告白し、嘘を吐いたのは彼への愛のなせる業で、彼と結婚するか死ぬかのどちらかだと彼に迫る。すると、彼は相互の愛と相手の人柄が問題で、彼女の身分や地位は眼中にないと哲学者然として悟りすました口振りである。彼は女の美点は正直、美しさ、礼儀作法、美徳などだと数え上げ、美しい女中と結婚するとアリアを歌う。

［第二幕第三場　ドン・トリテーミオの家の一室］

ドン・トリテーミオに呼ばれたナルドと公証人がくると、レズビーナが彼の娘はリナルドと、彼女自身はナルドと結婚すると告げる。ドン・トリテーミオが現れ、レズビーナが一枚の結婚契約書に二組の結婚を記載すると告げると、ドン・トリテーミオは娘とナルド、彼自身とレズビーナの二組だと信じ、これを承諾する。レズビーナが公証人にエウジェーニアの持参金は一千スクーディ、女中の持参金は何でもできる有能な両手だと口述すると、ナルドが両手の価値は二千スクーディと書けと補足し、更に補足が追加される。こうして、レズビーナとナルドは幸福な愛のひとときを喜び合う。

娘を捜しに行っていたドン・トリテーミオが帰ってきて、リナルドが彼女と雲隠れしたと激怒し、絶望する。一同が娘が誘拐されたのであれば、彼女はきっともう結婚している。でも、女中がここにいて、彼女はこれから結婚できると歌う。ナルドとドン・トリテーミオは二人ともレズビーナと結婚できると歌っている。

［第三幕　ナルドの田舎家近くの牧場］

エウジェーニアはリナルドと家出したものの、父の激怒を思うと胸が痛む。リナルドが彼の家で挙式しようと誘うと、彼女は内証の結婚式は嫌だと拒む。彼女はレーナを見て、彼女の家でしばらく休息させてほしいと頼み、リナルドとは正式の結婚をまだしていないので、彼の家へは行けないと正直に告げる。レーナが彼女ともう一人の立会人の前で挙式するよう勧めると，エウジェーニアは承諾し、これで心も安らぎ、最後には父の怒りも消えるだろうとアリアを歌う。

一方、レーナはナルドの姪だと自己紹介し、礼儀作法の心得も持参金もあるので、垢抜けした、上品な結婚相手を見つけてほしいとリナルドに頼み、青春は二度となく、花の盛りが過ぎないうちに美男子と結婚したいとアリアを歌う。

ドン・トリテーミオが娘の家出の怒りで全身火の玉になりながら彼女を捜しにくると、レーナが家から出てきて、怒りの原因を彼に尋ねるので、彼がその返事をすると、彼女は彼の娘は花婿と一緒に彼女の家で休息していると淡々と彼に教える。彼女が公証人を呼びに行くと聞いて、彼はそれはナルドと彼の娘との結婚のためだと早合点し、娘を誘拐したのはナルドだったんだと胸を撫で下ろす。しかし、彼はナルドに彼の娘の結婚相手はナルドではなくリナルドだった、すんでしまったことはもう元へはもどらないと告げられ、渋々ナルドの説教を承諾するが、あんな恥じ知らずの娘には持参金もやらないとアリアを歌い、ぷんぷんしながら立ち去る。

ナルドはレズビーナに、愛は多すぎても少なすぎてもいけない。正直には中程度はない、妻は一人の男だけのもの、知ったかぶりをしてはいけない、と妻の道を説く。彼らは相互の心中を了解し合い、これ以上の幸福はないと二重唱する。

結婚契約書が完成され、一組はエウジェーニアとリナルドの結婚、もう一組はレズビーナとナルドの結婚とレーナが報告する。ドン・トリテーミオはレズビーナの結婚を聞いて今だに信じられんと驚く。四人の新婚者が勢揃いしている。娘とリナルドが結婚の許しを彼に願う。女中が結婚報告をし、ナルドがその事実を請け合う。彼は娘と、妻にと当てにしていた女中の両方を失うが、レーナが助け船を出し、彼の妻として彼のそばにいると言い出す。彼はレーナとの結婚を承諾する。全員が愛はすべての人の心の喜びだと歌って全曲の幕となる。

■解説

バルダッサーレ・ガルッピは一七〇六年にヴェネツィアに近い、レース編みで有名なブラーノ島で生まれ、一七八五年にヴェネツィアで没した作曲家で、チェンバロの名手。彼は早くも一七二二年に最初のオペラ《気紛れの中の忠実》を初演したが、不成功に終わった。サン・マルコ大聖堂楽長で教育者としても知られるアントニオ・ロッティに師事した後、本格的オペラ作曲活動を展開し、メタスタージオの台本による二曲のオペラ・セリア《インドのアレッサンドロ》（一七三八）と《見捨てられたディドーネ》（一七四一）を含む多くの作品を精力的に続々と発表し、一七四一—四三年にはロンドンに滞在し、作曲と上演に従事した。

ガルッピのオペラ史上画期的な活動と業績は、一七四九年にヴェネツィア出身で同時代の著名な喜劇作家カルロ・ゴルドーニの台本《ブレンタのアルカディア》に作曲して最初の本格的なオペラ・ブッファを初演し、続いて彼とのコンビで多くのオペラ・ブッファを書いたことである。それらの中には《月の世界》（一七五〇）、《逆さまの世界》（一七五〇）、《滑稽な名手たち》（一七五三）、《心の災難》（一七五二）、《田舎の哲学者》などの名作や佳作がある。

一方、彼はメタスタージオの台本で《イドメネオ》（一七五六）や《皇帝ティートの慈悲》（一七六〇）のようなオペラ・セリアも書き続け、一七六二年にはサン・マルコ大聖堂の副楽長から楽長に昇任し、ロシアのエカテリーナ二世の招きで一七六五—六八年の間ペテルブルクに滞在し、《タウリーデのイフィジェニーア》（一七六八）などを作曲初演した。しかし、帰国後はもうほとんどオペラには手を染めず、サン・マルコ大聖堂楽長の任務に精励したり、宗教音楽、特にオラトリオの作曲をした。

ガルッピはオペラ・セリアとオペラ・ブッファの台本作家の二大巨匠、メタスタージオとゴルドーニと同時代の作曲家で、彼らの台本で多数のオペラを作曲し、生涯に約百曲も書いた。しかし、彼のオペラ史での面目と栄光は、彼自身が「ドランマ・ジョコーソ」と呼んでいる喜劇的オペラ—オペラ・ブッファーにある。彼はオペラ・ブッファの父と呼ばれてもよい。

しかしながら、他の十八世紀のオペラ作曲家の作品と同じように、ガルッピのほとんどの作品も忘れられた運命にあり、オペラ・ブッファの数曲（筆者が聴いているのは四曲）はディスクでは復活したが、劇場で上演されるのは代表作の《田舎の哲学者》一曲だけである。

《田舎の哲学者》の目立った特色は、登場人物の性格が入念に、克明に、生き生きと造形されていて、十八世紀のイタリア・オペラの人物としては際立って個性的である。とりわけすばらしく魅力的な人物は、表題役のナルドと女中のレズビーナである。ナルドは慌てず騒がず、悠揚迫らず、お大尽ぶりの処世法で身構え、感情や情熱よりも知性や理性を尊び、堅実健全な良識家の典型で、「田舎の哲学者」と呼ばれるにふさわしい風格の持ち主であり、哲学者らしく教訓癖はあるが、彼の人徳のせいか、それが嫌味には聞こえず、また、比喩や寓意が得意である。一方、彼の妻に納まることになるレズビーナは、彼とはむしろ対照的な性格で、女中生活で磨いた知恵と機転を縦横に思う存分に発揮し、見事な、惚々する演技で大活躍し、玉の輿に乗る。彼女は女中がしばしばそうであるように、事態を彼女に有利に誘導し、しかも全体を丸く納める知恵と天分の持ち主である。彼女の先蹤をペルゴレージのインテルメッツォの名作《奥様女中》（一七三三）のセルピーナに見ることができ、彼女はセルピーナの娘だとも言えるが、《田舎の哲学者》は本格的なオペラ・ブッファであるだけに、レズビーナの方がより入念に、より克明に性格づけられていて、その展開が痛快であり、おもしろい。

人物たちの言動が機知、皮肉、ユーモアに富み、笑いを誘い、彼らの展開する機知合戦は、楽しく、魅力的である。彼らの言葉使いの妙が実に味わい深く、彼らの言葉の暗示的使用が適切であり、印象深い。ゴルドーニはさすがに名立たる喜劇の大家だけに、《田舎の哲学者》の台本は実に気が利いていて魅力的であり、優秀である。ガルッピの音楽は入念に仕上げられ、同様に魅力的である。《田舎の哲学者》は言葉と音楽、ドラマと音楽がうまく釣り合い、巧みに合致していて、十八世紀のイタリア・オペラの中では屈指の、比類のあまりない名曲である。

ジュゼッペ・ヴェルディ《アッティラ》プロローグと三幕七場

――ヴェネツィア勃興と縁のある歴史的事件のオペラ

■原作　ツァハリアス・ヴェルナーの悲劇『フン族の王アッティラ』

■台本　テミストークレ・ソレーラ　イタリア語

■初演　一八四六年三月十七日　ヴェネツィアのフェニーチェ劇場

■ドラマの時と所　五世紀中頃のアクイレイア、アドリア海の潟、ローマ近郊

■登場人物

アッティラ　フン族の王……バス

ウルディーノ　アッティラの部下……テノール

オダベッラ　アクイレイアの領主の娘でフォレストの恋人……ソプラノ

エツィオ　ローマの将軍……バリトン

フォレスト　アクイレイアの騎士でオダベッラの恋人……テノール

レオーネ　白衣の老人……バス

■録音ディスクと演奏時間　CDの一例　フンガロトン　HCD 158-9　二枚組　約一時間四十五分。L

D　BGMビクター　BVLO 44-5　三面　約一時間五十七分。VHD　日本ビクター　VHM 64051-2

三面　約一時間五十一分。

■すじがき

［前奏曲］

［プロローグ第一場　アクイレイアの広場］

四五二年にフン族の王アッティラがアクイレイアに侵攻して勝利し、兵士たちの歓呼に迎えられ、彼も部下たちの武勇を称える。部下のウルディーノが捕虜の女たちを彼に献上すると、彼女たちの中に戦死したアクイレイアの領主の娘オダベッラがいて、彼女はアッティラにアクイレイアの女たちが戦闘に参加したことを誇る。彼が勇敢な彼女に感心して望みの物を所望せよと言うと、父の復讐を企てている彼女は、彼女の剣の返却を所望する。しかし、彼は彼女の剣の代りに彼自身の剣を彼女に贈る。

フン族のローマ攻撃を回避するために、アッティラとの和平交渉使節としてアクイレイアへきたローマの将軍エツィオが、ローマ皇帝を見くびり、ローマ支配の野望に燃えて、全世界の覇権をアッティラに許す代りに、ローマの覇権を彼に委ねてくれとアッティラと交渉するが、アッティラはそれを拒否し、ローマを攻撃すると豪語し、和平交渉は決裂する。

［プロローグ第二場　アドリア海の潟］

修業者たちが神を賛美し、祈りを捧げていると、オダベッラの恋人フォレストやアクイレイアからの落武者たちが無数の小舟で逃げてきて、潟に仮住まいの小屋を建て、再起を期す（この潟に人びとが住みつき、後のヴェネツィア共和国が形成されて行く）。フォレストはオダベッラが蛮族の捕虜になった運命を嘆いてカヴァティーナを歌い、続いて人びとに慰められて、不死鳥のように甦えろうと勇躍し、カバレッタを力強く歌い、人びとの合唱も加わってアンサンブルとなる。

［第一幕第一場　アッティラの陣営近くの森］

月夜の夜半にオダベッラが変化して流れて行く雲に戦死した父と、戦死したと思っている愛しいフォレストの面影を見て、有名なロマンツァを歌う。これは殺伐なドラマの中で女戦士の細やかな感情が表現されている抒情性豊かなベル・カント調の歌唱である。そこへ唐突に蛮族姿のフォレストが現れて、大喜びする彼女に、彼女がアッティラに心を移して彼を裏切ったと責め立てる。彼女はアッティラに復讐する意志を彼に訴え、イスラエルを救ったユディットの故事に言及すると、彼は彼女に誤解を詫びる。彼らは愛の抱擁に酔いながら勇気百倍し、アッティラへの復讐の勇ましい二重唱を歌う。

［第一幕第二場　アッティラの陣営］

アッティラは悪夢にうなされて目覚め、ウルディーノを呼んで、夢の中で老人が現れ、彼のローマ遠征の道は鎖されていると不吉な予言をしたと怯える。しかし、彼は勇気を回復し、誰一人彼のローマ侵攻を思い止まらせることはできないと豪語し、侵攻命令を下す。

［第一幕第三場　アッティラの天幕］

レオーネ老人を先頭に、老人、娘、子供たちが白衣で行進し、敵に対する勝利と平和を祈願し、合唱する。アッティラはレオーネが夢の中の老人と同じことを言うのに戦慄を覚える。レオーネ、オダベッラ、フォレスト、娘たちは、神の力と栄光を賛美し、彼らのアンサンブルで第一幕が終わる。

［第二幕第一場　エツィオの陣営］

エツィオはフン族と休戦してすぐローマへ帰還せよとの皇帝からの命令書を受け取り、彼の誇りが深く傷つき、臆病で軟弱な皇帝を軽蔑し、不甲斐ないローマに愛想をつかし、皇帝がフン族よりも彼の軍隊の方を恐れていると豪語し、かつてのローマの栄光と今のローマの卑劣のカヴァティーナを歌う。アッティラの使者たちがきてエツィオを彼の陣営に招待する。使者たちが退去すると、変装して彼らの中に紛れ込んでいたフォレストが、ローマ軍が蜂起してアッティラを襲ってほしいと頼むと、エツィオは彼と共謀してアッティラを倒すことに同意する。そして、彼はたとえ戦闘で倒れても、彼のローマの英雄としての名声は後世に残るだろうと勇ましくカバレッタを歌う。

アッティラが宴会を催し、エツィオを歓迎するが、神官たちが異邦人と彼が同席するのは危険だと反対する。彼はそれを無視し、フン族の王ウォーダンの巫女たちがリラを奏でて歌い、男たちが踊って宴会に興を添えていると、突然一陣の激しい嵐が吹き灯火が消えるが、すぐ静まり、宴会が再開される。アッティラが酒杯を傾けようとすると、彼を自分の手で殺害する誓いを立てているオダベッラが、それは毒杯だと言って、彼が飲むのを制止する。フォレストが毒を仕掛けたと名乗り出ると、彼女はフォレストの処罰は彼女に任せてほしいと申し出る。アッティラは明日、彼女を王妃にすると宣言し、居合わせた人びともそれぞれの思いを吐露し、合唱も加わって一大アンサンブルが展開されて幕となる。

［第三幕　両陣営の間の森の中］

アッティラとオダベッラの婚礼時刻をウルディーノが知らせにくると、フォレストが待っている。アッティラ殺害のオダベッラの深謀を洞察できないフォレストは、彼女が彼を裏切ったと信じ、腸《はらわた》が煮えくり返って、ロマンツァを歌う。エツィオがきて彼にアッティラ攻撃の準備完了を報告し、一方、オダベッラがアッティラの陣営から逃げ出してきて、フォレストの愛の行き違いの苦悶を訴えるが、彼は彼女の裏切りを責める。エツィオが愛だの裏切りだのほざいている時ではなく、アッティラを倒す崇高な計画実行の時だと主張して、三重唱が展開される。

そこへアッティラが単身丸腰でやってきて、オダベッラが婚礼の席から逃亡したのを責め、オダベッラは父を殺したアッティラへの復讐を果たすために彼に寄り添う演技をして機会を狙っていたと告白し、フォレストは祖国を蹂躙したアッティラへの憎悪を突きつけ、エツィオはアッティラの犯罪に天の怒りが降りかかったと言って、四重唱となる。オダベッラはアッティラが彼女に贈った剣で皮肉にも彼を刺し殺して父の復讐を遂げる。一方、攻撃準備が完了していたローマ軍が王を失ったフン族に四方から襲いかかり、復讐は果たされたとのアンサンブルで全曲の幕となる。

■解説

ヴェルディはオペラで成功するには聴衆の心を打つのにふさわしい題材と仕上げの見事な台本が必須条件だと早くから痛感し、題材捜しのために意欲的に鋭意文学作品を読みあさり、時には台本作りに彼自身も積極的に係わった。ツァハリアス・ヴェルナーの悲劇『フン族の王アッティラ』はヴェルディの欲求を満足させた一書で、彼はそのオペラ化をかねてから心で温めていた。この題材は当時盛んだったリソルジメントを燃え上がらせるにも最適だった。彼はすでに《ナブッコ》（一八四二）やその他のリソルジメント・オペラの成功でこの運動の精神的指導者に祭り上げられていた。

ヴェルディの九作目のオペラ《アッティラ》がヴェネツィアのフェニーチェ劇場で初演されたとき、それは彼の期待以上に歓迎され、大成功だった。その題材が時流に投じたものだっただけではなく、ヴェネツィアとの縁が深く、ヴェネツィアで初演されるのに好個のものでもあった。

フン族の王アッティラが四五二年にイタリアを侵略した時、最も残忍な激戦が展開された土地がオペラの舞台にもなっているアクイレイアだった。敗戦のアクイレイアの戦士や住民たちは、今日のヴェネツィアであるアドリア海の潟へ逃げ延び、そこで小屋を建てた。これがヴェネツィアの起源である。このことはオペラ《アッティラ》のプロローグ第二場のエピソードにもなっている。アクイレイアの落武者たちの引率者フォレストが〈シェーナとアリア〉の〈シェーナ〉の部分で「うっとりするような美しい海と空のもとで、一人ひとりが小屋を造ろう」と歌っている。

また、プロローグ第一場でのアッティラとローマの将軍エツィオとの二重唱で、エツィオがアッティラに言う「きみが世界をわがものにしてもよいが、イタリアはおれのものにしておいてくれ」という有名な文句に聴衆は熱狂した。とにかく《アッティラ》の題材は当時のヴェルディにはひどく気に入り、聴衆の心に強くアピールするものだった。

《アッティラ》はプロローグと三幕八場構成で、前奏曲を含めて十四のナンバーから成っている。ナンバーの種類は目新しいものはなく、平凡な名称の曲ばかりである。十四のナンバーの種類分けをすると、独唱が六曲あり、そのうちの四曲はカヴァティーナとカバレッタから成るアリアである。残りの二曲はロマンツァ。二重唱は二曲あり、カヴァティーナとカバレッタ形式である。三重唱と四重唱がそれぞれ一曲ずつ。第一幕と第二幕の終曲は独唱と合唱から成るアンサンブル・フィナーレであり、第三幕のフィナーレは主要人物四人が受け持つ四重唱フィナーレである。それに前奏曲と開幕の導入曲を加えて十四曲になる。独唱や重唱には〈シェーナ〉が前置されている。

四人の主要人物オダベッラ、フォレスト、エツィオ、アッティラに一曲ずつ与えられている四曲のカヴアティーナ＝カバレッタ形式のアリアの中で、初めの三人のイタリア人の歌う三曲は、愛国心を披瀝し、吐露する劇的で、力強い歌唱である。オダベッラとフォレストに一曲ずつ与えられている独唱曲のロマンツァは、それとは対照的に、恋人同士の愛をめぐる抒情的感情表現の歌である。

ヴェルディのオペラの重要な一特徴は、声楽でも器楽でも、その力強さ、激しさ、たくましさの劇的表現である。侵略者との対決のドラマ《アッティラ》はその代表的な一曲である。ここでは激情や情熱が到る所でほとばしり出ている。アクイレイアの激戦で領主の父を殺され、アッティラへの復讐を固く誓っている女闘士オダベッラの激しさ、たくましさはどうだろう！　この種の女傑がオペラに登場する例は、あってもごく稀だろう。武具に身を固め、アッティラと堂々と渡り合い、イタリア女の剛胆と度胸と覇気を彼に吹聴するオダベッラの激しさとたくましさが、初演時の聴衆の血を沸き立たせ、彼らを熱狂させ、感動させたのは必至の成り行きだった。

ドラマを展開するモチーフはアッティラの征服欲、オダベッラのアッティラへの復讐、エッツィオの権力欲と名誉心、オダベッラとフォレストとの愛とその葛藤などである。《アッティラ》では激しさやたくましさの調子が先走りすぎたせいか、ヴェルディの名作オペラから湧出する芸術的霊感や香りが稀薄に感じられる。

《アッティラ》は凡作ではないが、名作の多いヴェルディのオペラの中では目立たない存在であり、劇場のレパートリーにはなっているが上演頻度は高くない。

アミルカーレ・ポンキエッリ《ラ・ジョコンダ》四幕五場

――ヴェネツィアが舞台の名曲オペラ

■**原作**　ヴィクトル・ユゴーの劇『パドヴァの暴君アンジェロ』（一八三五）

■**台本**　トビア・ゴッリオ（アッリゴ・ボーイト）　イタリア語

■**初演**　一八七六年四月八日　ミラノのスカラ座

■**ドラマの時と所**　十七世紀のヴェネツィア

■**登場人物**

バルナバ　ジョコンダに思いを寄せる密偵……バリトン

ジョコンダ　歌手……ソプラノ

チェーカ　ジョコンダの母……メゾ・ソプラノ

ツァーネ　ゴンドラ漕ぎ……バス

イゼポ　公証人……テノール

エンツォ・グリマルド……テノール

ラウラ　アルヴィーゼ・パドエーロの妻……メゾ・ソプラノ

アルヴィーゼ・パドエーロ　政府の司法長官で貴族……バス

■**録音ディスクと演奏時間**　多数あるＣＤの一例　ロンドン　F90L 50241-3　三枚組　約二時間五十一分。ＶＨＤ　ビクター　VHM 4033-4　四面　約二時間四十八分。ＤＶＤ　ドリームライフ　DLVC-

1200　約二時間四十九分。

■すじがき

［前奏曲］

［第一幕「ライオンの口」総督宮殿前の広場］

標題「ライオンの口」とは、宗教裁判所へ異端者密告状を投入するためのライオンの石像。

うららかな謝肉祭の朝、水夫たちや町の男女が祭りを祝い、ヴェネツィア共和国の国力を謳歌して賑やかに、陽気に合唱していると、マルコ大聖堂の鐘やファンファーレが鳴り渡り、バルナバがゴンドラ競漕の開始だと叫ぶので、彼以外の全員が競漕を見に立ち去る。

ギター伴奏の歌流し姿のバルナバが、不気味で自信に満ちたモノローグを朗誦する。バルナバはヴェネツィアの最強力の政治と外交の執行機関「十人委員会」の手足となって情報収集に奔走する密偵の一人である。「一匹の美しい蝶」が近づいてくる。それは盲目の母の手を引いている街の歌姫ジョコンダで、彼は彼女にぞっこん惚れ込んでいる。バルナバ、ジョコンダと彼女の母チェーカが小三重唱を歌う。

ジョコンダが慕っているエンツォを捜しに行くと、彼女が毛嫌いしているバルナバが彼女に言い寄るので、彼女は逃げるが、彼は彼女がいずれ彼の手に落ちるとほくそ笑む。

群衆がゴンドラ漕ぎの優勝者を担いできて、彼の栄光と名誉を称えて合唱し、一方負けたツァーネを嘲笑する。すると、バルナバが悄然としているツァーネに、彼が競漕に負けたのは、あの盲目の老婆が彼の舟に不吉な呪文をかけたからだと信じ込ませる。一方、彼は巧妙な言辞を弄してチェーカを魔女だと群衆を扇動するので、彼らは付和雷同して、彼女を異端者、魔女として火焙りにせよと合唱する。こうして、バルナバの先導、群衆の魔女だとの烙印、チェーカの恐怖が混り合って事態は緊張の極に達し、一大アンサンブルとなる。

チェーカの身の危険が高まったとき、ジョコンダが水夫姿に変装したエンツォと共に帰ってくる。チェーカの解放を主張するエンツォと、魔女に死をと叫ぶ群衆との騒動の絶頂で、ラウラとアルヴィーゼが登場すると、チェーカの無罪を主張するジョコンダとラウラ、有罪を主張するバルナバと群衆が、宗教裁判所長官アルヴィーゼにそれぞれの思いを訴える。結局チェーカの無罪の断をアルヴィーゼが下す。騒動が落着すると、チェーカは有名なロマンツァを歌い、救けられた喜びと感謝の印として彼女の大切なロザリオをラウラに贈る。ジョコンダが母の恩人の名を尋ねると、恩人がエンツォを見ながらラウラと答えるので、エンツォはこの黒の仮面の女性を咄嗟に昔の恋人だと認める。ラウラはすでにエンツォに気づいている。エンツォとバルナバを除いて全員が教会へ入る。このナンバーは実に複雑長大で、伝統的なナンバー概念では律し切れない。

バルナバはエンツォをサンタフィオル公爵エンツォ・グリマルドと呼んで彼の正体を暴露するだけではなく、彼とラウラの関係を知っていることも匂わせる。さすが「十人委員会」の密偵である。しかし、エンツォはそれを否認し、ダルマチア人のエンツォ・ジォルダンだと偽るが、事実は、彼はヴェネツィアから追放されたサンタフィオル公爵が世を忍ぶ姿で、追放の身でありながら昔の恋人ラウラに心を惹かれて、仮装姿でヴェネツィアに戻ってきていた。バルナバは、ラウラが今夜彼女の夫の不在中に彼の目を盗んでエンツォに会いに行くと告げ、彼らの密会に力を貸すと申し出る。こういう状況がシェーナで歌われてから彼らの二重唱の主部となり、エンツォは天使のようなラウラとの再会の感動で恍惚となり、バルナバは密偵の身分を明かし、ジョコンダに惚れていると告白する。二重唱の終わりにエンツォがバルナバに投げかける呪いが、執念深いバルナバの心を突き刺す。

バルナバはエンツォの破滅を企て、彼の配下のイゼポにエンツォとラウラの密会と駆け落ちの密告状をアルヴィーゼ宛てに書かせ「ライオンの口」に投げ入れる。そのとき教会から出て来たジョコンダがバルナバとイゼポの会話からエンツォとラウラの逢い引きを知り、エンツォに思慕を寄せている彼女は心穏やかではない。

続くバルナバの朗誦調のモノローグは全曲中の白眉の歌唱で、彼の悪の性格を雄弁に表現していて感銘深い。ちなみに、《ラ・ジョコンダ》の台本作者アッリゴ・ボーイトは、四百年のオペラ史上の金字塔であるヴェルディの《オテッロ》(一八八七)と《ファルスタッフ》(一八九三)の台本作者として不朽の業績を残した。バルナバのこのモノローグは《オテッロ》の中の名曲〈イアーゴの信条〉の先蹤的な曲で、必然的にイアーゴのモノローグを連想させる。

教会から帰った群衆の謝肉祭を祝う快活で騒々しい合唱に続いて、民族舞踊のフルラーナが陽気に踊られる。一方、教会の中からは神の栄光を称える賛美歌が聞こえてくる。愛するエンツォに無視されて悲嘆に沈むジョコンダ、娘を慰める母親チェーカ、教会の会衆の祈りの交錯したアンサンブルで第一幕が終わる。

［第二幕「ロザリオ」　ダルマチアの帆船の甲板　第一幕と同じ日の夜］

標題「ロザリオ」とは、第一幕でチェーカがラウラに贈ったロザリオ。

前奏曲に続いて水夫たちが船で陽気に船乗り歌を合唱していると、バルナバが漁師に変装し、イゼポを連れて現れる。彼の目的はエンツォとラウラの動向の偵察である。彼が力のこもった印象的な舟歌を歌い、後の部分で水夫たちの合唱が加わる。続いてバルナバが密偵のわが身を励ますモノローグを歌い、それから彼と水夫たちが舟歌の結びをアンサンブルで歌う。

バルナバが退去し、灯火を手にしてエンツォが甲板に現れ、水夫たちに今夜出帆すると伝え、彼らに出帆準備の任務を指示してから彼らを休息させる。続いて全曲中でも指折りの名歌のロマンツァが歌われる。暮れ行く美しく神秘的な海で、天使のような愛人ラウラの出現を待っているエンツォのロマンティックで情熱的な歌唱である。

エンツォの破滅の陰謀を企むバルナバが、ラウラを小舟に乗せてきて、彼女とエンツォとの逢引の仲介をする。彼女はバルナバの表情に悪の魂胆と裏切りを感じ取り、彼女の逢引に恍惚としているエンツォに警告する。彼らは愛の幸福に陶酔しながら甘美な二重唱を歌う。続いてエンツォはラウラを奪って出帆下知のため船内に入ると、ラウラは恋人との駆け落ちの冒険の許しとその成功の加護を聖母に祈願する有名なロマンツァを歌う。

そのとき仮面をしたジョコンダがラウラの前に現れるが、ラウラには相手の正体が不明である。ラウラへの嫉妬に身を焼くジョコンダがエンツォへの恋心をむき出しにすると、ラウラも受けて立ち、彼女たちの恋のさや当ては熾烈なドラマの展開を見せ、緊迫した対決の二重唱の果てに、ジョコンダが短刀でラウラを刺そうとする。

その瞬間ジョコンダは近づいてくる船影を認め、ラウラの夫がきたと叫ぶのでラウラは愕然とする。ジヨコンダはこれでラウラは破滅だと喜ぶが、彼女の母がラウラに贈ったロザリオでラウラが聖母の加護を祈ると、ラウラが彼女の母の助命に一役買ってくれたのを思い出し、仮面を外してラウラに与え、彼女の小舟でラウラを逃亡させる。エンツォがもどってくると、ジョコンダはラウラが彼との不倫を後悔して彼を捨てたと讒言する一方、ラウラの夫の乗船を彼に指摘し、彼とラウラとの逢引が裏切られたと主張して、彼に出帆を勧める。エンツォとジョコンダの激しい愛憎の二重唱に水夫たちの合唱が加わって一大アンサンブルとなり、最後は気が動転したエンツォが舟に放火して海中に飛び込み、ジョコンダは彼がラウラの名を口にするのに嫉妬して、彼との心中を願望する。

［第三幕第一場　「黄金の館」　の一室　翌日の夜］

「黄金の館」とは、十五世紀に創建されたヴェネツィアの代表的建築の傑作で、正面が金色で塗られた殿堂。オペラではアルヴィーゼ・バドエーロの館。

アルヴィーゼは妻とエンツォの密会計画に激怒し、彼女の裏切りと名誉毀損の罰として彼女の毒死の強制を決心する。彼は不貞の妻は死に値すると彼女への復讐のドラマティックなアリアを激昂しながら歌う。隣室では彼の内面風景とは対照的な賑やかな夜会が進行中である。妻が現れると、アルヴィーゼは彼女を断罪し、毒死の宣告をする。妻が夫に憐憫を懇願し、夫が妻に死の覚悟を迫る二重唱が展開される。

アルヴィーゼが隣室に用意された死の床にラウラを誘導すると、浅瀬で歌われる陽気で楽しげなセレナードが窓外から聞こえてくる。ジョコンダがひそかに侵入して隠れ、アルヴィーゼがラウラに毒薬を渡して退出すると彼女にかけ寄り、彼女が用意してきた眠り薬とラウラの毒薬とを交換する。彼女はラウラが眠り薬を服用して仮死状態になるのを見届けてから部屋を去る。もどってきたアルヴィーゼが妻の仮死を実の死とみて去ると、ジョコンダが再び現れ、恋敵のラウラを救った自己犠牲のモノローグを歌う。三人の緊迫した劇的シェーナと、窓外のセレナードの対照の妙が効果的なナンバーである。

［第三幕第二場　前場に隣接の豪華な舞踏室］

優雅な舞曲が奏され、賓客たちが「黄金の館」を称えると、アルヴィーゼは彼らに謝辞を述べ、続いてバレエ〈時の踊り〉が披露される。一日が朝、昼、夕、夜と分けられて擬人化され、それぞれのダンサーによって踊られ、最後に総員の豪華絢爛たる踊りへと高潮して終わる。

バルナバがチェーカを引っ立てて現れると鐘の音が聞こえるので、仮面をつけてひそかに紛れ込んでいたエンツォが誰の弔いの鐘だと尋ね、バルナバがラウラのだと答える。エンツォが仮面を外してサンタフィオル公爵だと正体を明かし、アルヴィーゼを領地と恋人を奪ったと糾弾するので、騒然たる事態に一変する。エンツォは愛する天使ラウラの死を聞いて悲嘆し、ジョコンダはエンツォのラウラへの熱愛を嫉妬し、バルナバは彼の悪魔的性格や悪の権化のような行動を告白し、チェーカはバルナバを憎悪し、アルヴィーゼは妻の裏切りに復讐したと歌う。これらの各人各様の独唱と、一変して修羅場と化した事態の恐怖を歌う賓客たちの合唱が一体となって、一大アンサンブルに高まり、大混乱のうちに幕となる。

［第四幕　「オルファーノ運河」ジュデッカ島の荒廃した大邸宅の玄関　翌日の夜］

暗い悲劇的な前奏曲に続いて幕が上がると、ジョコンダの仲間の二人の男が仮死状態のラウラを運んでくる。彼女は前夜来行方不明になっている母親（彼女は前夜アルヴィーゼの館からバルナバに誘拐された）の捜索を彼らに頼んでから、全曲中で最も有名なアリア〈自殺〉を歌う。ここで彼女は苛酷な運命にある彼女の唯一の友は自殺で、それが彼女を誘惑すると悲痛な心境を歌う。

続いてジョコンダはエンツォをめぐるラウラとの三角関係で微妙に揺れる複雑な心境と状況の長大な朗誦調のモノローグを歌い、オルファーノ運河で死体が上がったとのゴンドラ漕ぎの対話が外から聞こえると不吉な気がしてぞっとする。エンツォが現れる。彼は前幕フィナーレの大騒動でアルヴィーゼ配下の衛兵たちに逮捕されたが、バルナバがジョコンダの肉体を見返りに彼を釈放する。エンツォはラウラが死んでは人生は虚しく、彼女の墓で命を絶つ決心を告白すると、ジョコンダはラウラの墓は空っぽだと言って彼を当惑させる。彼は彼女がラウラへの嫉妬に狂って彼女の墓をあばいて復讐したんだと誤解し、短剣で彼女を刺そうとする。こういう二重唱の最中にラウラが意識を回復したので、ジョコンダが彼女の救命の経緯を彼に打ち明ける。

ジョコンダが彼女の仲間たちに頼んで、エンツォとラウラを安全な所へ逃がすと約束すると、彼らは彼女の彼らのための犠牲と献身を忘れないと誓う。こういう三重唱が終わると恋人たちはジョコンダが用意した小舟で遠ざかる。

愛の三角関係を処理したジョコンダの苦悶は、行方不明の母のことと、エンツォの身柄の釈放と交換にバルナバに肉体を預けたことである。バルナバがきて有頂天で彼女の肉体を求めると、彼女は短剣で身を刺し、亡骸を彼に与える。彼は彼女の母親の彼への侮辱の腹いせに彼女を運河に投げ込んだと打ち明けるが、娘はもうこの世の人ではない。彼らの二重唱の後のバルナバのモノローグで全曲の幕となる。

■解説

一八三四年にクレモナの近郊で生まれ、一八八六年にミラノで没したアミルカーレ・ポンキエッリは、ヴェルディが一八四〇年代から一八九〇年代にかけてイタリア・オペラ界の帝王として君臨していた半世紀の間の、彼以外の重要な二人の作曲家の一人。もう一人はポンキエッリの《ラ・ジョコンダ》の台本提供者で、名作オペラ《メフィストーフェレ》(一八六八、改訂版一八七五)の作曲者アッリゴ・ボーイトである。ポンキエッリは幼少時からオルガン奏者の父から音楽の手ほどきを受けた後ミラノ音楽院で学び、一八五六年に十九世紀イタリアの文豪アレッサンドロ・マンゾーニの世界的名作小説『婚約者』を題材とした同名のオペラをクレモナで初演し、デビューしたが、オペラ界からは注目されなかった。ちなみに、ヴェルディは『婚約者』の原作者マンゾーニに最大級の敬慕の念を捧げ、彼の一周忌の一八七四年五月二十二日に名曲レクイエムで彼の追悼をしたことは、音楽史上の事件でもある。

ポンキエッリはその後数曲のオペラを初演したが成功せず、彼が初めて世間の注目を浴びたのは、デビューから十六年後の一八七二年に《婚約者》の改訂版をミラノのダル・ヴェルメ劇場で上演した時だった。これは好評で迎えられ、彼は漸く遅すぎた三十八歳の新進作曲家として将来を嘱望された。続いて一八七四年には《リトゥアニア人》がイタリア・オペラの殿堂ミラノ・スカラ座で初演され、好評で更なる世間の注目を浴びた。一八七六年にはやはりスカラ座で《ラ・ジョコンダ》を初演して大成功を収め、イタリア・オペラ界で彼の名声を決定的なものにした。これはオペラ史上の名曲と言っても過言ではない。その後《放蕩息子》(一八八〇)と《マリオン・ドロル》(一八八五)を初演した。彼は寡作の人で、今日劇場のレパートリーとして定着し、常時上演されているのは《ラ・ジョコンダ》一曲だけで、全九曲の中の他の八曲は忘れられたも同然である。ただし、たとえば、《リトゥアニア人》のようにディスクで聴ける作品はある。

一八八〇年に彼は待望のミラノ音楽院教授となり、プッチーニやマスカーニなどのような優秀な作曲家を育て、一八八六年現職で急逝した。クレモナの劇場は彼の名を冠してテアトロ・アミルカーレ・ポンキエッリと呼ばれている。

《ラ・ジョコンダ》の名演を視聴するたびに、これはオペラの醍醐味の横溢した、世評よりも遙かに実力と価値のある、ヴェルディの《アイーダ》と比べてもそれほど劣らぬすごい曲だと感心する。オペラは芸術であると同時に芸能でもあるから、オペラの醍醐味とは、芸術が体験させてくれる感動と感覚美、芸能が味わわせてくれる娯楽の釣り合いのよい調和だと言ってもよい。事実、《ラ・ジョコンダ》はヴェネツィアの総督官邸前広場を埋めつくす民衆がカーニヴァルを祝って陽気で賑やかに歌い踊り、浮かれて騒ぎ回る開幕の場面から、愛するエンツォに冷たくされ、嫌悪するバルナバには執拗に付きまとわれ、盲目の母は行方不明となり、挙げ句の果てに生に絶望して自殺して果てるジョコンダの凄惨な悲劇の終幕の場面まで、感動的事件やエピソード、楽しい場面、美しく印象深い歌唱や音楽の連続で、かなり長大な曲だが退屈知らずで、舞台に耳目を釘付けにされ放しである。ドラマの主筋を展開するのは、エンツォをめぐるジョコンダとラウラの愛の三角関係とジョコンダの嫉妬、バルナバのジョコンダへの激しい愛欲であり、その過程で多くの深刻な、スリルのある、感銘深い事件やエピソードが派生して、ドラマ全体が複雑多岐な様相を見せながら、破綻なく巧みに興味深く展開されている。

六人の主要登場人物の中で、表題役のジョコンダを別として、極めて重要な役を演じ、特異な性格に造形され、非常に印象深く、興味深いのがバルナバである。彼はドラマの初めから終わりまで出没して終始ドラマの展開と重大な係わりを持ち、すべての人物の運命に深刻な影響を及ぼし、音楽上でも一番多くの印象的な独唱曲を歌って、彼の性格を雄弁に開示する。彼はヴェネツィア共和国の政治と外交の最高の執行機関「十人委員会」が国の内外に放って情報収集をさせる密偵の一人である。

バルナバはジョコンダにぞっこん惚れ込んで彼女への愛欲を剥き出しにし、網を張って彼女を封じ込めて捕り押えようとするが、彼を憎悪する彼女は彼の毒牙から必死で逃れる。追いつ追われつの男女の愛憎劇はスリルとサスペンスの情を呼び起こす。結局は、彼が彼女を捕り押えたと喜び、ほくそ笑む瞬間に、彼女はわが身を犠牲にして身をかわし、彼の餌食を免れる。

《ラ・ジョコンダ》は声楽的に充実し、名曲が多いので独唱曲の数例を列挙しよう。第一幕の終わり近くでバルナバが歌う朗誦調のモノローグ〈おお、記念碑〉は、彼の悪の特異性格の雄弁な表現で、全曲中でも白眉の歌唱である。第二幕には暮れゆく神秘的な海上でエンツォが天使のような愛人ラウラを待ちながら歌うこの上なく美しいロマンツァ〈空と海〉がある。比類のないほど感銘深い抒情歌である。現れたラウラがエンツォとの駆け落ちの許しと成功を聖母に祈願するロマンツァも名曲である。第四幕の初めには全曲中最高の名歌で、作曲者の歌唱技法の精華であり、極致であるアリア〈自殺！〉がある。

《ラ・ジョコンダ》の歌唱形式の一大特色は重唱、特に二重唱が非常に多数あり、六人の主要登場人物が多岐な組み合わせでそれらを歌い、ドラマのプロットの緊迫感に拍車をかけていることである。また、合唱が極めて多いのも特徴である。

《ラ・ジョコンダ》は四幕五場で、時間的に比較的長大であり、空間的にかなり大規模で、グランド・オペラの様相を帯び、その道具立てを備えた場面がある。第一幕は総督宮殿前の広場での民衆の大合唱で始まり、最後は陽気に浮かれ騒ぐ民衆の民族舞踊フルラーナが踊られ、彼らと教会の会衆の大合唱に独唱も加わった一大アンサンブルで賑々しく終わる。第二幕も海と船上を舞台にして大勢の水夫たちの合唱で始まり、最後は彼らと浅瀬の人びとの合唱に独唱も加わった一大アンサンブルで終わる。第三幕第二場は典型的なグランド・オペラの道具立てで、大貴族アルヴィーゼの館での豪華な大夜会と優美で、絢爛たるバレエ〈時の踊り〉の場である。〈時の踊り〉はイタリア・オペラ・バレエ屈指の名場面で、その美しく優美な音楽は、コンサートのプログラムを飾ることのある人口に膾炙した名曲である。

第一幕の舞台である、ヴェネツィアの代表的建造物サン・マルコ寺院と総督宮殿前の広場は、ヴェネツィア観光の第一の目玉場所であり、市民の憩いの場である。第三幕の舞台の「黄金の館」は十五世紀創建の豪華壮麗な、ヴェネツィア屈指の建築で、現在は美術館に使用されている。こういうヴェネツィアの代表的建築や場所が舞台であることも、《ラ・ジョコンダ》の名声とは無関係ではなかろう。

《ラ・ジョコンダ》はこれ一曲だけで、ポンキエッリの名をオペラ史に留めておくだけの実力と価値のある名曲である。

第5章 ナポリ

ジョヴァンニ・バッティスタ・ペルゴレージ　オペラ・セリア《誇り高い囚人》幕間オペラ《奥様女中》
ジョヴァンニ・パイジェッロ《セビリャの理髪師、または無駄な用心》
ルッジェーロ・レオンカヴァッロ《道化師》

◉都市の概説とオペラ小史

カンパーニア州の州都ナポリは気候温暖で、紺碧の海と明るく、青い空が広がる港町。近郊にヴェズーヴィオ火山とポンペイ遺跡、歌にも歌われているソレントとカプリ島などの風光明媚な観光資源にも恵まれた商業都市である。民謡の宝庫としても全世界で知られ、「ナポリを見て死ね」とまで人は言う。

ナポリは古代ギリシャの植民都市として始まり、ネアポリス（新都市）となった。これがナポリという地名の由来である。紀元前四世紀には古代ローマの支配下に組み込まれ、海上交易の拠点として繁栄した。

その後イタリアへ侵入したゲルマン民族のロンバルト人に支配されたが、七六三年にナポリ公国として独立し、一一三九年にノルマン人の統治下に置かれるまで約四世紀間独立ナポリ公国の首都だったが、それからノルマン人が統治するシチリア王国に併合された。しかし、それは長続きせず、一二六九年にナポリはドイツのホーエンシュタウフェン王朝の支配下に置かれ、続いてフランスのアンジュー家、一四二二年にはスペインのアラゴン王国の統治下にあった。約三世紀のアラゴン王国の支配の後、一七三四年にナポリはフランスのブルボン王朝に支配され、最後にイタリア王国に統一された。このようにナポリの長い歴史の大部分は外国勢力の支配と統治の繰り返しだった。スペイン統治下の一六四七年に、漁民マザニエッロが率いる民衆の反乱が起こり、有名なフランスのオペラ作曲家フランソワ・オベールの《ポルティチの唖娘》（一八二八）の題材にもなっている著名な歴史的事件である。オペラは初演以来十九世紀まで長期間好評で迎えられたが、二十世紀になるとそれほど頻繁には上演されなくなった。しかし、今聴いても好ましい佳曲である。歌えない人物が主役の一人だというのが、このオペラの珍しい一特徴である。

ナポリは貿易港、商業と観光で南部イタリアの中心都市だが、産業の発達の遅れ、大土地所有制度、犯罪の多発など、抱えている問題が多い。

＊

十六世紀のナポリで四校の音楽院が創立されたが、創立当初は音楽教育よりも貧窮児の救済機関だった。当時のナポリはスペインの支配下にあり、下層民の生活は惨憺たるものだった。これらの音楽院は捨て子や孤児に宿舎と食事を提供し、教育する目的で設立された。十七世紀になると、事実上は孤児院だった機関が文字通り音楽院に発展し、孤児以外の一般児童の入学を可能にした。音楽院はカストラート養成の中心となり、十七世紀中葉からカストラートはオペラの舞台に登場し、十八世紀のナポリ派時代はカストラートの全盛時代だった。カストラートはもてはやされ、名士となり、資産家となった。音楽院の教育の充実と共に勝れた作曲家や歌手が輩出し、十八世紀のナポリは、作曲でも上演でも、世界最大のオペラの中心都市だった。ナポリ派オペラ隆盛の原動力だった四校の音楽院は、一七九七年に統合されて王立音楽院となった。

十七世紀のちょうど中葉にヴェネツィアの巡演一座が王宮劇場で上演したのが、ナポリのオペラ上演の端緒である。一六五四年にサンバルトロメオ劇場がオペラ上演を開始し、当初はヴェネツィア派の作品を上演していたが、やがて新興のナポリ派オペラを盛んに上演するようになった。十八世紀になると、フィオレンティーニ劇場、パーチェ劇場、ヌオーヴォ劇場、フォンド劇場（後にメルカダンテ劇場と改称）が開場した。

一七三七年にイタリア・オペラの代表的殿堂の一つであり、ナポリ派オペラ黄金時代の拠点となったサン・カルロ劇場が開場した。オペラの初演や上演、劇場の風格や特徴、すべての点で栄光と名声に輝いている劇場である。

オペラ史上の楽派でナポリ派ほど多くの作曲家が輩出し、膨大な作品が書かれた楽派はない。しかし、当時の作品はシーズン限りの使い捨て作品で、膨大なナポリ派オペラの作品で今日まで生き残っている曲はほんの一握りにすぎない。更に今日劇場で上演されている作品となると、わずか数曲にすぎない。

ナポリ派オペラで、筆者が劇場やディスクで聴いたことのある作曲家の作品だけを列挙しておこう。

アレッサンドロ・スカルラッティ（一六六〇—一七二五）《レズビーナとアドルフォ》（?）、《グリゼルダ》（一七二一）
ドメニコ・スカルラッティ（一六八五—一七五七）《ラ・ディリンディーナ》（?）
ニコラ・アントーニオ・ポルポラ（一六八六—一七六八）《ナッソのアリアンナ》（一七三三）
レオナルド・ヴィンチ（一六九〇—一七三〇）《ガレー船の恋人たち》（一七二二）
レオナルド・レーオ（一六九四—一七四四）《愛は苦悩》（一七三九）
ヨハン・アドルフ・ハッセ（一六九九—一七八三ドイツ人）《クレオフィーデ》（一七三一）、《ピラモとティスベ》（一七六八）、《抜け目のない女中》（?）
ジョヴァンニ・バッティスタ・ペルゴレージ（一七一〇—三六）《恋に落ちた修道士》（一七三二）、《誇り高い囚人》とその幕間オペラ《奥様女中》（一七三三）、《シリアのアドリアーノ》とその幕間オペラ《リヴィエッタとトラコッロ》（一七三四）、《オリンピアーデ》（一七三五）、《フラミニオ》（一七三五）、《音楽の先生》（?）
ニッコロ・ヨンメッリ（一七一四—七四）《捨てられたディドーネ》（一七四七）
トンマーゾ・トラエッタ（一七二七—七九）《アントーナのブオーヴォ》（一七五九）、《イッポリートとアリチーア》（一七六〇）、《アンティゴーネ》（一七七二）
ニッコロ・ピッチンニ（一七二八—一八〇〇）《ラ・チェッキーナ、または良い娘》（一七六〇）、《漁師の娘》（一七六六）、《アメリカ人》（一七七二）
ジョヴァンニ・パイジェッロ（一七四〇—一八一六）《ラ・マンチャのドン・キショッテ》（一七六九）、

《だまされた人―月の世界》（一七七四）、《フェードラ》（一七七八）、《女中奥様》（一七八一）、《セビリャの理髪師、または無駄な用心》（一七八二）、《水車小屋の娘》（一七八八）、《ニーナ、または恋狂い》（一七八九）

ドメニコ・チマローザ（一七四九―一八〇一）《パリの画家》（一七八一）、《ロッカ・アッツッラの二人の男爵》（一七八三）、《だまされた狂信者》（一七八七）、《秘密の結婚》（一七九二）、《女の手管》（一七九四）、《オラーツィ家とクリアーツィ家》（一七九六）、《ジャンニーナとベルナルドーネ》（？）

ナポリ派以後十九、二十世紀に、サン・カルロ劇場や他の劇場で多数のオペラが初演された。それらの中で知名で、今日劇場で上演されることのある作品を列挙しておこう。

ジーモン・マイアー（イタリア名シモーネ・マイール）《コリントのメデーア》（一八一三）

ジョアッキーノ・ロッシーニ《イギリスの女王エリザベッタ》（一八一五）、《オテッロ》（一八一六）、《アルミーダ》（一八一七）、《湖上の美人》（一八一九）

ガエターノ・ドニゼッティ《劇場の都合と不都合》（一八二七）、《マリーア・ストゥアルダ》（一八三四）、《ランメルモールのルチーア》（一八三五）、《ロベルト・デヴリュー》（一八三七）、《カテリーナ・コルナーロ》（一八四四）

ジュゼッペ・ヴェルディ《ルイザ・ミラー》（一八四九）

こうして列挙してみて気づくことは、オペラ史上の代表的名作でもナポリ初演の曲が極度に少ないことである。サン・カルロ劇場はミラノ・スカラ座、ヴェネツィア・フェニーチェ劇場と共にイタリア三大歌劇場と呼ばれることがあるが、名曲初演の栄誉と名声では他の二劇場に大きく及ばない。

◉作品紹介

ジョヴァンニ・バッティスタ・ペルゴレージ
オペラ・セリア《誇り高い囚人》三幕
幕間オペラ《奥様女中》二部

――オペラ・セリアとその幕間オペラから成る代表的作品

《誇り高い囚人》

■**台本**　ジェンナーロ・アントーニオ・フェデリーコ　イタリア語
■**初演**　一七三三年八月二十八日　ナポリのサン・バルトロメオ劇場
■**登場人物**
メタルチェ　ゴート族の王……アルト
エリクレーア　ノルウェー前王クレアルコの娘……ソプラノ
ヴィリダーテ　デンマークの王子……ソプラノ
ソストラーテ　ノルウェー王……テノール
ミチスーダ　エリクレーアを愛するボヘミアの王子……ソプラノ
ロスメーネ　ソストラーテの娘……アルト
■**録音ディスクと演奏時間**　CDの一例　BONGIOVANNI　GB2221-2　二枚組　海外盤　約二時間三

十分（幕間オペラ《奥様女中》もこのディスクに含まれており、演奏時間は両オペラの合計）。

■すじがき

［序曲］

［第一幕　飾りつけが施された広場］

ゴート族の王メタルチェの戦勝祝賀のために、陽気な音楽に乗ってゴート人やノルウェー人の部族が登場し、ムーア人が踊ったり、トルコの楽器を演奏している。ノルウェー王ソストラーテが鎖に繋がれて四人の奴隷に付き添われ、その後からメタルチェが婚約者エリクレーアを伴って立派な車で登場し、ヴィリダーテとミチスーダも同乗している。踊りが終わると四人が車から降り、ドラマが始まる。

陽光が燦々と降りそそいで、戦勝の日を祝福してくれるようにと人びとが合唱し、エリクレーアはメタルチェの妻となり、ノルウェー王妃となる喜びで胸を悸《とき》めかす。デンマークの王子ヴィリダーテが戦功の報償としてロスメーネとの結婚を申し出ると、メタルチェは快諾するが、敗戦で捕囚の身のソストラーテはこれに憤慨して、彼の栄光、力、勇気を誇り、メタルチェを卑劣な簒奪者だと弾劾する。

メタルチェがロスメーネに大事な用事があると伝えるようにミチスーダに命じると、側にいたエリクレーアは場を外すが、不吉な予感にとらわれる。メタルチェは歓喜の日に測り知れない不安と苦悩を歌う。ロスメーネが父と彼女の不運を嘆いていると、ヴィリダーテがきて彼女に愛を告白するが、彼女は彼を愛するどころか彼を憎んでいる。彼が戦いでは敵側に回ったが彼女の美貌にいつも感銘していたとたたみかけると、父、王国、自由を奪われた彼女は激怒し、彼に退去を迫るが、彼は彼女の憤怒に値する裏切り行為をしたとはいえ、彼女を崇拝していると断言する。彼女は以前は彼を愛するのは喜びだったが今は彼を憎むのが義務だと嘆き、神々の残酷な仕打ちを悲しみ歌う。メタルチェがきて悲嘆に暮れるロスメーネの顔を見る。

エリクレーアが現れ、メタルチェがロスメーネと二人でいるのに気づく。メタルチェはロスメーネに美貌を涙で汚さないよう注意し、悲嘆を和らげてあげることができると助言するので、エリクレーアは彼が裏切り者だと思う。しかし、ロスメーネはメタルチェにもエリクレーアにも敵対的態度を見せ、彼らを殺すか自分が死ぬ以外には怒りも悲しみも納まらないと断言する。

エリクレーアはメタルチェに彼女を嘲笑させておいていいのかと自問し、メタルチェとロスメーネの破滅のために彼を利用することにする。ミチスーダの愛は彼女には侮辱的なものであり、彼には悲運なものであったが、メタルチェが変心してロスメーネを愛していることがわかった以上、彼女は彼に復讐しなければならない。彼女はミチスーダが彼女のメタルチェへの復讐の力になってくれれば、彼は彼女との愛の復活の希望が持てると彼を誘い込む。彼は彼女の意向に従うことにする。彼女はメタルチェが彼女を欺き、彼女の愛を嘲笑した不実に憤慨し、彼への復讐の決意を再度固める。

［第二幕］

ヴィリダーテは戦いでメタルチェに加勢したのに、彼が愛しているロスメーネをメタルチェが彼から奪おうとしているのを詰《なじ》り、剣にかけても断乎彼女を手放さない覚悟でいる。メタルチェがロスメーネは戦勝の王のものだと断言して二人で言い争っていると、ロスメーネが現れて彼らを仲裁する。ヴィリダーテは命を賭けてもロスメーネをデンマーク王妃にする決意である。

メタルチェは捕囚のソストラーテとの友好を求めるが、ソストラーテは誇りと威厳をもってそれを拒否し、退去しようとすると、メタルチェは彼を制止し、彼とロスメーネとの結婚と引き換えに彼を王座に復帰させるが、彼がそれを拒めば殺すと威嚇する。ソストラーテは娘のロスメーネを呼び寄せ、彼女に父への従順と忠実を誓わせてから彼女にメタルチェの要求を伝え、彼女にそれを拒否するように命じる。メタルチェがソストラーテの死を宣告すると、居合わせたヴィリダーテがソストラーテを守るために剣を手にするので、メタルチェは二人に残忍な拷問を加えた上で死刑にすると宣言する。ソストラーテは敵であったヴィリダーテが彼の娘への愛から彼の味方になったことに心を打たれ、彼らの結婚を承諾する。兵士たちが拷問のためにソストラーテとヴィリダーテを連行しにくると、ソストラーテとロスメーネの父娘は悲痛な告別を交わす。

メタルチェはヴィリダーテの目を刳り抜き、ソストラーテの舌を引き抜くように命じると、ロスメーネはそれらを止めるように涙ながらに懇願する。メタルチェは彼女の涙で怒りをいくぶん和らげ、復讐の生贄を一人にしぼり、彼女に二者択一をさせ、その名前を記すよう命じ、彼女がそれを拒めば二人を殺すと脅す。彼女は苦悶の選択のあげくヴィリダーテと書くが、メタルチェが退出すると、彼女の行為の重大さに愕然とし、後悔と苦悩で心が押し潰される。

［第三幕］

ヴィリダーテが牢獄で鎖に繋がれている。ミチスーダが彼に紙片を届け、ヴィリダーテはそこに彼の死が書かれたロスメーネの筆跡を認める。ソストラーテは彼の娘を無慈悲だと思い、ミチスーダはエリクレーアと彼がメタルチェを打倒する決意を語る。ロスメーネが現れると、ソストラーテは彼の娘の卑劣を詰《なじ》り、ヴィリダーテは彼女の裏切りを責める。ロスメーネは事の釈明をしようとするが、彼女がメタルチェのものになったと信じているソストラーテとヴィリダーテは、地獄にも彼女以上の悪者はいないと言って、彼女を追っ払おうとする。

メタルチェはロスメーネの怒りを解き、彼女との結婚を望むが彼女は彼の死を望む。ミチスーダが現れ、人びとがメタルチェを殺せと叫んでいると彼に告げる。メタルチェがミチスーダを軍の指揮官に任命すると、ミチスーダは彼を裏切り逃亡する。メタルチェは恐怖に取りつかれ、わけのわからぬひどい苦悩を感じる。

ノルウェー軍とゴート族軍との戦闘が展開され、ソストラーテがメタルチェに飛びかかって彼の胸に剣を押しつける。メタルチェは敗北し、囚われの身となる。

人びとは和平を談じ合い、全員平和の喜びを合唱して幕となる。

《奥様女中》

■台本　ジェンナーロ・アントーニオ・フェデリーコ　イタリア語

■初演　一七三三年八月二十八日　ナポリのサン・バルトロメオ劇場

■登場人物

ウベルト　裕福な老人……バス

ヴェスポーネ　ウベルトの下男……黙役

セルピーナ　ウベルトの女中……ソプラノ

■**録音ディスクと演奏時間**　ＣＤの一例　BONGIOVANNI　GB2221-2　二枚組　海外盤　約二時間三十分（オペラ・セリア《誇り高い囚人》もこのディスクに収録されており、演奏時間は両オペラの合計）。ＶＨＳテープ　OPD-115　約四十五分。

■**すじがき**

［第一部　ウベルトの部屋］

もう昼近くだというのに、待てど暮らせど女中のセルピーナがチョコレートの一杯も持ってこないので、ウベルトはしびれを切らして、頭にきている。これも彼女を甘やかしているせいかなあと思いながら、下男のヴェスポーネに催促させる。その間も、彼はセルピーナを可愛がり、育ててやったのに、彼女は思い上がりもいいとこで、奥様気取りだと愚痴たらたらである。

一方、セルピーナはヴェスポーネが催促にきたことに業を煮やし、彼に平手打ちを一発食らわせる。ウベルトがこれを見て唖然とし、女中を窘《たしな》めると、彼女は下男に礼儀作法の仕込みをしただけだとしゃあしゃあしたもので、自分の怠慢を棚に上げて、もう昼食時間だからチョコレートの支度はできないと言い張る。彼が彼女の横柄な態度に呆れ果て、おまえのようにわしに盾ついてばかりいると、今に泣くことになるぞと脅しのアリアを歌うと、彼女は彼の世話を精一杯しているのに何の報いもないと不満がる。

ウベルトは口うるさいセルピーナに閉口し、外出しようとするが、彼女が彼の外出に干渉するので、彼が腹を立てると、彼女は彼が彼女の言葉におとなしく従うようにとアリアを歌う。ウベルトはとうとう癇癪を起こし、こんな不埒な女中の尻に敷かれているよりは、どんな悪女とでも結婚した方がましだと言って、下男に結婚相手を見つけてきてくれと頼む。

セルピーナは事が彼女の魂胆どおり首尾よく運んでいるのにほくそ笑み、彼女と結婚するよう彼に持ちかける。彼が彼女の厚かましさに呆れ返ると、彼女は外の女と結婚してはいけないと高飛車に彼に宣言して、彼の腹の中を見すかして、彼は口では彼女との結婚を拒否しても、彼の目はそれに賛成していると自信満々である。彼女の増長ぶりが頭にきた彼は、口も目も彼女との結婚を断乎拒絶しているとやり返す。すると、彼女は彼女の愛らしさ、気転のよさ、しとやかさ、生きのよさ、気品の高さのような魅力を彼に訴え始め、彼が彼女の罠にかかりそうな気配を感じる。彼もその危険に気づいて、彼女を厄介払いしようとするが、彼女は飽くまでも彼女との結婚を彼に勧める。この二重唱で第一部が終わる。

［第二部　ウベルトの部屋］

セルピーナはヴェスポーネを買収して彼を結婚相手に仕立て、結婚芝居を演ずることにし、彼を軍人に変装させて、別の部屋に待機させる。ウベルトがまだ彼女の厚かましい彼との結婚要求に憤慨していると、彼女は意外にも手の平を返したように、彼以外の結婚相手を見つけたと言い出す。相手は気紛れで、怒りっぽく、粗暴な軍人だと彼女は彼の悪口を言い、これまでのウベルトの行為に感謝し、彼の今後の幸せを祈り、彼に別れを告げる。彼女は彼が彼女のことを不憫だと感じているような気がして、セルピーナのことを思い出してね、と彼にアリアを歌う。彼はおまえのことは忘れないよ、と答える。

セルピーナは結婚相手をウベルトに紹介するためにヴェスポーネを呼びに行く。ウベルトは彼女の相手が、彼女が言っていたとおりの男だったら、彼女はかわいそうだと思う。彼の心は女中との結婚の世間体の悪さと、育ててやった彼女への愛しい気持の葛藤で混乱する。彼女のことで心にもやもやしたものが起こり、愛情か同情かの区別はできないが、何となく彼女に心を引かれる気がする、と彼はアリアを歌う。セルピーナが婚約者と称する軍人と共にウベルトの前に現れる。軍人が嵐中隊長の呼び名にふさわしく嵐のような顔をしているのを見て、ウベルトはセルピーナがこんな粗暴な男に抱かれると思うと、彼女を不憫だと感じる。彼女が、婚約者はウベルトから持参金をもらってこいと彼女に言っていると話すと、ウベルトがそれを渋るので、婚約者は怒る振りをする。彼女が四千スクーディを要求し、婚約者が今度は刀の柄に手をかけるので、ウベルトは怖くなり、彼女に男とは正式に婚約しているのかと尋ねると、彼女は曖昧な返事をする。すると今度は、彼女はウベルトに、ヴェスポーネは彼が彼女に四千スクーディを与えるか、それとも彼が彼女と結婚するかだと言っていると話す。それを裏書きするかのように、ヴェスポーネはウベルトを威嚇する振りをする。

ウベルトはとうとうこれも運命だと観念し、セルピーナとの結婚を約束する。ここでヴェスポーネは軍人の仮装を解いて彼の正体を現す。ウベルトは二人の使用人の結託した罠にかかったのに気づくが、後の祭りである。女中が奥様になってセルピーナは得意満面だが、ウベルトも満更ではなさそうである。二人は相手の胸の高鳴りに耳を傾け合いながら、愛の二重唱を歌って幕となる。

幕間オペラ（インテルメッツォ）

ここで幕間オペラと呼ぶものは、イタリアのオペラ・セリアの幕間で上演される喜劇的な短篇オペラ、言い換えれば幕間短篇オペラ・ブッファのことである。これは十七世紀末にヴェネツィアやナポリで始まり、十八世紀に盛んになった。通常二人から四人くらいの喜劇的人物が登場して滑稽なドラマを演じて笑わせ、楽しませる二部構成のものが定型である。三幕構成のオペラ・セリアの二つの幕間に二部構成の短篇オペラ・ブッファが上演されて楽しむという趣向である。

十七世紀のローマ派やヴェネツィア派のオペラでは滑稽な人物が笑いの場面を作って楽しませるしきたりがあった。モンテヴェルディの晩年の二大傑作《ウリッセの故国への帰還》と《ポッペアの戴冠》は、そういう人物や場面を含んでいる周知の代表例である。

オペラの台本作りの大家ゼーノやメタスタージオの台本の刷新と改革によってオペラから喜劇的な、滑稽な人物や場面が排除されてオペラ・セリアの規準や定形が確立され、定着するにつれて、既存の喜劇的オペラや幕間オペラ作りも盛んになり、オペラ・セリアとオペラ・ブッファの並立時代となり、やがてオペラ・セリアが飽きられて、オペラ・ブッファの人気の高揚と隆盛の時代が到来した。

十八世紀前半に作曲され、上演された幕間オペラの数は多かったと思われるが、バロック・オペラ復活気運の高まりつつある今日でも、劇場ではもちろんのこと、ディスクでも聴くことができる幕間オペラの数は、ごく微々たるものである。筆者がこれまでに聴いたものを年代順に列挙すると、ドメニコ・スカルラッティの《ディリンディーナ》、ペルゴレージの《奥様女中》と《リヴィエッタとトラコッロ》、パイジエッロの《奥様女中》の四曲だけである。ペルゴレージとパイジエッロの二曲の《奥様女中》は同一の台本であるが、前者が余りにも有名すぎて、後者はその陰に隠れている。

ジョヴァンニ・バッティスタ・ペルゴレージは一七一〇年にイエージで生まれ、一七三六年に二十六歳でナポリ郊外で夭折したナポリ派前期の天才的作曲家。早熟な彼は早くから生地で音楽教育を受け、ヴァイオリン奏法を学んだ後、孤児教育機関であるナポリのポーヴェリ・ディ・ジェズ・クリスト音楽院に一時在籍した(彼は孤児ではなかった)。その後有名なガエターノ・グレコ、レオナルド・ヴィンチ、フランチェスコ・ドゥランテに師事し、一七三二年に処女作オペラ《サルスティア》をナポリで初演したが、不評だった。《妹に恋した兄》(一七三二)は好評で迎えられた成功作である。これは全体的に見るとオペラ・セリアに分類すべきだと思われるが、喜劇的人物や滑稽人物も登場し、オペラ・ブッファの要素もかなり濃厚な、おもしろく、楽しい名作である。ここで扱うオペラ・セリア《誇り高い囚人》とその幕間オペラ《奥様女中》に続いて、オペラ・セリア《シリアのアドリアーノ》とその幕間オペラ《リヴィエッタとトラコッロ》(一七三四)が初演された。本体のオペラ・セリアもディスクでは復活して聴けるが、《リヴィエッタとトラコッロ》の方が人気が高い。《オリンピアーデ》(一七三五)はメタスタージオの台本によるオペラ・セリアであり、彼の最後のオペラはオペラ・ブッファの《フラミーニオ》(一七三六)で、これはすばらしく人気のある名曲であり、彼の代表作の一曲である。

ペルゴレージは夭折したためにオペラ作曲期間は数年間にすぎず、作品数も少ないが、ナポリ派前期の最も重要な作曲家である。彼がオペラ・ブッファの発展の上で果たした役割は決定的に重要である。少なくともディスクでは、彼のオペラのほとんどの曲が復活したことは、彼がオペラ史上重要な作曲家であることの一つの証である。

ペルゴレージにはオペラの他にかなり多くの器楽曲や声楽曲があり、とりわけスタバート・マーテル

（一七三六）は名曲の誉れが高い。

ペルゴレージの名を聞いて音楽愛好家が真っ先に思い浮かべる彼の曲は《奥様女中》とスタバート・マーテルの二曲だろう。二曲の名声は実に広範に浸透し、轟き渡っている。《奥様女中》は初演当初はオペラ・セリア《誇り高い囚人》の幕間オペラとして上演されたが、やがて本体の《誇り高い囚人》から分離されて独り歩きし出し、そのうちに本体のオペラ・セリアの方は没却の憂き目に会った。《誇り高い囚人》の音楽の節々にはきらっと輝くところや魅力的なところが感得されるが、ドラマの面ではこれはそれほど深い感興と感銘を与えるオペラではなく、名作の多いペルゴレージの作品では目立たない曲だから、没却の運命を見たのは自然の成り行きである。筆者がここで使用しているディスクは初演時と同じように《誇り高い囚人》と《奥様女中》が抱き合わせで、次のように編集されている。

《誇り高い囚人》第一幕
《奥様女中》第一部
《誇り高い囚人》第二幕
《奥様女中》第二部
《誇り高い囚人》第三幕

幕間オペラ《奥様女中》は十八世紀前半のオペラの中では抜群に人気が高く、名曲には違いないが、人気が先行しすぎている感じさえする。

婚期の過ぎた裕福なウベルトと彼が手塩にかけて育ててきた娘盛りの女中セルピーナとは心の底では惹かれ合っている仲だが、身分社会の時代のことで、上流階級のウベルトが女中風情のセルピーナと結婚するのは彼の自負心を傷つけ、世間体も悪い。一方、セルピーナにとっては結婚の成否は死活にかかわる重大問題である。女中は職業柄そういうふうになるのか、知恵が回り、機転が利き、機知が働く傾向がある。二十年後に初演されたガルッピの《田舎の哲学者》に登場する女中レズビーナがその代表例で、彼女は仕える家の結婚をめぐるごたごたを丸く納めた上で、彼女自身も金持の人格者と結婚する。

セルピーナは磨いた知恵と持ち前の機知気転を総動員してウベルトを攻撃し、彼女の愛らしさと魅力には彼の自負心や世間体も抵抗できず、彼女は玉の輿に乗る。

主従の立場が転倒し、セルピーナがウベルトとの結婚の魂胆と謀略を抱いて終始駆け引きの主導権を握り、心憎いばかりの自信に満ちた、機知に富んだ言葉を使い、彼の心を惹くための魅力を演出し、演技しながら彼を彼女の目的地へ誘導する。一方、彼は世間体と自尊心、彼女への愛しさと同情、彼女を失う不安などの複雑な心理的葛藤に揺れ、悩み、彼女と有効に戦えず、彼女にやり込められる一方である。こういうドラマが時にしんみりした歌も交えながら滑稽とユーモアのある歌でスピーディに展開され、とてもおもしろく、痛快である。登場人物は三人だが、下男のヴェスポーネは黙役なので、歌は独唱（アリア）と二重唱、それにレチタティーヴォである。

伴奏音楽はドラマや歌唱とうまく釣り合い融け合って、軽快で生気に満ち、曲の楽しさとおもしろさを充実させている。

ちなみに、前項で言及したパイジェッロの同じ台本による《奥様女中》は、ペルゴレージの曲と聴き比べてみると、全体的にみていささか精彩に乏しく、地味な印象を受ける。こういうところが人気の大きな差の原因かも知れない。

ペルゴレージの《奥様女中》にはこれにまつわる、パリで起こった「ブフォン論争」という有名な事件の付録がある。これはイタリアの喜劇一座が一七五二年にパリで上演した《奥様女中》などが火種となって起こった事件である。イタリア・オペラと音楽支持派とフランス・オペラと音楽支持派の間で戦われ、フランスの宮廷までも巻き込んだ大規模な論争で、文学などの領域にまで波及した。

ジョヴァンニ・パイジェッロ《セビリャの理髪師、または無駄な用心》四幕

――ナポリ派による《セビリャの理髪師》の元祖オペラ

■**原作**　ボーマルシェの同名の喜劇（一七七五）

■**台本**　ジュゼッペ・ペトロセッリーニ　イタリア語

■**初演**　一七八二年九月二十六日　サンクト・ペテルブルクの宮廷劇場

■**ドラマの時と所**　十八世紀のセビリャ

■**登場人物**

アルマヴィーヴァ伯爵　ロジーナを恋する貴族……テノール

フィガロ　理髪師……バリトン

ロジーナ　バルトロの被後見娘……ソプラノ

バルトロ　医師でロジーナの後見人……バス

スヴェリアート　バルトロの若い召使い……バリトン
ジョヴィネット　バルトロの老召使い……テノール
ドン・バジーリオ　ロジーナの音楽教師……バリトン
公証人……バリトン
裁判官……テノール

■録音ディスクと演奏時間

CDの一例　フンガロトン　HCD167-8　二枚組　約二時間二分。

■すじがき

［序曲］

［第一幕　バルトロの家の前の路上］

アルマヴィーヴァ伯爵が黒色の外套を着、帽子を目深に被って、惚れている美女ロジーナの部屋の窓辺に忍び寄ると、フィガロがギターを背負い、陽気に歌いながら現れ、二人はすぐに旧知だと認め合い、伯爵はロジーナに近づくために才気縦横の利口者フィガロの利用を思いつき、仮装の彼のことをフィガロにリンドーロと呼ばせる。二人の二重唱に続いて、フィガロが伯爵家での奉公後スペイン遍歴の苦労の末、今はセビリヤで貧乏床屋稼業だと威勢よくアリアを歌う。陽気が彼の人生哲学である。

ロジーナが窓辺にくるとバルトロが彼女に近づき、彼女の手中の紙切れを怪しむので、彼女はそれを音楽の先生がくれた〈無用の用心〉というオペラの中のアリアだと言い逃れ、それを路上に落とす。バルトロは紙切れを捜しに行くが見つからず、腹を立てて家に入り、彼女の部屋のシャッターを下ろす。紙切れにはオペラのアリアではなく、伯爵の氏名や身分を教えてほしいと書かれている。フィガロが伯爵に、嫉妬深くけちで、彼女と結婚したがっている医者が彼女の後見人だと教える。伯爵はフィガロの入れ知恵で連隊長の仮装をし、酔っ払いの振りをしてバルトロの家へ入り込むことにする。バルトロは明日こっそりとロジーナと結婚する手配をバジーリオにさせようと独語しながら外出する。伯爵はこれを耳にして気を揉み、ロジーナの窓辺で「私は地位も富もないリンドーロ」とカヴァティーナを歌う。彼女が彼の歌に応じようとすると窓が大きな音を立てて締まる。フィガロは伯爵とロジーナとの結婚の助太刀を誓って彼の家へ金貨を持ってくるよう伝え、伯爵は彼に金はたっぷりやると約束して、彼らは二重唱を歌う。

［第二幕　ロジーナの部屋］

ロジーナがリンドーロあての手紙を書いているとフィガロが現れ、リンドーロは彼女に夢中だと伝え、彼女は彼にリンドーロへの手紙を託す。そこへバルトロがくるのでフィガロは隠れ、ロジーナは出て行く。バルトロは召使いたちに彼の留守中の出来事を尋ねるが要領を得ず、滑稽な三重唱が展開される。バルトロが怒って彼らを追い出すと、音楽教師バジーリオがきて、アルマヴィーヴァ伯爵が変装してロジーナを捜しにきていると告げる。バルトロが伯爵撃退法を尋ねると、バジーリオは「中傷」の手を勧め、有名なアリアを歌う。バルトロは早速ロジーナと結婚するのに必要な手配をバジーリオに依頼し、彼に金を渡す。フィガロがそれを立ち聞きし、伯爵に知らせに行こうとしているとロジーナが現れるので、彼は彼女にもバルトロの企みを警告して退去する。バルトロが帰宅し、ロジーナの手にインクの跡を認めて、彼女が手紙を書いたと怪しむので、彼女は指を火傷してインクを塗ったと言い逃れる。彼が六枚ある紙が五枚になっていると追い撃ちをかけると、彼女はフィガロの娘にあげる菓子袋を作ったと言いわけする。更に彼がペンが使われたばかりだと彼女に肉薄すると、彼女はペンで花を描いたと言い抜けする。彼は皮肉なアリアで、彼女の言葉は信用できん、次の外出時には固く施錠すると歌う。

軍服姿の伯爵が酔っ払いの振りをして闖入し、ロジーナにリンドーロだと囁き、こっそり彼女に手紙を見せるが、バルトロに見咎められてポケットに仕舞い込み、代りに軍隊への宿舎提供命令書を彼に押しつけると、今度はバルトロが宿泊免除証を見せると言い返す。ロジーナは軍服姿の男をリンドーロと認め、彼が彼女のハンカチに手紙を落とすと、彼女はそれをポケットに仕舞い込む。バルトロは二人の企みごとをあばいてやると息巻き、伯爵は退場し、三重唱が終わる。バルトロがロジーナにポケットの中の手紙を見せよと強要すると、彼女はいとこからの手紙だからとそれを拒絶し、気絶の振りをする。その間に彼が手紙を取り出してみると、本当にいとこからの手紙である。彼女は手紙を取り代えておいたのである。彼が非を認め、謝罪して退出すると、彼女は純情な娘心に平安あれとの祈りのカヴァティーナを歌う。

［第三幕　ロジーナの部屋］

バルトロ宅へ伯爵が神学生姿で現れ、二人の男は滑稽なご気嫌伺いの二重唱を繰り返す。伯爵はアロンゾと名乗り、病気のバジーリオの代理でロジーナの音楽レッスンにきたと告げる。バルトロが怪しむと、彼はロジーナの伯爵（リンドーロ）あての手紙を持参したと言うので、バルトロはありがたがる。更に彼はバジーリオがバルトロとロジーナの結婚手続き中だと告げ、彼女がそれに反対したらこの手紙を彼女に突きつけるよう勧める。ロジーナは初めは代理先生のレッスンは受けないと言い張るが、彼の正体をリンドーロと見破り、レッスンを受け、先生の伴奏で〈無用の用心〉のアリアを歌う。バルトロは二人の挙動を見張るためにうとうとしながら彼女の歌を聞いているが今様のアリアが気に入らず、覚えている昔のセギリーディアを歌う。

フィガロがバルトロの髭剃りにくるが、バルトロはレッスン中の師弟のことが気がかりで明日にしてくれと頼むと、フィガロは明日は多忙だと断る。そこへバジーリオが現れ、彼の代理教師のことを聞いて驚き、一方、伯爵、ロジーナ、フィガロは慌てふためく。勢揃いした五人の主役は、降って湧いたこの窮境で各人の立場を切り抜ける五重唱を歌う。その間に伯爵はこっそりバジーリオに金貨を握らせ、バジーリオは病人だと騒ぎ立てられ、金の鼻薬が利いて退散する。伯爵は夜半にフィガロときて、彼女を連れ出して彼女に耳打ちし、フィガロはバルトロの髭剃りに取りかかり、バルトロは伯爵とロジーナの関係を不審がり怒り出す。他の三人はそういうバルトロを狂人だと騒ぎ立て、混乱の中で幕が終わる。

幕間に当時のオペラのしきたりの「嵐の音楽」が演奏される。

[第四幕　ロジーナの部屋]

バジーリオが代理先生を知らないのでバルトロが不審がると、バジーリオはそれは伯爵自身かも知れないと思う。バルトロは今夜のうちにもロジーナと結婚したがり、バジーリオに公証人を呼びに行かせる。彼はロジーナの伯爵（リンドーロ）あての手紙を利用して、リンドーロの正体が伯爵だとは知らないロジーナに彼女の恋人の不実を知らせる。彼女は憤慨し、その腹いせにバルトロとの結婚を承諾し、伯爵とフィガロが盗み出した鍵を使って今夜ここへくることも打ち明け、すすり泣く。バルトロが出て行くと、伯爵とフィガロが梯子を使って窓から入ってきて、伯爵はロジーナの前に跪くが、彼女は彼を卑劣な裏切り者だと詰《なじ》り、手紙を見せる。ここで彼はリンドーロではなく伯爵だと正体を明かし、彼女を六か月間捜していたと告白すると、彼女は彼の腕の中に倒れ込み、二人は永遠の愛を誓い合う。

フィガロが梯子が取り外されていて、逃げ出す道がなくて困惑していると、バジーリオが公証人を連れてくる。恋人同士は結婚契約書に署名し、伯爵は金貨の詰った財布でバジーリオを買収し、彼に証人の署名をさせてしまう。伯爵とロジーナが彼らはすでに夫婦だと宣言し、愛の神の所行にはどんなに用心しても無益だと断言するので、バルトロはもはや手の打ちようがなく、万事休して諦らめ、全曲の幕となる。

■**解説**

ジョヴァンニ・パイジェッロは一七四〇年に南イタリアのターラント郊外で生まれ、一八一八年にナポリで没した、後期ナポリ派で最高の人気と成功を誇った作曲家の一人。ナポリのサン・オノフリオ音楽院に一七五四―六三年まで学生および助手として在籍し、楽才に恵まれた彼は、早くも一七六四年にオペラ・ブッファ《おしゃべりな男》をボローニャで初演してオペラ界にデビューし、好評で迎えられた。続いて、南イタリア出身の彼が北イタリアの諸都市で矢継早に数曲のオペラ・ブッファで成功し、一七六六年には古巣のナポリへ移住し、今度はオペラ・セリアでも人気を高めた。当時ナポリ派最高の作曲家は、名作《ラ・チェッキーナ、または良い娘》(一七六〇)で絶大な人気を博していたニッコロ・ピッチンニだったが、パイジェッロは彼の人気を脅かすほどの成功者となった。彼の人気や評判はうなぎ上りで、国内だけではなく海外までも響き渡り、一七七六年にはロシアのエカテリーナ二世にサンクト・ペテルブルクの宮廷へ招かれ、多数のオペラを作曲初演した。それらの中には彼の最高の名曲《セビリャの理髪師》が含まれている。一七八四年に長期滞在を切り上げ、ウィーンに立ち寄り、彼の成功作《ヴェネツィアのテオドーロ王》(一七八四)を初演した後ナポリへ帰った。ナポリではフェルディナンド四世の宮廷楽長に就任し、作曲活動も旺盛に展開し、《水車屋の娘》（一七八八）や《ニーナ、または恋狂い娘》（一七八九）のような名作や代表作を含む多数のオペラを続々発表した。《水車屋の娘》と言えば、オペラ自体もなかなかの力作であるが、ベートーヴェンの「パイジェッロのオペラ《水車屋の娘》の主題〈ネル・コル・ピウ〉による六つの変奏曲」でも有名である。また、ベートーヴェンの「パイジェッロのオペラ《水車屋の娘》の主題〈田舎者の恋は〉による九つの変奏曲」もある。

十八世紀末からのナポリとフランス（ナポレオン）との政争の渦中に巻き込まれて、それまで順風満帆だったパイジェッロのキャリアが狂い出した。パイジェッロの音楽を愛好したナポレオンは、彼の庇護者としてパリや支配地のナポリで彼を要職に就かせたが、ナポレオン没落後これが裏目に出て、ナポリ王の寵愛を失っていた彼はそれを挽回できず、失意と貧窮生活で苦しんだ。

パイジェッロは豊かな楽才を縦横に発揮して約八十曲ものオペラを書いたが、彼の本領は喜劇にあり、彼の名曲の多くがオペラ・ブッファである。今日彼のオペラは、ブッファを中心にディスクではかなりの曲（筆者は七曲所蔵）を聴けるが、それらの劇場での復活上演の道はまだ険しいようで、《セビリャの理髪師》と《ニーナ、または恋狂い娘》が時々、《水車屋の娘》が稀に上演されるのが現況である。

ちなみに、《ニーナ、または恋狂い娘》について興味深い事実がある。このオペラの原作はフランスのニコラ＝マリ・ダレイラクの同名のオペラ・コミックで、そのイタリア語訳にパイジェッロが台詞入りで、つまりオペラ・コミック形式で作曲初演したのだった。台詞入りのイタリア・オペラは類稀である。台詞入りで全一幕の初演版が、レチタティーヴォ入りで二幕に改変され、改訂版として一七九〇年に上演された。今日の上演形式は改訂版によるのが一般的だが、初演版による場合もある（二〇〇二年のチューリヒ歌劇場の上演は初演版によるもので、アルトハウス　一〇〇三六七のDVDで視聴できる)。

ボーマルシェの原作のオペラ化作品は十五曲以上を数え、特に発表された直後は人気が高く、多くの作曲家が競ってそのオペラ化に挑み、十八世紀末までに十曲近くに及んでいる。それらの中で大成功だったのがパイジェッロの《セビリャの理髪師》で、抜群の人気を誇っていたが、一八一六年のロッシーニの《セビリャの理髪師》の出現と共に、太陽の前の星のようにそれは消えてしまった。以来ロッシーニの曲が人気を独占し続け、パイジェッロの曲は近年復活上演の曙光が射すようになった。

ロッシーニの曲はオペラ・ブッファとして最高に完成され、これ以上の発展の余地がないほど見事な傑作で、これと比較すれば、パイジェッロの曲はドラマとしても音楽としても不利であり、見劣りするのは止むを得ない。たとえば、ロッシーニのフィガロのすばらしく個性的に造形された人間像は実に見事である。彼は近代的自我に目覚めた自由人で、自信と覇気に溢れ、威勢がよく躍動的で、生に喜々とし、何ごとにも挑戦して自己実現に突進し、その上抜け目がない。十九世紀初期のオペラでこれほど個性的で、魅力的な人物は稀で、フランス革命後の新しいタイプの代表的人物である。それに比べると、十八世紀のパイジェッロのフィガロはおとなしく、色褪せてみえる。

パイジェッロの《セビリャの理髪師》は四幕仕立てで序曲と十八のナンバー構成である。独唱はアリア五曲、カヴァティーナ二曲、導入曲(伯爵の独唱)、スペインのセギリディア(バルトロの独唱)の計九曲、重唱は二重唱四、三重唱二、五重唱、七重唱(フィナーレ)の計八曲、その他二曲で合計十八曲。ナンバー配分の特色としては、独唱と重唱の曲数が伯仲していて、重唱の曲数が多い。それだけに劇的緊張感が強く、充実している。合唱は皆無である。ナンバーを繋ぐレチタティーヴォは大部分がセッコで、アッコンパニャート（シェーナ）は二重唱に前置されたものが一箇所と独立したナンバーが一曲だけである。歌唱法はオペラ・ブッファ特有の変化に富んだ、多彩な妙技が披露され、滑稽感やユーモア感が快く耳を刺激する。早口歌唱のおもしろさ、おかしさにも事欠かない。とかく硬直しがちなレチタティーヴォ・セッコの歌唱も、テクストの意味内容によって柔軟に、適切に変化する。装飾歌唱は当然ながらオペラ・セリアの場合のような華々しさはないが、ロジーナの歌にはかなり華やかな装飾歌唱が聴かれる。一方、男性登場人物の歌からはほとんど装飾音と言えるほどのものは聴かれない。

器楽面は声楽面とほどよく釣り合い、調和していて、決して華麗ではないが、生気があり、軽快で、洗練され、機知に富んだ表現が好ましく、魅力的で、感銘深い。聴き手の感性に快く訴えかけてくる。

チマローザの《秘密の結婚》（一七九二）は十八世紀のイタリア・オペラ・ブッファの中で見事な完成度を誇る最高の名曲であることに誰も異論がなかろう。パイジェッロの《セビリャの理髪師》はどうしても自然にロッシーニの曲と比べられて損をしているが、《秘密の結婚》と比肩してそれほどの遜色はない。

ルッジェーロ・レオンカヴァッロ《道化師》プロローグと二幕

――ナポリ生まれの作曲家のヴェリズモ・オペラの名曲

■台本　作曲者　イタリア語

■初演　一八九二年五月二十一日　ミラノのダル・ヴェルメ劇場

■**ドラマの時と所**　一八六〇年代のカラブリア地方モンタルト近郊の村

■**登場人物**

トニオ　旅芝居一座の座員、劇中劇ではタデオ……バリトン

カニオ　同座長、劇中劇ではパリアッチョ……テノール

ペッペ　同座員、劇中劇ではアルレッキーノ……テノール

ネッダ　カニオの妻、劇中劇ではコロンビーナ……ソプラノ

シルヴィオ　ネッダの恋人……バリトン

■**録音ディスクと演奏時間**　多数あるCDの一例　フィリプス　35CD-258　約一時間十一分。多数あるLDの一例　フィリプス　88VC-304　約一時間十一分。

■**すじがき**

［プロローグ］

開幕前に道化師トニオが登場し、これからお目にかける芝居は実人生の一断面で、これを演ずる役者たちは、観客の皆さんと同じように、肉と骨からできた人間ですと前口上を述べる。

［第一幕］

今日は聖母被昇天祝日（八月十五日）で、今村人たちは旅芝居一座を拍手喝采で迎えている。取り巻く村人たちの歓迎に座長のカニオが感謝し、愛嬌を振りまきながらおもしろおかしい態度でお辞儀をし、今夜の芝居の触《さわり》を手短かに説明して村人たちに好奇心と期待を起こさせ、彼らを芝居に誘うと、彼らも上気

嫌でそれに応じる。

トニオが美女のネッダに手を貸して彼女を馬車から下ろそうとするのを見て、カニオが彼に平手打ちを食らわせ、追っ払う。トニオはネッダに嫌われながらも、平生から彼女の尻を追い回すので、カニオは心穏やかではない。それを見て村人たちがトニオをからかうので、トニオは今にカニオに意趣返ししてやると心に誓う。カニオは村人に居酒屋に誘われ、トニオにも同行を勧めるが、二人はネッダをめぐって反目し合っているので、トニオは誘いを断る。村人がトニオはネッダを口説くつもりだとカニオをからかうと、カニオはそういう冗談を言わない方がよい、もしネッダが本気で誰かと恋の火遊びをしたら重大な事態となると断言する。ネッダはカニオの言葉に困惑し、カニオは村人の言葉に狼狽しながらネッダにキスする。

夕べの祈りの鐘で村人たちは教会へ出かけ、明るく、軽快で、楽しい〈鐘の合唱〉が歌われる。ネッダは一人になると物思いに耽り、夫が彼女の意中の秘密を読み取っているのではないかと恐れる。空を自由に飛び交う小鳥を見て、彼女は幼い頃母親が歌ってくれた鳥の歌を思い出し、バラード風〈鳥の歌〉を歌う。小鳥によせて彼女の自由への憧れを歌う名曲である。

ネッダの歌を聞き惚れていたトニオが、彼の容姿の醜さに劣等感を抱きながら彼女に軽蔑されている苦衷を吐露し、彼女への熱い思いを告白するが、彼女はそれには馬耳東風で、彼のその告白は夜舞台で演ずる機会があると言って彼の気持を無視する。しかし、彼は舞台で演ずるのではなく、今ここで彼女への愛を告白したいと執拗に彼女に迫る。彼女が彼のまじめな気持をからかい、彼の曲がった背中を鞭で直してほしいのかと彼の醜さを嘲笑するので、彼はその侮蔑の償いは高くつくぞと憤慨する。彼女が馬車の鞭で彼の横面を引っぱたくと、彼は悲鳴を上げ、必ず彼女にこの償いをさせると誓って立ち去る。彼女は彼の背中に罵りの言葉を浴びせる。

入れ代わりに、かねがね秘密裡にネッダと熱い情交のある村の青年シルヴィオが現れ、今夜彼との駆け落ちを彼女に持ちかけるが、彼女は彼との愛を誓約しながらも、彼の誘いを拒む。しかし、彼が官能の喜びと満足を彼女に思い出させると、彼女は彼との愛に生涯を捧げると誓って駆け落ちに同意し、二人は抱擁とキスを交して陶然となる。

ネッダとシルヴィオの激しい愛の二重唱の間、彼らの逢引を眺めていたトニオが、ネッダに復讐するためにそれを居酒屋にいるカニオに知らせ、二人が逢引の現場に現れ、ネッダがシルヴィオに「いつまでもあなたのもの」と誓う言葉にカニオは逆上する。ネッダはカニオに気づき、シルヴィオを逃がし、カニオは彼を追跡する。トニオはネッダへの恨みの仕返しの最初の一本を取って痛快がる。カニオは妻の愛人を捕えることができず、半狂乱で彼女に短剣を突きつけ尋問するが、彼女は口を固く噤んだままである。ペッペが仲に入り、カニオに芝居の身支度を促すが、カニオはなおも彼女の愛人の名前を追及する。ペッペとネッダが退去すると、頭を抱えて苦悶し、絶望するカニオに、トニオが心中では彼への意趣返しを企みながらも、表面は穏やかに芝居の身支度するよう誘う。

妻の裏切りに心を苛まれ、虚脱状態だったカニオが漸く芝居を打つ必要を自覚し、身支度に取りかかる。ここで彼が歌うアリオーソ〈衣裳をつけろ〉は、全曲中最高の名歌である。彼は現実に今起こった妻の裏切りをそっくりそのまま舞台で演ずるのだから、彼の苦悩は計り知れない。しかも、彼は道化師らしく観客を笑わせ、楽しませねばならないのだから一層辛い。現実と舞台が交錯する中での劇的な歌唱である。

［間奏曲　プロローグで提示された旋律を中心とした美しい曲］

［第二幕　第一幕と同じ場所］

村人たちが大挙して芝居小屋に押しかけ、争って席を取り合う。トニオがドラムを強打し、芝居の開始を告げる。ネッダが盆を持って木戸銭を集め回り、大勢の観客で小屋中が騒々しい。早く芝居を始めろと怒鳴る者もいれば、摑み合いの喧嘩をする者もいる。シルヴィオがネッダに木戸銭を払い、二人は今夜の冒険（駆け落ち）の打ち合わせをする。

［劇中劇］

舞台ではコロンビーナに扮するネッダが落ち着かず、不安そうに歩き回って、ペッペの扮する恋人のアルレッキーノを待っている。窓の外からアルレッキーノがコロンビーナに美しい顔を見せておくれ、かわいい唇にキスさせておくれ、とセレナーデを歌うのが聞こえてくる。そのとき、トニオの扮するタデオがバスケットに買物を入れて現れ、コロンビーナの夫の不在をこれ幸いとばかりに、大げさで、滑稽なしぐさで、彼女への思いの丈を打ち明け、彼女にどんな惨い仕打ちを受けても、彼女への恋慕は変わらぬと歌う。アルレッキーノがタデオを追っ払い、コロンビーナと夫婦よろしく食事をしながら彼女に眠り薬を渡し、パリアッチョに飲ませるよう勧める。彼らは彼の睡眠中に駆け落ちする算段である。

突然タデオが部屋へ飛び込んできて、パリアッチョの帰宅を告げるので、アルレッキーノは窓から逃げ出し、コンロビーナは第一幕でシルヴィオに囁いた「わたしはいつでもあなたのもの」と同じ文句をアルレッキーノに叫ぶ。部屋に入ってきたパリアッチョは、あの時と同じ言葉を聞いて、現実と芝居の一致に狼狽するが、芝居を続けるよう自分を励ます。彼は妻と間男の情事を怪しむが、彼女は彼の疑惑を一蹴する。タデオも彼女の肩を持ち、彼女の不義を否定する。しかし、パリアッチョは彼女を抱いた情夫の名前を明かせと彼女に執拗に迫り、劇的な名曲アリア〈おれはもうパリアッチョじゃない〉を歌う。このアリアで、彼は路傍の捨て子を拾って名前をつけ、愛情を注いで育てて一人前にした妻が不義を犯し、彼を裏切った無念と悔しさを自嘲的に歌う。彼の内部で現実と芝居が錯綜し、混同して、彼は狂気の状態で、もう芝居どころではない。

一方、観客はカニオの迫真の演技に拍手喝采する。情夫の名前を明かせと迫るカニオに、ネッダは殺されても言わぬと断言する。カニオの殺気立ったすさまじい剣幕とネッダの執拗な反抗の物凄い軋轢に、観客は芝居を逸脱した異常さ、不気味さを感じ、ペッペは恐くなる。テーブルのナイフを摑み、なおも情夫の名前を明かせと迫るカニオに、ネッダはますます挑戦的になり、それを断乎拒否する。シルヴィオは彼らの喧嘩は本気だと信じ、短刀を抜いて舞台へ駆け寄る。カニオは激怒の発作で分別を失い、狂気に走って、遂にネッダの背中を突き刺す。彼女がシルヴィオの名前を叫んで救助を求めると、カニオは情夫はおまえかと言って、彼をも突き刺す。カニオは急に力が抜け茫然自失の体で、「喜劇は終わりました」と挨拶する。

■解説

ルッジェーロ・レオンカヴァッロは一八五八年にナポリで生まれ、一九一九年に保養地で知られるモンテイカティーニで没した、十九世紀末から二十世紀初頭にかけて一団となって輩出したイタリア・オペラの多数の重要な作曲家たちの一人。ナポリ音楽院で作曲を学んだ後ボローニャ大学で文学修業をした異色の作曲家。一八七七年に処女作《チャタートン》を作曲したが、初演は一八九六年だった。ヨーロッパやエジプトで放浪生活して一八八七年に帰国。一八九二年に《道化師》で大成功し、一躍イタリア・オペラ界の名士となり、それまでの不遇生活から脱却した。《ラ・ボエーム》(一八九七)はその前年に初演されて大好評だったプッチーニの《ラ・ボエーム》と台本は別物だが題材は同一であるため二番煎じで苦戦を強いられたが、それなりの人気があった。《ザザ》も好評だった。彼は十曲ほどのオペラを作曲したが、超人気作の名曲《道化師》でオペラ史上不滅である。

レオンカヴァッロはボローニャでノーベル文学賞受賞詩人ジョズエ・カルドゥッチに師事した詩人・劇作家でもあり、彼のオペラ台本のほとんどを自作しただけではなく、他の作曲家たちにも台本を提供した。また、イタリアの作曲家としては珍しく十曲のオペレッタがあることも彼の特色であるが、それらが上演される機会は滅多にない。さらに、彼には歌曲があり、カルーソに献呈された彼の自作の詩による「朝の歌」はとりわけ名曲の誉れ高い。

レオンカヴァッロがマスカーニの《カヴァレリア・ルスティカーナ》の刺激と影響を受けて自作の台本に作曲した《道化師》の題材は、イタリア最南端のカラブリア州の田舎で起こり、判事であった彼の父親が裁判を担当した、巡業一座の役者が彼の妻を刺殺した事件からヒントを得たものだという。オペラのプロローグで、登場人物の一人トニオが道化師の扮装で、観客に「これからお目にかける芝居は実人生の一断面だ」と前口上する。これらのことだけから判断すると、《道化師》は模範的なヴェリズモ・オペラにみえる。なるほどこれは《カヴァレリア・ルスティカーナ》と共にヴェリズモ・オペラの代表的傑作ではあるが、その書法、構造、様式は、ヴェリズモの表面的、直接的概念を越えて、もっと複雑で、技巧的に洗練され、充実した特色を持っている。二曲のオペラは一口にヴェリズモ・オペラと称されるが、共通点や類似点と共に、当然ながら重大な相違が少なくない。

ヴェリズモ・オペラの重要な特質が激烈な感情や情念と悲劇的様相や局面にあるのに、《道化師》の開幕前のプロローグでは、コンメディア・デラルテ（十六―八世紀のイタリアの即興仮面劇）の習慣よろしく、道化師の扮装でおどけて前口上をするのが意表をつく。多くのオペラでコンメディア・デラルテの慣習が使用されていて、《道化師》はそれが有効に活かされている重要な一曲で、プロローグでのトニオの前口上はその活用の序の口である。

《道化師》の主題はオペラのお気に入りのもの、男女の三角関係の愛と嫉妬である。ネッダ、捨て児の彼女を手塩にかけて養育し、愛している気性の激しい彼女の夫カニオ、彼女と相思相愛の村の青年シルヴィオの三人、それに彼女に横恋慕するが彼女には肘鉄砲を食わされ、痛めつけられ、侮辱されて、彼女への意趣晴らしを企むトニオが加わり、主題の展開は複雑になり、錯綜する。カニオとネッダへの復讐を企てるトニオの陰謀と彼の狡猾な誘導に乗せられて、嫉妬に狂って現実と芝居との見境がつかなくなったカニオがネッダとシルヴィオを刺殺して悲劇が完結する。

第二幕の劇中劇はコンメディア・デラルテのしきたりや装いの本番の活用劇で、巡業一座の役者たちがコンメディア・デラルテの馴染みのコロンビーナやアルレッキーノなどに扮して道化芝居を演ずる。これがオペラのドラマとその筋書がぴったり符合して、コンメディア・デラルテの《道化師》での活用は実に見事な効果と威力を発揮している。シルヴィオがネッダに囁いた「これからはいつまでもあなたのもの」という愛の文句がネッダの扮するコロンビーナがペッペの扮するアルレッキーノに囁く愛の言葉と同じで、それを二回聞いて遂にカニオは嫉妬に逆上し、狂乱する。

コンメディア・デラルテを活用している《道化師》は、ドラマの構成が複雑で凝っており、技巧的である。音楽書法も洗練され、魅力的で、感銘深い。

歌唱の知名曲をドラマの進行順で列挙すると、〈トニオの前口上〉、〈鐘の合唱〉〈鳥の歌〉、〈ネッダとシルヴィオの二重唱〉、〈衣裳を着けろ〉、〈おれはもうパリアッチョじゃない〉などがある。

《道化師》は聖母被昇天祝日、《カヴァレリア・ルスティカーナ》は復活祭日と、いずれもキリスト教の祭日を背景にしていることで共通している。

また、《道化師》の九年後マスカーニもコンメディア・デラルテを活用したオペラ《仮面》（一九〇一）を初演した。成功作とは言い難いが、時に劇場上演されることがある。

第6章
ヴェローナ

ヴィンチェンツォ・ベッリーニ《カプレーティ家とモンテッキ家》
ジュゼッペ・ヴェルディ《アイーダ》

◉都市の概説とオペラ小史

ヴェローナと聞いて誰しも思い起こすのは、ロミオとジュリエットの悲恋物語と古代ローマの円形競技場の遺跡アレーナである。両者ともオペラと深い縁があり、ヴェローナの大事な観光資源でもある。

ヴェローナはS字状に市内を貫流するアディジェ川の流域に形成されていて、ヴェネト州の州都ヴェネツィアとミラノの中間に位置する古都で、今も昔もドイツへの交通の要衝である。古代ローマの植民都市として形成され、中世には北部イタリアの多くの都市と同じように、都市国家となってロンバルディア同盟に参加して神聖ローマ帝国と対立抗争したが、ロミオとジュリエットの悲恋の原因でもあったように、都市国家内での皇帝派と教皇派の激しい対抗が続いた。十三世紀半ばから約一世紀半の間スカリジェーリ家の統治となり、フィレンツェから追放の身となり、放浪中の詩聖ダンテがここに亡命し、逗留した。その後十五世紀から十八世紀までヴェローナはヴェネツィアの支配下にあった。

ヴェローナでのオペラの始動は意外に遅く、フィラルモニコ劇場が一七三二年にヴィヴァルディの《忠実な妖精》で開場してからである。劇場は一七四九年に消失したが、一七五四年に再開場した。モーツァルトが少年時代の一七七〇年にこの劇場で公演した。劇場は一九四五年に爆撃で破壊されたが、再建され、今日に至っている。この劇場で初演されたオペラとして、有名な作曲家トラエッタやチマローザなどの作品があるが、今日聴くことができるものは一曲もない。フィラルモニコ劇場以外にもオペラ上演劇場はあるが、ヴェローナのオペラ史で最重要事はアレーナ・ディ・ヴェローナ音楽祭である。

＊

音楽祭の会場のアレーナは紀元一世紀に造営されて以来二千年近くも風雪や災害に耐えて、良好な状態で現存する壮大な円形劇場である。アレーナは三層のアーチ式外壁で取り囲まれていたが、三層目の外壁は地震で大部分が崩壊し、北側の四つのアーチが残っているだけである。一層目と二層目のアーチ式外壁は完全に建造時のままである。巨大なアレーナは円形劇場と呼ばれているが、実際には楕円形で、観客席は平土間の椅子席とそれを取り囲む石造りの四十四段の階段席から成り、二万人以上を収容できる。最上段からの市内の眺望がすばらしく、列車からはアレーナの勇姿が遠望できる。古代ローマ時代の円形劇場の中でも、アレーナはその保存度の優秀さ、壮麗さ、利用度の卓越さでは抜群である。アレーナは音響効果も野外劇場としては非常に良好である。

真夏の風物詩的な催し物としても、野外劇場でのオペラの上演は今日盛んである。筆者が出席したものだけでもアレーナ・ディ・ヴェローナ音楽祭、ブレゲンツ音楽祭（オーストリア）、マチェラータ音楽祭（イタリア）、オランジュ音楽祭（フランス）、エクス・アン・プロヴァンス音楽祭（フランス）、サヴォンリンナ音楽祭（フィンランド）などがあるが、アレーナ・ディ・ヴェローナ音楽祭は他のどの野外音楽祭と比較しても、あらゆる面で抜群に優れ、魅力的で、感銘深い。

アレーナ・ディ・ヴェローナ音楽祭はヴェルディ生誕百年祭の一九一三年に彼の《アイーダ》の上演で始まり、以来両大戦中の開催中止はあったが、今日まで発展的に続けられてきた。音楽祭の初演日、終演日、期間は年によって多少異なるが、大体七月、八月の二か月間の四十五日前後が上演日数で、他の大部分の音楽祭に比べて期間が非常に長期である。期間中は二万人以上の客席が満席、またはそれに近い状態の日が多いから、一シーズンの客の動員数は膨大である。

舞台空間が幅、奥行き、背面とも巨大だから、《ナブッコ》、《イル・トロヴァトーレ》、《ドン・カルロ》、《アイーダ》、《カルメン》、《トゥーランドット》のように、大規模な舞台装置や雄大な背景を必要とし、大合唱、祝宴、大群衆、軍隊行進、戦闘、馬などの動物、バレエなどの登場するグランド・オペラ風の作品がアレーナで上演されると、作品の効果や実力や魅力が見事に発揮される。スペクタクル・オペラの代表作《アイーダ》は、とりわけアレーナでの上演に最適で、ほとんど毎年のように上演され、上演頻度が圧倒的に高い。これまでにこの音楽祭に五シーズン出席し、十二演目楽しんだ。一九九五年のシーズンに

《カルメン》と《トゥーランドット》を視聴したとき、巨大な舞台空間の活用の見事さと装置や背景の利用の巧妙さが、いかに作品の価値を引き出し、魅力を高め、強めるかということに改めて感心し、アレーナのオペラ上演の卓抜さと人気の秘訣が理解できた。

たとえば、一九九三年―九七年の五シーズンに上演されたオペラの延総演目数は二十五。それらの中で《アイーダ》は毎年上演されて五、《カルメン》が四を占めている。圧倒的に多いヴェルディのオペラは《アイーダ》(五)、《ナブッコ》(二)、《リゴレット》(二)、《マクベス》(一)、《ラ・トラヴィアータ》(一)、《オテロ》(一)の五曲、延上演数が十二で全体の約半数に及んでいる。アレーナ・ディ・ヴェローナ音楽祭はヴェルディに捧げられているかの感じさえある。

イタリアの音楽祭だから当然かも知れないが、《カルメン》以外の曲は全部イタリア・オペラである。アレーナで選ばれる曲は名曲ばかりで、徹底した名曲主義が特徴である。

アレーナは大物歌手や実力歌手の出演で定評があり、人気を高めている。一例をあげれば、一九九四年には《ノルマ》、《アイーダ》、《オテロ》を聴いた。胸の躍る曲ばかりである。とりわけ、《オテロ》の歌手陣はプラシド・ドミンゴ（オテロ)、レナート・ブルゾン（イアーゴ)、ダニエラ・デッシー（デズデーモナ）という豪華版だった。演目はオペラ四百年史上の最高の名曲、三人の主演歌手は目映いばかりの黄金トリオだった。日を置いてこれを二回楽しんだ。

暗くなり出すと聴衆がローソクに点火し、客席が火の海になるのはアレーナの真夏の夜の風物詩として格別の趣きがあり、壮観である。早目に入場してアレーナ独特の雰囲気や情趣にひたるのも、他のオペラ会場では味わえない千金の値がある。歌好きで陽気なイタリア人のこと、彼らがその夜の演目の中のアリアなどを大声で歌って前景気のお膳立てするのもほほえましい風景である。

音楽祭に出席での悩みの種はホテルの確保の困難である。ヴェローナはローマ、ミラノ、ヴェネツィア、フィレンツェほどの観光資源がないので、ホテルの数が少なく、しかも小規模である。七月と八月だけが特に外来者がふくれ上がる。単身でオペラ・ツアーをする者には、市内でのホテル確保は深刻な問題である。ある年、すでに宿泊したことのあるホテルに一年前に予約申し込みしたら、予約開始は十か月前からだと言われたので、十か月前に早々再度申し込んだら、すでに満員だとの返事だった。またある年には、アレーナの近くで部屋の確保ができて喜んで行ってみたら、部屋は狭苦しくて冷房設備がないので、汗びっしょりになり、一晩中一睡もできずに苦しんだ。そこに三泊し、宿泊疲れした。しかも、時期が時期だけに料金は高く、こんな苦痛な宿泊よりも、真夏だから野宿の方がましだと本気で思った。ホテルの確保ができず、オペラ終演後、二夜夜行列車をホテルの部屋代りにした年もあった。市内で快適なホテルの予約ができれば、ヴェローナ音楽祭は毎年でも出席するだけの魅力、悦楽、感動、価値を味わえる場である。

◉作品紹介

ヴィンチェンツォ・ベッリーニ《カプレーティ家とモンテッキ家》三幕六場

――ヴェローナが舞台の名曲オペラ

■原作　マッテオ・バンデッロの『物語集』その他

■台本　フェリーチェ・ロマーニがニコーラ・ヴァッカーイのオペラ《ジュリエッタとロメーオ》の台本として書いたものの作者自身による改訂版　イタリア語

■初演　一八三〇年三月十一日　ヴェネツィアのフェニーチェ劇場

■ドラマの時と所　十三世紀のヴェローナ

■登場人物

テバルド　ジュリエッタの婚約者……テノール

カペッリオ　ヴェローナの貴族でジュリエッタの父……バス

ロレンツォ　医師……バス

ロメーオ　ヴェローナの貴族でジュリエッタの恋人……メゾ・ソプラノ

ジュリエッタ　カペッリオの娘でロメーオの恋人……ソプラノ

■録音ディスクと演奏時間　多数あるCDの一例　東芝EMI　CC33-3477-8　二枚組　約二時間十分。

DVD　DYNAMIC　33504　海外盤　約二時間十六分。

■すじがき

［序曲］

［第一幕第一場　カペッリオの館の回廊］

教皇派のカプレーティ家と皇帝派のモンテッキ家は宿敵で、血で血を洗う闘争を繰り返してきた。カプレーティ家の郎党が夜明け前から召集されて、主家の息子が前の戦闘でモンテッキ家の当主ロメーオに殺された弔い合戦をして、ロメーオに復讐すると誓い、勇ましく合唱している。

主家の娘ジュリエッタの婚約者テバルドが、ヴェローナ大公エッツェリーノはモンテッキ家に味方し、ロメーオがカプレーティ家に攻撃を仕掛けてくると伝え、続いてカペッリオが、ロメーオが和平交渉したいと申し出ているが、それは断じて許されないと語る。カプレーティ家の一族で医師のロレンツォが、両家の闘争に終止符を打つために和平交渉に応じるように助言するが、カペッリオはロメーオへの遺恨は晴らされていないと主張してそれを退ける。テバルドは彼の剣でロメーオを倒してカペッリオの無念を晴らし、ジュリエッタとの結婚の夢を実現したいとカヴァティーナを歌う。カペッリオが今日祝言だとテバルドに勧めると、ジュリエッタがロメーオと恋仲であるのを知っているロレンツォが驚き、ジュリエッタは力ずくでなければ祭壇へは行かないと断言する。続いてテバルドがジュリエッタへの熱烈な愛とその歓喜のカバレッタを歌う。その後半では居合わす全員が加わるアンサンブルが展開される。カペッリオは、テバルドがジュリエッタの兄の無念を晴らせば、彼女は彼を喜んで迎えるだろうと彼を激励し、郎党もカペッリオに加勢するが、ロレンツォだけはジュリエッタの不幸を危惧する。

カペッリオが娘の婚礼支度のためにロレンツォを差し向けると、テバルドは不安で落ち着かなくなるが、カペッリオは娘を彼の意志に従わせると断言する。ロメーオが現れ、エッツェリーノ大公の使者として両家の和平交渉にきたと述べると、カペッリオもテバルドもそれを拒否する。更に彼がジュリエッタとの結婚を申し込むと、カッペリオは両家の血は混合できない宿命にある、とそれを一蹴する。ロメーオはカペッリオの息子の戦死は戦闘に伴う宿命で、彼自身もそれは痛恨の極みだとカヴァティーナを歌う。カペッリオが娘の婿はテバルドで、モンテッキ一族とは戦うのみだとけしかけるので、遂にロメーオは堪忍袋の緒を切らす。ロメーオはカプレーティ一族に血の雨を浴びせてやるが、無益に流された血の責任は彼らにあるとカバレッタを歌う。後半部では他の人びとの独唱や合唱が加わり、アンサンブルとなる。

［第一幕第二場　ジュリエッタの部屋］

ジュリエッタはテバルドとの忌まわしい婚礼衣裳を着せられて祭壇へ導かれようとしているわが身を生贄だと悲嘆に暮れ、両家の宿怨のためにロメーオとの引き裂かれた熱い愛の思いをレチタティーヴォで歌う。続いて彼女は憂いに満ちた、抒情味豊かな、美しい旋律のロマンツァで、ロメーオへの報いられぬ、切ない恋心の空しさを歌う。装飾音をちりばめた技巧的な歌唱で、ベッリーニの特色が遺憾なく発揮された、全曲中でも出色の魅力的な名曲である。

ロレンツォが現れると、ジュリエッタはロメーオに一目会いたいと切ない恋心を訴える。ロレンツォが彼女にロメーオを引き会わせると、恋人同士は歓喜に胸を躍らせながら抱擁し合う。ロメーオは彼らが結婚を貫徹するには駆け落ち以外に方法はないと主張する。続いて二重唱の前半部の主部となり、ロメーオは二人が一緒ならば国外でも幸福で暮らせると逃亡を誘うが、ジュリエッタは父との絆の断絶は義務や掟や名誉に反するとそれを拒否し、恋人への愛と父への思いの相剋に心を引き裂かれる。短い経過部のシェーナに続く二重唱の後半部の主部で、ロメーオが駆け落ち結婚に同意しないジュリエッタの彼への愛を疑うと、彼女は彼との愛がなければ生きては行けないと主張する。二重唱が終わって、ロメーオは悲痛な思いで部屋から退去する。

［第一幕第三場　カペッリオの館の大広間］

カプレーティ家の郎党がジュリエッタとテバルドの婚礼を祝い、喜びの合唱をしていると、突然ロメーオが変装で現れ、驚いたロレンツォが侵入を押し止めようとするが、ロメーオは多数の郎党を連れてきている。急を告げるラッパの音が響き渡り、ロメーオは祝宴の場を離れ、館の中が静まり返ったときにジュリエッタが現れ、両家の戦闘で恋人が倒れたのではと危惧し、彼への熱い思いを切々と歌い、彼の無事を祈る。そこへロメーオが姿を見せると、彼女は彼の無謀な行動を咎める。彼は再び彼女に駆け落ちを勧めるが彼女は拒む。またあたりが騒々しくなり、モンテッキ家の郎党を殺せとの叫びが聞こえる。テバルドがロメーオの変装を見破り、彼を討てと号令すると、ジュリエッタがそうしないよう懇願するが、ロメーオはテバルドにおれはおまえの恋敵だと叫ぶ。五人の登場人物の全員が各人各様の心中の思いを五重唱する。

モンテッキ家の郎党がロメーオへの加勢を叫ぶと、テバルドがロメーオの命はもらったと応ずるので、ロメーオも決戦の決意をする。ジュリエッタとロレンツォは両家の死闘の中止を祈り、彼女はこの世での恋人との生活が不可能なら天国でのそれを願い、カペッリオとテバルドは切迫した敵との激突に備えるよう郎党を激励する。こうして、殺気を孕んだ両家の決戦の幕が切って落されようとする緊迫感の中での大アンサンブルで第一幕のフィナーレとなる。

［第二幕第一場　カペッリオの館の一室］

ジュリエッタが戦闘のことで心を痛めていると、ロレンツォがきて、ロメーオの無事を知らせる。彼は、彼女とテバルドとの結婚を避けるために、彼女が眠り薬で死んだように見せかけて墓地に埋葬され、目覚めた頃に彼とロメーオが彼女を救出する計画を立てる。彼女は目が覚めずに埋葬されたままの場合の恐怖に襲われ、カヴァティーナを歌う。

ジュリエッタがロレンツォに急かされて薬を飲むとカペッリオが現れ、テバルドとの婚礼の支度をしておくよう命じる。娘は間もなく死ぬことになるから抱いてほしい、死んでも恨まないでほしい、安らかに死なせてほしいと懇願のカバレッタを華やかなコロラトゥーラの装飾音をちりばめて歌う。

カペッリオはロレンツォの挙動に疑惑を抱いて部下に彼を監視させ、彼の秘密を探るようシェーナを歌う。これはごく短いもので、前後のナンバーに含めることはできず、中途半端な部分である。

［第二幕第二場　カペッリオの館付近の淋しい森］

ロメーオはロレンツォから連絡がないので不安になり、いたたまれなくて彼を恨みながら会いにくると、テバルドと出会う。宿敵であり恋敵でもある二人の男たちは罵り合い、ここで出会ったのは運命だと剣を抜いて決闘を始める。二重唱の前半に続く経過部で、彼らは葬送の行列を目にし、ジュリエッタの魂の平安を祈る合唱を聞いて驚き、剣を投げ捨て、恋人の死に慟哭する。続く二重唱の後半で、彼らは絶望し、ロメーオは殺してくれとテバルドに胸を差し出し、死こそ恵みだと歌い、テバルドはジュリエッタの死の責任は彼女を愛した彼にあると良心の呵責に懊悩する。

［第二幕第三場　カプレーティ家の墓地］

ロメーオが彼の郎党と共に現れ、悲嘆の涙に暮れるので、従者たちは彼の身を案じて墓地から去るよう促すが、彼は彼らに墓を開けさせ、恋人の名を呼び、甦えってくれと切々と叫ぶ。それから、彼が用意してきた毒薬を飲むと、ジュリエッタが仮死から目覚めて恋人の姿を認めるが、彼らの再会の喜びは一瞬のことで、彼がロレンツォから彼女の薬物による仮死を知らされなかったために彼女の仮死を本物の死と信じ、彼が絶望して服毒したのを彼女は知り、彼らの残酷な運命を嘆く。意識が薄れて行くロメーオは恋人に生きるよう勧めるが、彼女は彼と共に死ぬ決意をし、彼が事切れるとすぐに彼の亡骸の上に崩れて死ぬ。そのとき、カッペリオ、ロレンツォ、両家の郎党が重なり合って死んでいる恋人たちに近づき、ロレンツォが彼らの死を告げると、両家の人びとは彼らの酷い運命を嘆く。カペッリオが誰が殺したのかと叫ぶと、ロレンツォとモンテッキ家の人びとが、無情なあなたが殺したのだと彼を非難し、全曲の幕となる。

■解説

ジュリエッタの家はアレーナと共にヴェローナの名声と観光の両目玉である。近世人は主としてシェイクスピアの古今最高の恋愛悲劇『ロミオとジュリエット』（一五九五）によってロミオとジュリエットの悲恋物語に親しんできた。恋愛は文学やオペラがもっとも好んで採り上げる主題、または題材だから、崇高で厳粛な純愛とその偉大な力と悲愴美が完全に表現されている運命悲劇『ロミオとジュリエット』が多くのオペラ作曲家の霊感を鼓吹してきたのは自然の勢いである。そのオペラ化作品は約四十曲にも及ぶ。それらの中の最高の名作はシャルル・グノーの《ロメオとジュリエット》（一八六七）で、劇場で頻繁に上演されている。また、ゲオルク・アントン・ベンダの《ロメオとユーリー》（一七七六）はドイツ語圏固有のジングシュピール形式で、比較的小規模の室内オペラであるが、佳曲で時に劇場上演されている。

しかしながら、ロミオとジュリエット・オペラにはシェイクスピア劇が題材ではないものが少数ながらある。ベッリーニの《カプレーティ家とモンテッキ家》はそれらの中の最高の名曲である。中世のイタリアを中心にして、ロミオとジュリエットの悲恋を主題にした文学作品や説話類は多数存在していた。シェイクスピア劇のほとんどに材源があるように、彼の『ロミオとジュリエット』は丸ごと彼の創作ではなく種本がある。彼の神技に近い錬金術のようなドラマトゥルギーによって種本が光輝ある見事な金製品に変貌する。シェイクスピア劇の材源はイタリアの作家マッテオ・バンデッロ（一四八五—一五六一）の『物語集』の英訳版の中のロミオとジュリエットの悲恋物語を材料にして、イギリスの詩人アーサー・ブルックが書いた教訓物語詩『ロミウスとジュリエットの悲劇的物語』（一五六二）である。

一方、《カプレーティ家とモンテッキ家》の台本はフェリーチェ・ロマーニがニコーラ・ヴァッカーイのオペラ《ジュリエッタとロメーオ》（一八二五）のために作成した台本を彼自身が改作したものである。この台本の材源となった原作は、マッテオ・バンデッロの『物語集』やその他であるから、《カプレーティ家とモンテッキ家》とシェイクスピア劇とは完全に無縁ではないとしても、ほとんど無関係に近い。ヴァッカーイとベッリーニのオペラの台本は、シェイクスピア劇とは多くの重大な相違があり、シェイクスピア劇よりもドラマのプロットが遙かに単純で、登場人物の数も極端に少ない。シェイクスピアの熱烈な崇拝者で、彼の劇に傾倒し、心酔していたベルリオーズが、一八三一年にフィレンツェで《カプレーティ家とモンテッキ家》を聴いて、それがシェイクスピア劇と極端な相違があるのに衝撃を受け、それを酷評した。このオペラの題材がシェイクスピア劇だと誤解されるのは稀ではない。ベルリオーズの酷評はこの誤解から起こった彼の勇み足だったのかも知れない。

ヴィンチェンツォ・ベッリーニは一八〇一年にカターニャで生まれ、一八三五年にパリ近郊のピュトーでモーツァルトよりも早世したイタリア屈指の天分豊かな大オペラ作曲家。彼は一八二五年にナポリで処女作《アデルソンとサルヴィーニ》を初演し、一八三五年にパリで最終作《清教徒》を初演後三十三歳で夭折するまでの十年間に、改訂版と未完成曲を除き十曲のオペラを書いた。十年という短期間の作曲年数を考慮しても、同時代の二人の作曲家、ロッシーニの四十曲、ドニゼッティの七十曲と比較すると、ベッリーニの十曲は少ない。しかし、彼の作品の際立った特色は作品数の少ない割に名作や傑作が多いことである。彼の十曲全部をディスクで聴くことができ、少なくとも六曲は頻繁に、または時々劇場で聴くことができる。これほどのポピュラリティのある作曲家は決して多くない。六曲を初演年順に列挙すると、《海賊》(一八二七)、《カプレーティ家とモンテッキ家》(一八三〇)、《夢遊病の女》(一八三一)、《ノルマ》(一八三一)、《ベアトリーチェ・ディ・テンダ》(一八三三)、《清教徒》(一八三五)である。

ベッリーニはオペラ史上比類ないほどの特色のある甘美流麗な旋律の創造者で、これが彼の名作群を不朽にしている最大の特徴であり、理由である。彼の旋律美はイタリア・オペラが長年磨きに磨いてきたベル・カントの究極的な完成の精華であり、終着点である。それは感覚をくすぐって快感を呼び起こすだけの皮相的、表面的な美や魅力ではなく、憂愁な詩情と痛切な抒情性も交えて、聴者を心底から感動させる究極美の価値である。

《カプレーティ家とモンテッキ家》はベッリーニの六番目のオペラで、その台本作者フェリーチェ・ロマーニは当時の最も卓越した台本作家の一人で、ベッリーニの十曲のオペラの中の七曲の台本が彼の手に成るものであり、とりわけ注目を引くのは、六曲の名作の中の五曲の台本提供者が彼だったことである。音楽向きの優雅な詩句の創造の才と鋭敏な劇的感覚に恵まれたロマーニは、ベッリーニとって相性のよい理想の台本作家だった。

《カプレーティ家とモンテッキ家》は序曲と二幕六場構成で、カプレーティ家とモンテッキ家の合戦という叙事的場面もあるが、ドラマのプロットはほとんどもっぱら、ロメオとジュリエットの熱烈な愛と彼らの死という抒情的な主題を劇的緊張感をもって集中的に展開している。彼らの悲恋物語の付随的事件やエピソードはほとんど切り捨てられているので、登場人物は五人にすぎない。ロミオとジュリエットの悲恋物語で、シェイクスピア劇を題材にしており、《カプレーティ家とモンテッキ家》に勝るとも劣らぬ名作、グノーの《ロメオとジュリエット》が、悲恋物語に付随する多くの事件やエピソードを採り入れ、非常に大勢の人物が登場する大規模オペラであるのと比較すると、ベッリーニの曲は小規模構成であり、それだけにグノーのオペラのような構成のたるみやプロットの散漫さが目立たない。

全曲は序曲と十のナンバーから成っている。独唱ナンバーは四曲で、それらの中で三曲までが、当時最も普及し、頻繁に使用されていたカヴァティーナ＝カバレッタ形式のアリアで、三曲ともカヴァティーナとカバレッタにはシェーナが前置され、カバレッタの途中から他の登場人物や合唱が加わっている。もう一曲の独唱はよく使われるロマンツァで、型どおりレチタティーヴォが前置されている。二重唱は二曲で、どちらもカヴァティーナ＝カバレッタ形式で、シェーナが前置されていて、長大である。合唱は開幕の合唱の他にもう一曲ある。これらの二曲の独立した合唱ナンバーの他に、他のナンバーの中の合唱部分がかなり多い。アンサンブル・フィナーレが二曲あり、第一幕のそれは特に長大である。ナンバー構成や個々のナンバーの形式と名称は、当時の習慣にほぼ従っていて、目立った特色は見当らない。

華やかな装飾音をふんだんに駆使して、超絶技巧の名人芸唱法を披露しながら歌うジュリエッタのロマンツァに代表されるように、ベッリーニの特技のベル・カントによる繊細優雅で、しなやかな旋律美の極致が聴かれる。一方、管弦楽演奏ではベッリーニ音楽では珍しく、ヴェルディ音楽を彷彿とさせるような力強く、激しく、逞しい音楽が聴かれる。

《カプレーティ家とモンテッキ家》はシェイクスピアの名作悲劇を題材としたのではないことを承知しながらも、シェイクスピア劇に慣れ親しんでいる人には、ベッリーニのオペラの過度の簡略化と単純化に戸惑いを感じるのは避け難い。プロットでも詩句でも、簡潔はオペラの成功の秘訣であり、鉄則であるが、そのために性格表現や心理描写が薄手になる危険は避けねばならない。このオペラの音楽は声楽でも器楽でも実に見事で、感動的であるが、真の名作オペラとは音楽とドラマのバランスがうまく取れている作品のことである。そして、音楽とドラマのバランスのいささかの喪失が《カプレーティ家とモンテッキ家》の遺憾な玉の疵である。

ジュゼッペ・ヴェルディ《アイーダ》四幕七場

――野外劇場アレーナ・ディ・ヴェローナの名物オペラ

■**原作**　オーギュスト・マリエット・ベイの筋書に基づいてカミーユ・デュ・ロークルがフランス語の散文で書いた台本

■**台本**　アントーニオ・ギスランツォーニ　イタリア語

■**初演**　一八七一年十二月二十四日　カイロ歌劇場

■**ドラマの時と所**　古代エジプトのメンフィスとテーベ

■登場人物

ランフィス　エジプトの祭司長……バス
ラダメス　エジプトの若い将軍……テノール
アムネリス　エジプト王の娘……メゾ・ソプラノ
アイーダ　奴隷娘、実はエチオピア王の娘……ソプラノ
エジプト王……バス
使者……テノール
巫女の長……ソプラノ
アモナスロ　エチオピア王……バリトン

■録音ディスクと演奏時間

多数あるＣＤの一例　東芝ＥＭＩ　CE30-5195-7　三枚組　約二時間三十四分。ＬＤの一例　ポリドール　POLG 1038-9　三面　約二時間三十七分。ＶＨＤ　日本ビクター　VHM　四面　約二時間三十分。ＤＶＤの一例　TDK　TDBA-0020　約二時間二十五分。

■すじがき

［前奏曲］

［第一幕第一場　メンフィスの王宮の広間］

祭司長ランフィスと若い将軍ラダメスとのレチタティーヴォによる対話で開幕する。ランフィスはエチオピアがエジプトを侵略し、噂ではナイル峡谷やテーベは敵軍の脅威にさらされており、女神イシス（古

代エジプトの豊饒と受胎の女神でオシリスの妻）の神託でエジプト軍最高司令官が決定し、その氏名を国王に伝えに行くとラダメスに告げる。ラダメスは幸運にも自分がそれに指名されたらエチオピア軍に勝利して、天使のように清らかなアイーダとの結婚の夢を実現したいと胸を躍らせながら力強くロマンツァを歌う。人口に膾炙している名曲である。

ラダメスがアイーダを賛美してうっとりしていると、ひそかに彼を恋慕している王女アムネリスが現れ、彼の顔のきらめきや嬉しげな様子を見て、彼には愛人がいるのだと本能的に推察し、嫉妬する。彼は王女が彼とアイーダとの秘め事を嗅ぎつけたのではないかと恐れる。そこへ運悪く当のアイーダが姿を見せ、ラダメスがうろたえるので、王女はいよいよ彼女が恋敵ではないかと怪しむ。三人は三角関係の愛をめぐって腹の探り合いをし、三様の胸のうちを三重唱する。

輝かしい管弦楽曲が演奏され、国王がランフィスをはじめ重臣たちを伴って登場し、エチオピアとの国境からの使者の到着を告げる。使者はエチオピア軍のエジプトへの侵攻を報告し、国王は女神イシスの神託によりラダメスを最高司令官に任命する。全員が勝利に向って戦おうと勇躍し、アムネリスがラダメスに〈勝ちて帰れ！〉と激励すると、アイーダを除く全員がこれを壮大なアンサンブルで歌い、退場する。

一人居残ったアイーダは〈勝ちて帰れ！〉とふと口にし、はっとして思い悩む。ラダメスが勝利して帰還するのは彼女の父や同胞の敗北を意味するので、彼女は無分別なことを口走ったと神の許しを乞う。一方、父や祖国の勝利はラダメスの死を意味する。彼女は父と祖国への愛とラダメスへの愛の板挟みに煩悶し、二者択一のできない苦境に呻吟し、神の憐れみを乞う。この長大な名曲はシェーナの名称となっているが、ドラマの経過の表現が目的ではなく、苦悩するアイーダの揺れる複雑な心理描写と感情表現が目的である。自由な形式で、テンポはテクストの意味内容で緩急自在に変化し、歌唱の調子は絶叫調から静穏調に至るまで多様である。不断に取り組んだヴェルディのオペラ改革の成果の結晶のみごとな一表現である。

［第一幕第二場　メンフィスの火の神の神殿内部］

巫女の長、ランフィス、祭司たちが神秘的な雰囲気の中で全能の神の加護を祈り、巫女たちが神に舞いを捧献している。エジプトの運命を委ねられたラダメスに、祭司長が神から賜わった神聖な剣を授ける。全員が再びエジプトの地に神の加護を祈る荘厳なアンサンブルで第一幕のフィナーレとなる。

［第二幕第一場　アムネリスの部屋］

アムネリスが凱旋祝賀式のために女奴隷たちに手伝わせて盛装している。その間に、女奴隷たちの合唱と愛しいラダメスの帰還を待ちわびるアムネリスの切ない気持の歌が数度反復される。彼女を楽しませるために幼い黒人奴隷たちの踊りが繰り広げられる。音楽は単純だが、テンポが早く、軽快で楽しい。アイーダが現れると、身支度を終えたアムネリスは女奴隷たちを退去させる。

王女はアイーダの友人を装い、彼女の祖国の敗戦を気の毒がり、彼女を憐れむので、アイーダは故郷や家族から切り離された身の不運を嘆く。その上、王女がラダメスは戦死したと偽ると、アイーダはそれを真に受けて激しく慟哭するので、彼女が恋敵だとの疑惑は今や事実だと確信し、王女は前言を翻してラダメスは生存していると言うので、アイーダは欣喜し、感謝する。王女は嫉妬で敵意を剥き出しにし、彼女の優位な立場を自負して相手を侮辱し、復讐すると威嚇する。アイーダはラダメスへの愛を素直に告白し、それだけが彼女の生き甲斐だと言って王女の同情と憐れみを乞い願う。しかし、王女はなおも執拗にアイーダを苦しめ、ラダメスの争奪戦ではアイーダは彼女と競える立場にはいないと彼女の地位を自負する。二人の女たちの葛藤の二重唱の間に、人びとの勝利の合唱が遠くから聞こえ、王女が祝賀式へ向って立ち去ると、アイーダは絶望し、煩悶しながら神の憐れみを乞い願う。

［第二幕第二場　テーベの門］

民衆はイシスの栄光を称え、女たちは勝利者を賛美し、祭司たちは神に勝利を感謝して合唱する。続いて名高い勇壮華麗な凱旋行進曲の吹奏に乗って兵士たちが国王の前を堂々と行進し、それから華やかなバレエが繰り広げられ、再び民衆や祭司たちの大合唱が繰り返される。この場面は耳目を楽しませるグランド・オペラの大絵巻の圧巻で、アレーナ・ディ・ヴェローナの広大な舞台空間の効果と威力が存分に発揮されるところである。

国王が祖国を勝利に導いたラダメスを抱擁し、彼の所望する褒美は何でも叶えると約束すると、ラダメスは捕虜全員の釈放を所望する。捕虜の中にはアイーダの父のエチオピア王アモナスロがいるが、彼は娘に彼が国王であるのを秘密にせよと命じ、エジプト王にはアイーダの父とのみ打ち明ける。彼は今日はわが軍が不運だったが明日はエジプト軍が敗北の運命に見舞われるかも知れないと堂々と主張し、捕虜たちの寛大な処分を要請する。ランフィスや祭司たちは捕虜全員の処刑を主張するが、国王はラダメスとの約束を守って、アイーダの父を除く全捕虜を釈放する。続いて国王はラダメスとアムネリスの結婚と彼らの将来のエジプト統治を約束する。ラダメスはそれよりもアイーダとの愛と結婚を渇望し、アムネリスはラダメスとの結婚見込みに酔いしれ、アイーダはラダメスとの愛の絶望を嘆き、アムナスロはエジプトへの復讐を誓い、国王、民衆、ランフィス、祭司たちは祖国とイシスの栄光を賛美し、女奴隷たちや捕虜たちは釈放されたのを感謝する。全員が思い思いの心中を披瀝する壮大華麗なアンサンブルで第二幕が終わる。

［第三幕第一場　ナイル河畔のイシスの神殿の外側］

イシスの神殿の中から女神の加護を祈願する合唱が聞こえる。河岸《かし》にアムネリス、ランフィス、侍女たち、衛兵たちを乗せた船が着き、ラダメスとの婚礼を目前にしたアムネリスが、ランフィスに付き添われて、ラダメスが全身全霊を捧げて彼女を愛してくれるようにと女神に祈りに行く。彼らが神殿へ入ると、アイーダが周囲に気を配りながら現れ、ラダメスを待つ。そして、もし彼が永久の別離を彼女に宣告したら、ナイルの川底が彼女の墓所となると悲愴な決意をして、〈おお、私の故郷〉として広く親しまれているロマンツァを歌う。哀愁に満ちた、非常に印象的なオーボエの短い前奏に続いて、故郷での楽しかった日々の回想と二度とまみえることのない故郷への哀惜の情が切々と歌われる名歌である。

アモナスロが現れ、ラダメスとの出会い待ちだなと娘に図星を指し、彼女の決断次第で彼女は恋敵のアムネリスに勝ち、故郷へ帰ってラダメスと結婚できると断言し、彼女を驚かせる一方、エチオピアがエジプト軍に国土を蹂躙されて、彼女や同胞たちが不幸に涙した日のことを彼女に思い出させる。その上彼は、エチオピアは再びエジプトに戦争を挑む準備をしており、彼女がラダメスから軍事秘密を聞き出すよう命じる。彼女はそれを拒絶するが、もしエチオピアが敗北すればその責任は彼女にあると言われ、渋々それを承諾する。父娘の二重唱がラダメスの出現で終わり、アモナスロは木陰に隠れる。

ラダメスはアイーダだけを愛していると断言するが、彼女は彼が国王や王女の復讐から逃れて、彼女の愛を貫徹するのは不可能だと主張すると、彼は再度軍の最高司令官になって手柄を立て、彼女との結婚の承諾を国王から取りつけると誓う。一方、彼らの愛の貫徹の唯一の方法は、彼らが彼女の故国へ逃げることだと彼女が主張すると、彼はそれを渋るので、彼女は彼は彼女を心から愛していないと彼に冷く当り、アムネリスと結婚するよう彼に勧める。切羽詰まった彼が余儀なく彼女の逃亡計画に同意すると、彼女はエジプト軍を避けるにはどの道を通ればよいかと彼に尋ねるので、彼は彼女の誘導尋問にひっかかって、ふと軍の秘密を洩らしてしまう。隠れて聞いていたアモナスロが飛び出してきて、自分はエチオピア王アモナスロだと身分を明かす。

ラダメスは秘密を洩らして祖国を裏切ったことを悔み、アモナスロがアイーダとラダメスを連れて逃げようとすると、アムネリスとランフィスが神殿から出てくる。アモナスロが短剣でアムネリスに襲いかかるが、ラダメスがそれを制止し、アモナスロとアイーダに逃亡を勧め、彼自身は祭司長に身を委ねる。

［第四幕第一場　宮殿の一室］

アムネリスはラダメスの祖国に対する裏切りと彼女の彼への変わらぬ愛との相剋で苦悶しながらも彼の救命を決意し、衛兵たちに彼を彼女のところへ連行させる。アムネリスが祭司たちの尋問に釈明するよう勧めると、ラダメスは軍事秘密を洩らした事実を認め、アイーダとの愛の喪失に絶望し、死のみが願望だと言って、釈明を拒絶する。彼女がアモナスロは死んだが、アイーダは生存していて行方不明だと伝え、彼女のことは永久に諦めて、自分と共に生きるよう彼を説得するが、彼は死の決意を繰り返すので、彼女はその上取りつく島もなく、彼との愛に絶望する。そして、彼女はアイーダへの嫉妬のために彼を祭司たちの手に委ねたわが身を呪い、心が千々に引き裂かれて苦しみ嘆く。

地下牢での裁判で、ランフィスがラダメスに祖国を裏切った罪の釈明を求めるが、ラダメスはそれを一切拒否するので、祭司たちは彼に死罪の宣告をする。一方、アムネリスはラダメスを死罪にしたランフィスや祭司たちを呪い、天が彼らに復讐するよう祈る。
［第四幕第二場　火の神の神殿の内部と地下牢］
死罪で地下牢に幽閉されたラダメスが、アイーダは彼の非業の死を知らずに生きてほしいと願っていると、人の気配が感じられ、それがアイーダだと気づく。彼女はラダメスの死罪を予測して、彼と共に死ぬために先回りして地下牢に忍び込んでいた。彼はこんなに清くて美しい娘盛りの彼女が死ぬのを惜しむが、彼女は、永遠の愛と歓喜の世界へ天使が彼らを迎えにきているので、彼らのこの世の生は終わったと言う。従容として死に向う二人の二重唱は感動的である。恋人たちは地上の生に別れを告げ、地上ではアムネリスが愛する人の平安を祈り、静かに全曲の幕となる。

■解説

ヴェルディの二十四番目の（改作二曲を除く）オペラ《アイーダ》の最大の特色と価値は、オペラが二百七十年間に試みてきたあらゆる営みを集大成し、総合していることである。これは正しくデパート・オペラで、聴きたいものや観たいものがほとんど何でもある類稀な作品である。そして、《アイーダ》のユニークな実力や持ち味や総合的な価値は、アレーナのような野外劇場でこそ十分に発揮できる。《アイーダ》はアレーナの目玉演目であり、これほど大衆的人気のあるオペラは非常に珍しい。ここにはオペラの魅力が一杯詰っている。

《アイーダ》にはヴェルディのオペラ改革の息吹きが強く感じられる。これは革新的オペラでもあり、作曲者の音楽語法や様式の斬新さが目立っている。《アイーダ》は彼のナンバー制による最後のオペラで、ナンバー制はなお維持されているが、それはすでに破壊と廃止寸前の状態にあり、その制約からオペラを解放しようとしている彼の願望と努力が全曲のあちこちで読み取れる。四幕七場構成の全曲が前奏曲と十五のナンバーから成っている。伝統的な名称のナンバーの外に、〈奉献式の大シェーナと第一幕フィナーレ〉、〈導入部―シェーナ、侍女たちの合唱とムーア人奴隷たちの踊り〉、〈導入部―祈りの合唱とロマンツァ〉、〈裁判の場〉のような《アイーダ》独自の複合的で大規模なナンバーがある。民衆の大合唱と大行列、高らかな凱旋行進曲、華やかなバレエ、凱旋軍の大行進など、グランド・オペラの道具立てが集中し、最高の観どころと聴きどころの一つの場面である第二幕第二場は、長大な単一ナンバーである。《アイーダ》のナンバー構成と名称から判断しても、ヴェルディがナンバー区分はドラマと音楽の円滑な展開と流れの阻害になると懸念していたことがわかる。

ナンバー制との関連で《アイーダ》の重要な、際立った特色は、伝統的なオペラの生命とも言えるアリアが一曲もないことである。ここには三曲の名歌がある。アイーダの賛美と彼女への愛を歌うラダメスの〈清きアイーダ〉と望郷の切々たる念を歌うアイーダの〈おお、わが故郷〉の二曲は、ロマンツァと名づけられているが、これらの抒情歌はアリアと呼んでもよい。もう一曲は最も感銘深くて、ユニークな、アイーダが第一幕第一場の終わりで歌う〈勝ちて帰れ!〉で、シェーナと名づけられている。

アイーダは祖国と父王への愛、恋人への愛との板挟みで心を引き裂かれ、煩悶し、死を予感して神の憐れみを乞い願う。これはむごい宿命に懊悩する彼女の複雑な心理と感情の推移が、柔軟に、自在に変化するテンポと唱法で歌われる全曲中最高の名歌である。飾らぬ、率直な歌唱には、新鮮で尽きぬ醍醐味が秘められている。伝統的なオペラではアリアとシェーナは対照的な唱法だが、ヴェルディはアリアでもシェーナでもアイーダのこの時の心境の表現は不可能だとして、アリアとシェーナの垣を低くし、両方を練り合わせて彼女の煩悶苦悶の心理描写にふさわしい唱法を創造した。ヴェルディのこういう独創性と改革の持続と拡大が《オテロ》への道を開いた。

《アイーダ》の主題はヴェルディが好んで取り上げる三角関係の愛である。アイーダとラダメスは悲劇的運命に翻弄されながら運命の好転を鋭意図るが、運命は彼らに無慈悲で、遂に彼らは愛の断念よりは死によって愛を成就する。アムネリスはラダメスへの実らぬ愛と嫉妬に身を焼き、絶望の淵に沈む。こういう愛と嫉妬の葛藤と煩悶のドラマが、叙事的事件―エジプトとエチオピアとの戦争とエジプトの勝利―を背景にし、事件に伴うグランド・オペラの華麗で壮大な装いと道具立てのもとで展開される。三人の主役の愛と嫉妬の葛藤と苦悶のドラマと心理描写や性格表現が感銘深く、豪華絢爛たるグランド・オペラの道具立ての威力と迫力が圧倒的である。

グランド・オペラの道具立ては三角関係のドラマと遊離したり、浮き上がってはおらず、両者は結びつき融け合い、前者は後者の部分となっている。特にバレエは一般にオペラのドラマとは遊離したり、直接的な関係のないものが多く、上演ではカットされる場合が多い。ヴェルディの《シチリアの夕べの祈り》(一八五五)の第三幕第二場には「四季」と題する約三十分にも及ぶ長大なバレエの場面があるが、カットされることが多い。最近聴いた上演では約十五分に短縮されていた。しかし、《アイーダ》のバレエはドラマと不可分に結びつき、ドラマの自然な部分となっているので、カットされることはないし、カットできもしない。

《アイーダ》のオーケストラは曲の性格上ヴェルディのオペラの中で最大規模の編成で、その演奏は充実し、劇的迫力と力強さにも富む。〈凱旋行進曲〉のような万人が口ずさむ名曲中の名曲がある。それでも、歌唱とオーケストラの力関係が調和し、釣り合っているのが特色である。

グランド・オペラの華麗壮大な祝典の場面とは際立って対照的に、全曲のフィナーレが歌唱も伴奏も消え入るような最弱音であるのが感動的であり、印象的である。地下牢では愛し合うアイーダとラダメスがやがて迎える死を前にして、天国で結ばれるのを夢見て愛の二重唱を歌い、最後は「天が開く！」をユニゾンで静かに、消え入るように歌う。地上ではアムネリスがラダメスへの愛を最後まで拒絶され、彼が裁判の場で自己弁明を拒否したことに絶望し、すべてを諦め、静かにラダメスの平安を祈る。

《アイーダ》は誰もがそれぞれの理由で感動し、楽しめる名曲中の名曲である。

第7章

ミラノ

フランチェスコ・チレーア《アドリアーナ・ルクヴルール》
ウンベルト・ジョルダーノ《アンドレア・シェニエ》

◉都市の概説とオペラ小史

聖アンブロージョを守護聖人とするミラノはイタリア最大の肥沃な穀倉地帯ロンバルディア平野に位置し、ロンバルディア州の州都で、ローマに次ぐイタリア第二の都市。東西南北を結び、イタリア全土に通じる交通の要衝で、北イタリア最大の産業、経済、金融、文化、芸術、学問の都市である。「ミラノ・ファッション」という言葉があるようにパリと共にヨーロッパの最先端のファッションを発信する華やかな都市でもある。

ミラノは紀元前五世紀にガリア人によって開かれ、交通の要衝だけに早くから繁栄した。三一三年にローマ皇帝コンスタンティヌスは「ミラノ勅令」を発布してキリスト教を公認し、ミラノはアンブロージョ司教のもとでキリスト教の中心地になった。五六八年にロンバルト（ランゴバルド）族の侵略でミラノは制圧され、彼らは五七二年にパヴィーアを首都として北イタリアを支配した。十二世紀になると、ミラノをはじめその周辺にいくつもの都市国家が形成され、互いに抗争し合ったが、一一六七年にロンバルディア都市国家同盟が成立し、一一七六年の神聖ローマ皇帝フリードリヒ一世との戦いでは同盟を結んだ都市国家が勝利した。これが史上有名なレニャーノの戦いで、ヴェルディはこれを題材にして《レニャーノの戦い》（一八四九）を書いた。名作が非常に多いヴェルディのオペラの中では知名ではないが、当時のイタリアで盛り上がっていたリソルジメントの後押しをした愛国オペラである。

一二七七年にヴィスコンティ家がミラノ都市国家の覇権を掌握し、世紀の進展と共にその支配版図を大きく拡大し、十四世紀末にはミラノはヴィスコンティ家支配の大公国となり、十五世紀半ばまで続いた。しかし、一四四七年にフィリッポ・マリーア・ヴィスコンティが急死すると、ヴィスコンティ家の統治が終わり、代って一四五〇年にフランチェスコ・スフォルツァがミラノ公となって、一五三五年までスフォルツァ家の支配となった。その後のミラノはハプスブルク家やナポレオンの支配下にあり、最後に一八六一年のイタリア統一国家となった。

＊

十九世紀以降のミラノは、世界有数のオペラの殿堂スカラ座、スカラ座博物館、ジュゼッペ・ヴェルディ音楽院などの所在地として、またイタリア第一のオペラ都市、世界屈指のオペラ都市として、輝かしい栄光と名声に包まれ、華々しい脚光を浴びてきたが、ミラノが世界のオペラ界の表舞台に躍り出てオペラ史をより賑やかに、より充実させる力を振うようになったのは、十八世紀も半ばすぎになってからだった。オペラの草創期やバロック・オペラの時代には、ミラノはオペラ史上の活動拠点となったことはなく、これまで言及してきた諸都市の後塵を拝していた。

ハプスブルク家の支配下の一七一七年にテアトロ・レージョ・ドゥカーレ（大公宮廷劇場）が開場し、ミラノのオペラ上演環境の整備が緒につく。天才モーツァルトは一七七〇―七三年に三回ミラノを訪れ、彼の最初期の三曲のイタリア・オペラ《ポントの王ミトリダーテ》（一七七〇）、《アルバのアスカーニオ》（一七七一）、《ルーチョ・シッラ》（一七七二）を作曲初演した。いずれの曲もモーツァルトの少年時代の作品で、ディスクで聴くことはできるが、一般劇場で上演される機会はごく稀である。最後の曲《ルーチョ・シッラ》は他の二曲と比べるとかなり大きな進歩の跡が見られ、巨匠の天才振りを彷彿とさせる曲がある。いずれにしても、これはミラノのオペラ史を飾る画期的事件である。

その少し後の一七七八年にサンタ・マリーア・デッラ・スカラ教会の跡地にスカラ座（テアトロ・アッラ・スカラ）が開場した（イタリアでは教会跡地にオペラ劇場が建立されるのは珍しくない）。

ミラノでオペラを上演したことのある、スカラ座以外の有力劇場と知名の初演オペラを列挙する。

カノッビアーナ劇場は一七七九年に開場し、ドニゼッティのオペラ・ブッファの傑作《愛の妙薬》（一八三二）を初演。

カルカーノ劇場は一八〇三年に開場し、ドニゼッティの《アンナ・ボレーナ》（一八三〇）とベッリーニの《夢遊病の女》（一八三一）のような名作を初演。

ダル・ヴェルメ劇場は一八七二年に開場し、プッチーニの第一作《レ・ヴィッリ》（一八八四）、レオンカヴァッロの傑作《パリアッチ》（一八九二）を初演。

リリコ劇場はカノッビアーナ劇場跡に一八九四年に開場し、チレーアの《アルルの女》（一八九七）や彼の名作《アドリアーナ・ルクヴルール》（一九〇二）、ジョルダーノの名作《フェードラ》（一八九八）、レオンカヴァッロの《ザザ》を初演。

ジュゼッペ・ヴェルディ音楽院はナポレオン支配下の一八〇七年にミラノ音楽院の名称で創立された、イタリア音楽教育第一の名門音楽院。ヴェルディは一八三二年音楽院を受験したが、入学を許可されなかった。オペラ史上の三大巨匠の一人の入学不許可の理由の真相は必ずしも明白ではなく、謎めいている。彼の最晩年に音楽院は彼の絶大な偉業の顕彰と敬意のために、ジュゼッペ・ヴェルディ音楽院への改称を申し出たが、彼はそれを断乎拒絶した。拒否理由は少年時代の音楽院との苦い思い出ではなく、晴れがましい栄誉や顕彰を嫌う彼の性格にあったのだろう。いずれにしても興味深いエピソードである。

ミラノの音楽関係名所に、ヴェルディが私財を投じて建設した「音楽家憩いの家」がある。現役を引退した音楽家のためのいわば養老院である。少年時代に他人の援助で好きな音楽の道に進んで大成し、億長者に出世した彼の恩返しの一端だったのかも知れない。ミラノ音楽院の改称の場合と同じように、この場合も彼は慈善家だと崇められたり、敬服されたりするのを恐れて、施設開きの時期を彼の死後にした。彼はここの礼拝堂に埋葬されている。ちなみに、施設の団体参観の申し込みをすると、入居している音楽家たちがプログラムを作って、歌や演奏で歓迎してくれることがある。筆者にもそういう経験がある。

世界屈指の音楽出版社リコルディは一八〇八年にジョヴァンニ・リコルディを創業者として多くの作曲家のオペラの楽譜を出版してきた。代々の社主の中にはジューリオ・リコルディのようなオペラも書いた音楽家もいる。彼はヴェルディとは特に親密だった。また、四代目社主ティート・リコルディはオペラ演出家でもあった。リコルディ社は一八四二年に音楽評論誌『ミラノ音楽新聞』を創刊し、オペラ界でこの方面でも大きな役割を演じてきた。リコルディ社に対抗する音楽出版社にソンツォーニョ社があり、同社は一幕物オペラのコンクールでも知名だった。

ミラノでは無数のオペラが上演され、世界一多数の名作が初演されてきたのに、ミラノ生まれの知名のオペラ作曲家が皆無だったのは、何とも淋しい。

◉作品紹介

フランチェスコ・チレーア《アドリアーナ・ルクヴルール》四幕
――リリコ劇場初演の実在女優の名曲オペラ

■**原作** ユージェーヌ・スクリーブとエルネスト・ルグーヴェの劇『アドリエンヌ・ルクヴルール』(一八四九)

■**台本** アルトゥーロ・コラウッティ　イタリア語

■**初演** 一九〇二年十一月六日　ミラノのリリコ劇場

■ドラマの時と所　一七三〇年のパリ

■登場人物

マドモワゼル・ジュヴノ　女優……ソプラノ
ミショネ　コメディ・フランセーズの舞台監督……バリトン
ポワソン　男優……テノール
マドモワゼル・ダンジュヴィル　女優……メゾ・ソプラノ
キノー　男優……バス
シャズイユ僧院長……テノール
ブイヨン公爵……バス
アドリアーナ・ルクヴルール　コメディ・フランセーズの女優……ソプラノ
マウリツィオ　サクソニア伯爵……テノール
ブイヨン公爵夫人　マウリツィオを愛する……メゾ・ソプラノ
家令……テノール

■録音ディスクと演奏時間　多数あるCDの一例　CBSソニー　64DC321-2　二枚組　約二時間十五分。LDの一例　ANFコーポレイション　ANF3512　四面　二時間三十八分。DVD　TDK　TDBA-0048　約二時間十四分。

■すじがき

［第一幕　コメディ・フランセーズの楽屋］

開幕直前で、男・女優たちは扮装の仕上げに忙殺されている。舞台監督のミショネは彼らの手伝いで目が回るほどてんてこ舞いの大忙し。彼は一息ついて、舞台監督とは朝から晩まで雑用に追い回され、こき使われる因果な商売だと愚痴をこぼし、嘆いて歌う。女優デュクロのパトロンで、だて男のブイヨン公爵と若くて美男のしゃれ者シャズイユ僧院長が現れ、俳優たちと軽妙な会話を楽しむ。ミショネが二人に今晩はラシーヌの悲劇『バジャゼ』でデュクロとアドリアーナが共演すると紹介する。

ロクサーヌ役に扮したアドリアーナが登場すると、公爵と僧院長は彼女に挨拶をし、ひそかに彼女を愛しているミショネは彼女に見惚れるが、彼女はロクサーヌの台詞の練習に熱中し、公爵や僧院長の称賛に謙虚に応答し、「私は創造の神の慎ましいしもべ」と歌う。抒情性をたたえた美しい歌で、有名な聴きどころの一曲である。彼女がミショネを彼女の有能な先生だと褒め称え、感謝するので、彼は感激で息が詰まりそうになり、俳優たちを舞台へ急き立てる。デュクロを寵愛している公爵は、彼女が手紙を書いていると聞いて、僧院長に財布を渡し、手紙を入手してくれと頼む。

二人だけになると、まだ台詞の練習を続けているアドリアーナをうっとりと見詰めて、ミショネはモノローグを歌う。老人の彼は五年前から非常に若いアドリアーナを愛してきたが、愛の告白ができず、思い悩んできた。明日は今日よりも老人になるので、思い切って今打ち明ける決意をする。彼が死んだおじが一万リラの遺産を残してくれたのを機に結婚を考えていると彼女に打ち明けると、彼の結婚相手が自分だとは夢想だにしない彼女は、それはいいことだと賛成し、その上、自分も結婚できたらと洩らすので、彼は息をはずませる。しかし、彼女の相手はサクソニア伯の旗手と言われる騎士で、今日戦場から帰ってきて、彼女の芝居を見にくると彼女が語るので、彼はもう自分は用なしだと諦め、失望する。事態は彼には藪蛇の結果となる。

ミショネと入れ代わりにアドリアーナの恋人マウリツィオが現れる。彼は彼女の中に優しい母の面影を偲び、彼女の美しさを賛美し、出会えた喜びのアリアを歌う。続いて二人の愛の二重唱となり、出番の迫った彼女は、自分の胸もとのすみれの小さな花束を彼の上衣のボタン穴に挿入して舞台へ向う。

公爵と僧院長が現れ、僧院長が百ルイで小間使いを買収して入手したデュクロの例の手紙を公爵に読んで聞かせる。手紙はマウリツィオあてのもので、政治工作打ち合わせのため、今夜十一時にセーヌ川下流のいつもの別荘で待っています、と認《したた》められている。公爵はデュクロの裏切りを不快がり、彼女の陰謀を挫くために、俳優たちを招いて同じ別荘で同じ時刻に賑やかな小宴を催すことにする。公爵はデュクロの手紙を右から三番目のマウリツィオの席へ届けさせる。

公爵が僧院長とデュクロの不実の仕返し計画を相談していると、ジュヴノとダンジヴィルが用心深くそれを立ち聞きし、続いてキノーとポワソンも加わる。退出しようとしている公爵と僧院長、四人の俳優たちが、公爵の催そうとする小宴をめぐっておもしろおかしく、楽しげに六重唱を展開する。

ミショネは四人の俳優たちに出番だと知らせ、一人舞台の袖でアドリアーナの演技に食い入るように見惚れている。アドリアーナは彼女が演ずるロクサーヌのモノローグを始めたところである。ミショネは彼女の完璧な驚異の名技に感服するが、これが彼のためではなく、彼女の恋人マウリツィオのための名演だと気づき、嫉妬する。ミショネのこの歌は地味ではあるが、味のある聴きどころの一曲である。

デュクロからの手紙を受け取ったマウリツィオが困惑顔で入ってくる。デュクロから知らされた政治向きの用事とアドリアーナとの逢引が重複したからである。彼はテーブルの上の空白の羊皮紙にアドリアーナとの今夜の逢引の不可能の旨を書き込み、出番のジュヴノに託して、出演中の彼女に渡してもらう。アドリアーナの神技に場内から嵐のような拍手が響き渡る。公爵と僧院長が現れ、舞台を終えてきたアドリアーナの演技に感服する。マウリツィオの伝言を読んで蒼白顔のアドリアーナと俳優たちを公爵は今夜の小宴に招待する。彼女は小宴でマウリツィオに会えるのを何気なく期待し、招待に応じる。

［第二幕　セーヌ河岸《かし》のデュクロの別荘］

サクソニア伯爵マウリツィオを熱愛しているブイヨン公爵夫人が彼の到着を待ちながら、恋の狂おしい快楽や苦悶を熱唱する。全曲中最も激情的で、ドラマティックなアリアの一曲であり、感銘深い聴きどころの歌唱である。漸く現れた男の胸にアドリアーナが挿入したすみれの花束を彼女が見咎めると、マウリツィオはこれは彼女のためのものと言いわけし、彼女にそれを差し出す。彼女が彼の政治上の権利や計画のことで王妃に彼の支援をお願いしたと伝え、彼には強力な敵がいるから用心するよう警告する。彼は彼女の力添えに感謝しながらも、バスティーユへ拘引されたくないから、すぐにも祖国サクソニアへ出発すると言い出す。愛の一言も囁かずに逃げ帰るのは彼が彼女との情事に倦み、別の女に心を移した証拠だと彼女は彼を激しく非難し、今彼が愛している果報者の名前を明かせと彼に迫る。図星を指されて彼は困惑するが、恋人の名前を彼女に打ち明けるのを頑として拒む。そして、彼はひたすら彼女の同情に訴え、彼女のこれまでの助力に感謝し、前途の不安と多難に直面している今、彼女との情愛に溺れることはできないので、それは彼の心の中で開花させ続けると短いアリアを歌う。彼女は彼の逃げ口上を情事の終わりの宣告だと悟り、彼に激怒する。そのとき、馬車の音が聞こえ、ブイヨン公爵が到着したので二人は狼狽し、恐怖で右往左往する公爵夫人をマウリツィオは中央口から部屋の中へ隠す。

公爵と僧院長が現れ、盗み読みしたマウリツィオへのデュクロからの手紙の内容で、彼らがここで逢引していると早合点する。デュクロとの情事にもう飽きていた公爵は、マウリツィオに立腹するどころか、彼が彼女を愛しているようだと言って、渡りに船とばかり、彼女を彼に押しつけようとする。アドリアーナが到着し、公爵がマウリツィオを彼女にサクソニア伯爵と紹介すると、彼をサクソニア伯爵の旗手だと思い込んでいた彼女は、彼が伯爵自身だと知って驚く。二人だけになると、恋人たちは相手が自分の命だとばかりに熱っぽく愛の二重唱を歌い、うっとりと抱擁し合う。

花籠を持った僧院長にミショネが仕事の打ち合わせでデュクロと会わせてほしいと頼みながら入ってくる。先ほどデュクロがマウリツィオと逢引していたと信じ込んでいる僧院長が、ミショネにそう言うのを聞いて、アドリアーナが腹を立て、事実確認のために戸口を開けようとする。狼狽したマウリツィオは彼女を制止し、中にいるのは彼の領国の政治問題で重要な女性であり、デュクロではないと断言し、彼女の顔を見ずに、彼女をここから逃がす工夫をしてくれとアドリアーナに頼むので、彼女は彼を信じ、彼の頼みを果たす決心をする。部屋に飛び込んだミショネがもどってきて、中は真暗で、女性の身元はわからないと報告すると、僧院長が燭台を手にして身元を確認しようとするので、アドリアーナはそれを止めさせる。

一人になると、アドリアーナは灯火を全部消して扉を叩き、出てきたブイヨン公爵夫人に鍵を渡し、庭園の門から逃げ出すよう勧める。夫人がアドリアーナの名前を尋ね、顔を見たいと言うが、アドリアーナはそれを拒む。夫人がふとマウリツィオの名前を洩らすと、二人は相手の身元はわからないが、恋敵同士だと直感し、互いにマウリツィオは自分のものだと激しく二重唱を歌い、敵意を剥き出しにし合う。夫人は夫が庭園にいるのを見て狼狽し、急いで秘密の扉から姿を消す。ミショネがアドリアーナに公爵夫人が落した腕輪を渡し、アドリアーナは疲れて椅子に身を投げる。

［第三幕　ブイヨン公爵邸の豪華な広間］

僧院長が従僕たちに夜会の準備の指図をしていると、豪華な夜会服の公爵夫人が登場し、先夜彼女の逃走を助けた恋敵の身元や素性を知りたい、彼女の恋人を盗もうとするあの女は許せないと歌う。僧院長が彼女に近づき、彼女を絶世の美人だとお世辞を言う。ブイヨン公爵も正装で現れ、来賓たちが次々と入場する。晴れやかな美しい姿のアドリアーナがミショネに付き添われて現れ公爵に迎えられる。公爵夫人はアドリアーナの声を聞いて、先夜の恋敵は女優だったのかと怪しむ。彼女がアドリアーナを試すために、故意にマウリツィオが決闘で重傷を負ったと言いふらすと、彼女の目論見どおりアドリアーナがそのショックで失神する。すぐ正気づいた彼女は平静を装うが、そのとき、家令がマウリツィオの到着を告げるので一同は驚く。現れたマウリツィオが公爵夫人とひそかに密談するのを見て、アドリアーナは不安になり、先夜の恋敵は公爵夫人だったのかと怪しむ。

マウリツィオは公爵の求めで、彼がロシアのメンチコフ指揮の大軍を打ち破った戦争の模様のアリアを歌う。アリアの所々でマウリツィオの勝利の栄光と勇気を称える来賓一同の合唱が加わる。公爵が夜会の余興としてバレエ「パリスの審判」の開始を告げる。ギリシャ神話の有名な物語によるバレエで、その間に舞台外で二度合唱が加わる。

公爵夫人とアドリアーナがマウリツィオをめぐって恋の鞘当てを展開し、公爵夫人がマウリツィオから捧げられたすみれの花束を見せると、アドリアーナは公爵夫人が先夜逃亡の際に落して行った腕輪を見せる。二人は相手が恋敵であることを確認し合い、一同は二人の対抗的な鋭い眼差しに気づいて、彼女たちの間に何か不穏な秘密があると感づく。夫人が作り笑いしてアドリアーナにコルネイユの『捨てられたアリアドネ』の独白の朗読を所望すると、アドリアーナはきっとなってそれをはねつける。今度は公爵がラシーヌの『フェードル』からの「召還」の場面を所望すると、アドリアーナは妻の恋の火遊びに疎い公爵を意識しながら、不倫の恋に燃え上がるフェードルの一節を朗誦し、全員の万雷の拍手喝采を浴びる。ミショネはアドリアーナの公爵夫人への意趣晴らしを無謀だと詰《なじ》るが、彼女は遺恨を晴らしたと痛快がり、公爵夫人はこの侮辱の復讐は必ずすると激怒する。

［第四幕　アドリアーナの住居］

前奏曲に続いて幕が上がると、公爵邸での夜会以来病の床についているアドリアーナをミショネが見舞いに訪れる。彼女は三角関係の故意の苦悶で心身消耗し、舞台も休演中である。ミショネは自分がアドリアーナへの恋心を清算できず、いまだに引きずっているのを自嘲しながら、優しい彼の心は彼女の恋患いの苦痛を思い遣る。彼女に対する彼の本心に疎い彼女は、彼が父親であるかのように彼に甘える一方で、激昂し、狂ったように、公爵夫人に敵討ちをするために飛び出そうとする。そして、それを制止するミショネに嫉妬に苦しむより死んだ方がまし、と言い放つ。彼女の無謀に手を焼き、彼が自分も愛のために心で泣いていると告白し、彼女を慰めると、彼の相手が自分だとは毛頭気づかぬ彼女は、彼の告白を意外がる。

二人の愛の苦悩をめぐる二重唱が終わると、ジュヴノ、ダンジュヴィル、キノー、ポワソンの四人の俳優仲間がアドリアーナを見舞にくる。四人が今日は彼女の誕生日だと贈物をすると、彼女は喜び、ミショネにもねだる。彼はおじの遺産で手に入れたダイヤモンドの首飾りを贈って彼女を感激させる。俳優たちが彼女に舞台への復帰を勧めると、彼女は承諾する。彼らはデュクロが公爵からお払い箱になったと彼女に知らせ、それにちなんでおもしろそうに四重唱する。

そのとき、マウリツィオ名儀の小箱が届く。アドリアーナが一人になって蓋を開けた途端に、彼女は何か異様な冷気に襲われる。駆けつけたミショネに、彼女はマウリツィオに捧げた、今はしおれてしまった花束を見せ、突き返された侮辱で息が詰る。ミショネがこれはマウリツィオではなく、公爵夫人の仕業だと主張する。彼女はしおれた花束と失われた恋を対比して悲しみ、いとおしそうに花束に口づけしながら美しい抒情的アリアを歌い、それを暖炉に投げ込む。

アドリアーナに内証で手紙でマウリツィオを呼び寄せたミショネが、彼がくれば何もかも明らかになると言うのもつかの間、平服のマウリツィオが息をはずませて飛び込んでくる。アドリアーナは内心喜びながらも冷静を装い、彼が公爵夫人とのことで彼女を苦しめたことを謝罪しても、彼女は初めは素直にそれを受け入れない。しかし、彼の誠意ある求婚で彼女の誤解も解け、彼らは幸福感に酔い、抱擁し合う。彼らが愛の二重唱をうっとりしながら歌っていると、アドリアーナは急に蒼白になり、胸元が苦しくなる。遂に彼女はマウリツィオを識別できず、幻覚を見、たわごとを言い出す。ミショネとマウリツィオの応急手当で彼女の呼吸がもどる。マウリツィオはブイヨン公爵夫人が届けたすみれの花束に毒が仕込まれていたことを知る。瀕死のアドリアーナは苦しい息の下で「私の命を救って！　死ぬのはいや！　彼は私を愛している！　私は彼の花嫁！」と歌い、マウリツィオは彼女を愛していると応答する。彼女はけいれんに苦しみ、喘ぎながら遂に息切れる。マウリツィオとミショネが涙に暮れている中で、感動的な名曲オペラの幕が静かに下りる。

■解説

フランチェスコ・チレーア(一八六六―一九五〇)はヴェルディ後の十九世紀末に輩出した六人の著名なオペラ作曲家の一人。ナポリ音楽院で学び、一八八九年にナポリで処女作《ジーナ》を初演してデビュー。三作目の《アルルの女》(一八九七)はアルフォンス・ドーデの有名な同名の原作のオペラ化作品で、その中の〈フェデリーコの嘆き〉は特にテノールの名歌として知れ渡っており、初演でフェデリーコを演じたエンリコ・カルーソが、これで歌手としての輝かしい名声をあげたのは有名な事件である。しかし、オペラ全体はそれほど評判にはならず、『アルルの女』の音楽と言えば、チレーアのオペラよりもビゼーの劇音楽の方が遙かに有名である。次作が《アドリアーナ・ルクヴルール》で、大成功の人気作であり、不朽の名曲である。作曲者はこの一曲でオペラ史に名を残すことができるほどの実力オペラである。

チレーアは八十四歳まで生きたが、劇場活動に精出し、オペラの作曲を優先するイタリアの音楽家としては珍しく寡作で、五曲しか書き残していない。これらの中で《アドリアーナ・ルクヴルール》だけが非常に頻繁に劇場上演されており、他の四曲はほとんど上演されない。しかし、録音ディスクでは筆者は五曲中四曲聴いている。

チレーアは作曲家であると共にピアノの名手であり、著名な音楽教育家である。非常に長期間あちこちの音楽院教授をつとめ、二十年間ナポリ音楽院院長の職にあった。彼の音楽語法や作風が概して穏健であり、アカデミックな印象を与えるのは、彼の長期間の教職が一因かも知れない。

《アドリアーナ・ルクヴルール》のヒロインのモデルは、実在したコメディ・フランセーズの名女優アドリエンヌ・ルクヴルール（一六九二―一七三〇）であり、他の主要登場人物たちのほとんども実在人物がモデルになっている。もちろん、オペラの事件やエピソードは史実と虚構の混合である。主題はオペラや文学ではありふれた三角関係の愛である。アドリアーナとブイヨン公爵夫人がサクソニア（ドイツのザクセン）伯爵マウリツィオに熾烈な恋心を掻き立てられ、壮絶な彼の争奪戦に狂奔する。それが惹起する嫉妬、憎悪、対決、復讐、陰謀、毒殺などがドラマの主軸を展開する。二人の女たちの熾烈な恋の鞘当てがある一方で、率直に告白さえできずに胸を痛め、思い悩むミショネのアドリアーナへの慎ましい老いらくの恋がある。彼の彼女への思慕の念が彼女の心の片隅さえ占めていないのがわかって失望しながらも、彼は彼女の身近かにいることに生き甲斐を感じ、彼女を温かく見守り、父親のように彼女を愛し続ける。これが第一幕の彼のアリアでしみじみと歌われ、切なく、感慨深い。オペラのほとんどの場面に登場しているミショネは狂言回しのような人物で、ドラマの展開の支柱になっている。

これはヒロインの死で終わる悲劇的オペラであるが、作曲者と同時代のプッチーニのオペラがそうであるように、ここにはブイヨン公爵、シャズイユ僧院長、四人のコメディ・フランセーズの俳優たちのような喜劇的性格の人物たちが登場し、オペラに滑稽感や軽妙さの作風を付与し、それをより親しみ深くしている。第一幕の彼ら六人の六重唱や第四幕の俳優たちの四重唱の場面はその好例である。悲劇への喜劇的要素の混入がオペラに多様な彩りを付与し、それをより楽しく、より味わい深くしている。

多くのオペラ愛好家に親しみと魅力を感じさせるこの曲の目立った特色は、甘く美しい歌や、情熱的でドラマティックな歌が曲中に多数ちりばめられていることである。歌の大部分はアリアと二重唱で、珠玉のような歌が少なくない。そして、アリアも二重唱も、概して短く、簡潔であるので余韻があり、より印象深い。第一幕のアドリアーナの〈私は創造の守護神の慎ましいしもべ〉と第四幕の彼女の〈哀れな花〉、第二幕のブイヨン公爵夫人の〈苦い快楽〉は、名唱アリアの少数例である。そして、アドリアーナとマオリツィオの複数の情熱的な愛の二重唱の絶唱があり、第二幕の終わりで恋敵同士だと気づいたアドリアーナと公爵夫人の激烈な鞘当ての二重唱の凄味には圧倒される。抒情的歌唱とドラマティックな歌唱の巧みな配分が効果的で、好ましい。

《アドリアーナ・ルクヴルール》の音楽語法上の注目すべき特色は、ライトモチーフ（示導動機）のかなり組織的な使用である。多くの特定の旋律や音型が声楽や器楽で反復され、人物、事象、観念を示すのが印象的である。

これはドラマに内容があり、音楽が甘美で魅力的であり、その上ドラマと音楽がバランスよく融合した名曲オペラである。とにかく、聴きやすく、親しみやすい、話題の豊富な実力オペラである。イタリア・オペラではそれまでヴェルディに頭を抑えつけられていたかのように彼以後六人の新人作曲家たちが次々と台頭して競い合い、作品数の多寡はあるが彼らはそれぞれ名曲を書き残した。《アドリアーナ・ルクヴルール》は彼らの中で一頭地を抽《ぬき》んでたプッチーニの名曲《トスカ》よりはたしかに見劣りはするが、それ以外の他の五人のどの名曲と比肩しても遜色がないと評価されてよかろう。

ウンベルト・ジョルダーノ《アンドレア・シェニエ》四幕

——スカラ座初演の実在詩人の名曲オペラ

■台本　ルイージ・イッリカ　イタリア語

■初演　一八九六年三月二十八日　ミラノのスカラ座

■ドラマの時と所　フランス革命時のパリ

■登場人物

家令……バス
カルロ・ジェラール　コワニー家の下僕、後革命政府の要員……バリトン
マッダレーナ　シェニエを愛するコワニー伯爵夫人の娘……ソプラノ
コワニー伯爵夫人　マッダレーナの母……メゾ・ソプラノ
ベルシ　マッダレーナの侍女……メゾ・ソプラノ
フレヴィル　小説家……バリトン
修道院長……テノール
アンドレア・シェニエ　詩人……テノール
マテュー　革命家……バリトン
密偵……テノール
ルーシェ……シェニエの友人……バス

マデロン　老女……メゾ・ソプラノ
フーキエ・タンヴィル　検察官……バス
デュマ　裁判所判事……バス
シュミット　獄吏……バス

■録音ディスクと演奏時間

多数あるＣＤの一例　ＣＢＳソニー　54 DC5007-8　二枚組　約一時間五十三分。ＬＤの一例　パイオニア　PILC 2008　四面　約二時間三分。ＤＶＤの一例　ワーナーミュージック・ジャパン　WPBS-95013　約二時間十二分。

■すじがき

［第一幕　コワニー伯爵家の地方の城館の広間］

尊大な家令の指図で使用人たちが夜会の準備に忙殺されている。読書などで啓蒙主義の洗礼を受けたジェラールは、従僕の身だが、栄耀栄華をほしいままにしている貴族に憤懣を抱き、彼らの横暴を憎んでいる。彼は家具を引きずってきた老いた父親の哀れな姿を見て感慨に耽り、六十年も父親をこき使い、苦しめて虚飾生活に耽ってきた厚顔無恥の貴族の運命はもう決まった、今こそ彼らの滅亡の時だ、とモノローグを歌う。

伯爵夫人が娘のマッダレーナと彼女の侍女ベルシと共に広間に入ってくると、ジェラールはマッダレーナの美貌にうっとり見惚れる。夫人は彼に夜会の準備状況を尋ね、娘が早く夜会服に着替えるよう世話を焼く。やがて客が到着し、伯爵夫人は歓迎の挨拶を交す。彼女が修道院長にパリの近況を尋ねると、彼は王室の権威が失墜し、第三階級が台頭して、不穏な情勢だと語るので、一同は不安に戦く。

皆の不安を紛らわすために、小説家のフレヴィルが自作の羊飼いの牧歌劇で楽しもうと提案する。マッダレーナはきまじめで、偏屈そうな性格のシェニエをからかってやろうと気紛れないたずら心を起こし、彼に即興詩を作らせることにする。すると、彼は詩情は恋のような気紛れなもので、所望されて湧くものではないと彼女に釘をさす。恋という言葉を彼女が茶化すので彼は気持を損ねながらも、恋がどんなに詩情のあるものかを彼女に諭すために恋について詩をよむ。彼が愛は神様の贈り物、この世の魂、生命であると情熱をこめて歌い、この長大なアリアを結ぶと、彼女はこれにいたく感動し、愛を弄んで彼を挑発したことを恥じ入り、彼に非を詫びる。彼は彼女の素直な反省に深く感銘を覚える。このアリアは全曲中最高の聴きどころの一曲である。

シェニエがアリアの中で貴族を誹謗したことで彼らが彼に立腹し、場が白けたので、伯爵夫人は陽気なガヴォットの調べに乗って踊るよう一同を誘導する。舞台裏から生活苦を歌う群衆の声が聞こえ、やがて彼らの先頭にジェラールが現れる。伯爵夫人は群衆のリーダーを自認するジェラールに、彼ら共々邸から出て行くよう命令する。彼は貧民に冷酷な伯爵夫人に憤慨し、従僕のお仕着せを彼女に叩きつけて、父親を連れて出て行く。伯爵夫人は怒りのあまりソファに倒れて苦悶しながら、ジェラールを忘恩だと憤る。中断された踊りが続行され、第一幕が終わる。

［第二幕　革命下のパリ街頭　五年後］

大勢の群衆で街頭は騒々しく、シェニエだけが一人離れた所で物思いに沈んでいる。革命家のマテューは新聞売りの少年から買った新聞が五か月も前のものであるのに立腹するが、少年はもういない。娼婦姿のベルシが革命政府の密偵に近づき、彼女自身も監視されているのを意識して、彼を煙に巻くために彼と戯れ、陽気にアリオーソを歌う。貴族たちを断頭台へ送る馬車が通り過ぎる。遠ざかるベルシを眺めながら、密偵は彼女がマッダレーナと関係のある女だと怪しみ、それを手帳にメモし、彼女がシェニエに目を注ぎ、彼が誰かを待っているとにらんで、彼をも要注意人物とする。

シェニエの友人ルーシェがきて、彼に通行証を見せ、危険なパリから逃げ出すように忠告するが、シェニエはしばらく前から彼に手紙を送ってくる女性と会うために、ここから離れることはできないと忠告を断る。そして、彼は彼女が運命で彼と結ばれて、彼の人生行路に初めて現れた恋人だと熱っぽく歌い、ルーシェに彼女の手紙を見せる。「希望」と署名のある匿名の手紙を読んで、ルーシェはこれは娼婦からのものだとシェニエをからかうので、シェニエはひどい衝撃に襲われ、これで彼の人生も美しい夢も台なしだと悲観し、ルーシェから通行証を受け取る。

群衆が通りかかったロベスピエールと彼の高官になっているジェラールを歓呼して迎える。ジェラールにマッダレーナの捜索を依頼されている密偵が傍にくると、ジェラールは気持を高ぶらせながら、彼女の美貌や控えめな服装を密偵に歌って聞かせ、密偵は彼に今夜彼女に会えると請け合う。恋の夢が破れたと思って悲観しているシェニエにベルシがそっと近寄り、「希望」が、匿名の女性が大きな危険を冒して彼に会いにくると耳打ちし、逢引場所を指示する。シェニエが彼女に会うことにすると、ルーシェはそれは罠だと怪しみ、事態を見守ることにする。

シェニエとマッダレーナは指定場所のマラーの祭壇で落ち合い、マッダレーナはすぐにシェニエを認めるが、シェニエは革命で没落し、質素な服装のマッダレーナをすぐには彼女だと気づかず、五年前の彼のアリアの中の「愛は神様の贈り物」と彼女が口ずさむ声で彼女をマッダレーナと認め、感動する。隠れて見張りをしていた密偵が、急いでマッダレーナの所在をジェラールに告げに走る。

マッダレーナは一別以来抱いてきたシェニエへの熱い思慕の情を告白し、今は天涯孤独で絶えず生命の危険にさらされているので、保護してほしいと彼に懇願する。彼は彼女の歌に魅惑され、心を高ぶらせて、どんな危険や恐怖を冒しても彼女を守り抜くと誓い、彼らは「死ぬまで一緒」と熱烈な愛の二重唱をする。二人が腕を組んで歩き出すと、ジェラールと密偵が現れ、ジェラールがシェニエからマッダレーナを引き離そうとするので、シェニエは彼女をルーシェに託し、彼女を愛する二人の男は、彼女の争奪戦を展開する。剣の未熟なジェラールが負傷して決闘に敗れる。密偵や群衆がジェラールに加害者の名前を尋ねるが、彼はシェニエの名を彼らに明かさず、未知の男の仕業だと答える。一同は犯人はジロンド党員だと叫び「ジロンド党員を殺せ！」と合唱する。

［第三幕　革命裁判所の大広間］

ヨーロッパの王国がフランス革命政府と対峙しているために、フランスは危殆に瀕しているとマテューがアジ演説をぶち、金品の寄付を群衆に呼びかけているが、あまり実績が上がらない。そこへジェラールが負傷姿で現れると彼らは歓呼で彼を迎える。マテューに代って彼が革命政府の危機を訴えると、女たちが続々と金品を献納する。すでに革命戦争で息子と孫を失ったマデロンという老婆が、残っている十五歳のもう一人の孫を革命戦士として差し出す。舞台裏から「自由万歳」の合唱が聞こえる。

密偵がきて、シェニエの所在を突き止めたが、マッダレーナの行方はまだ知れないとジェラールに報告する。新聞売りの少年がシェニエが逮捕されたと叫ぶ。密偵はシェニエが逮捕されたからマッダレーナは必ず姿を現すと自信を込めて歌い、ジェラールにシェニエを裁判にかけるために起訴状を作成するよう勧める。ジェラールは革命の理想と現実の狭間で悩み、革命の大義に殉ずる自覚が、今マッダレーナとの愛欲の強い自覚に蝕まれていることに自嘲と呵責を感じて、名高い長大なアリアを歌い、シェニエの告発書に署名する。

現れたマッダレーナにジェラールは、彼女を手に入れるためにスパイを放って彼女を捜索し、シェニエを逮捕したと告白する。そして、彼は彼女と一緒に駆け回っていた頃から彼女が好きで好きで堪らず、すっかり彼女の魅力の虜だったと歌う。彼女がシェニエの命の代償として彼女の体を彼に提供してもよいと言うと、ジェラールは涙にむせびながら、彼らの魂からの本物の愛に感動する。彼女は革命による一家の没落、母の死、貧窮、命の危険、ベルシの彼女への献身、シェニエへの純愛のアリアを歌い、生ける屍同然の体をほしければジェラールに捧げるとアリアを結ぶ。ジェラールは彼自身の卑しい愛欲を恥じて、命を賭けてもシェニエの助命に奔走しようと決意する。しかし、彼を死刑にする裁判のお膳立てはすでに完了している。

物見高く血に飢えた群衆が裁判の傍聴に押し寄せ、騒ぎ立てる。ジェラールは急いで長官あての手紙を書く。判事、検事、被告たちが入廷し、裁判が始まる。裁判長デュマが被告名を読み上げ、検事フーキエ・タンヴィルが罪状を朗読する。マッダレーナは恐怖に駆られ、ジェラールに寄りかかる。シェニエは罪状に抗議し、自己弁明のアリアを歌い、「私は裏切り者ではない。私を殺すのか？　でも、名誉は残してくれ」とアリアを結ぶ。ジェラールが証言を求め、彼の告発状は虚偽だったと釈明するが、フーキエ・タンヴィルはそれを認めない。ジェラールが祖国の詩人を殺すなと弁護すると、シェニエはジェラールの誠実と寛大に感動し、涙ぐむ。被告全員に絞首刑が宣告され、マッダレーナは絶望する。

［第四幕　牢獄の中庭］

深夜で、シェニエが詩を書いており、傍らでルーシェが彼を見守っている。牢番シュミットがルーシェに退出を促すが、ルーシェは牢番に袖の下を使ってもう少し時間を延ばしてもらう。死を目前にして書き上げた詩をシェニエはルーシェに聞かせる。美しく、抒情性に優れた歌い出しだが、最後は感極まった情熱的アリアである。ルーシェは深く感動し、友人を抱き締めて別れを告げる。ジェラールがマッダレーナときて、彼女とシェニエとの面会の許可を牢番から取りつける。彼女は女性死刑囚の身代わりになると牢番に申し出て、彼に宝石や財布を渡す。彼女はシェニエと死を共にする覚悟でいる。牢番は宝石や財布の誘惑に抵抗できず、彼女の申し出を黙認し、彼女と女性死刑囚との差し替え手続きを取る。ジェラールはシェニエの最後の助命嘆願をするためにロベスピエールのもとに赴く。

二人になると、シェニエとマッダレーナは、彼らの愛は心の愛、彼らの死は愛の勝利と誇らかに二重唱する。処刑台に向う時刻がきて、牢番がシェニエを呼び、次にイディア・レグレイと呼ぶと、身代わりのマッダレーナが「私です」と返事する。すでに生死を超越して永遠の愛で結ばれている二人は、渾身の力を込めて高らかに、力強く「死に栄光あれ、ともに！」とユニゾンで二重唱を結び、刑場への護送車へ向う。二人の崇高な、巧まざる愛の精神の高揚と飛翔に自然と感動がわき起こる二重唱であり、全曲中最高の聴きどころの一曲である。

■解説

ウンベルト・ジョルダーノは一八六七年に南イタリアのフォッジャで生まれ、一九四八年にミラノで没した、プッチーニと同時代に活躍した重要なオペラ作曲家の一人。ナポリ音楽院に在学中、ソンツォーニョ出版社の一幕物オペラ・コンクールに応募した《マリーナ》が六位に終わったが（マスカーニの《カヴァレリア・ルスティカーナ》が一位）、これが縁となってソンツォーニョ社から新作の委嘱があり、ヴェリズモ風の《ならず者》をローマで初演したが失敗に終わった。一八九四年にナポリからミラノへ移住し、一八九六年にミラノ・スカラ座で初演した四作目の《アンドレア・シェニエ》の大成功で一夜にしてイタリア・オペラ界の寵児となり、大きな名声に輝き、確乎たる地歩を確立した。次作の《フェードラ》（一八九八）も好評と人気を博した。これらの二曲は名曲で、劇場のレパートリーとして定着し、しばしば上演されている。

ジョルダーノはその後ちょうど半世紀生き、六曲のオペラを書き残している。それらの中で比較的知名な作品は《シベリア》（一九〇三）と《マダム・サン＝ジェーヌ》（一九一五）の二曲で、ディスクでは聴くことができるが、劇場での上演は極めて稀である。

ジョルダーノはマスカーニやレオンカヴァッロなどと共にイタリア・ヴェリズモ・オペラの代表的作曲家である。

オペラの表題役アンドレア・シェニエはフランスの実在詩人であり、オペラ第一幕の名曲アリアの中で彼が貴族政治や貴族の横暴に憤慨し抗議していることからも推察されるように、彼はフランス革命の大義や理念に共鳴したが、やがて革命がロベスピエールの恐怖政治へと変貌すると、彼は革命の人間性の尊厳無視とその抹殺や革命政治への反対の論陣と行動を展開したために革命政府から反革命分子として追跡され、逮捕投獄の憂き目に会い、遂に一七九四年、三十一歳で断頭台の露と消えた薄幸の人である。

オペラはフランス革命を背景に、その社会的大激動の最中での反革命のレッテルを貼られた詩人と没落貴族の娘とのロマンティックで、生命を賭けた激烈な恋とロマンス、それに貴族の栄耀栄華を憎悪し、従僕から革命の闘士に転身した男の貴族の娘への横恋慕と欲情の絡み合いとを主題にしたメロドラマである。

ドラマは大革命前夜の不穏、不安、恐怖を孕んだ世情での没落寸前のコワニー伯爵家の豪華な夜会で始まり、その五年半後のシェニエとマッダレーナとの断頭台上の死で終わる。変転きわまりない時代に生きる人びとの愛、憎悪、友情、葛藤、相剋、犠牲、生死などの軌跡と彼らの運命の起伏に富んだドラマが激情的な音楽で展開され、スリルとサスペンス、興奮と感動を呼び起こす。その一方で、優雅で魅惑的な情景や美しい詩情と抒情性の音楽（声楽と器楽）に欠けてはいない。イッリカは政治的、社会的緊張と葛藤の中での激しい愛の展開の台本作りの名手で、《アンドレア・シェニエ》の台本は秀逸である。

独唱、重唱、合唱、アンサンブルなどの半ば独立した曲を区分けしてレチタティーヴォかシェーナで繋ぐオペラの構成法は、一八九〇年頃にはもうほとんど廃止され、全曲は切れ目なく流れ、テクストの意味内容に応じて歌唱法は自由に、柔軟に、融通無碍に変化する。《アンドレア・シェニエ》でもナンバー制は放棄されているが、ナンバー・オペラのアリアなどに相当する、まとまった長さの独唱やモノローグがこのオペラには非常に多い。当時のオペラと比較して断然多い。そして、これらの独唱曲は朗誦的歌唱部分と、截然と区別されている。独唱は数が多いだけではなく、感銘深く、印象的な名曲が多い。これがこのオペラの声楽の重要な特色である。重唱では第一幕の夜会以来五年ぶりに再会したシェニエとマッダレーナのロマンティックで激情的な愛の二重唱（第二幕）と、処刑を前にして彼らが永遠の愛を高らかに、熱っぽく歌う二重唱が秀逸であり、感動と興奮を誘う。

《アンドレア・シェニエ》の日本初演は、一九六一年九月二十八日に東京文化会館で上演されたＮＨＫ主催の第三次イタリア歌劇団による公演である。筆者は幸い十月一日の二回目の公演に出席した。オペラに親しむようになってからまだ数年以内のことで、公演の鮮烈な印象や深い感動は、今なお脳裏に刻みつけられていて、終生忘れ得ぬ思い出となろう。歌手陣が豪華この上なかった。表題役が「黄金のトランペット」の異名で鳴らしていた、ドラマティック・テノールの第一人者マリオ・デル・モナコ、相手役がマリア・カラスと世界のソプラノの名声を二分していたレナータ・テバルディだった。二人の世紀の大歌手の顔合わせだけでも、愛好家の胸をぞくぞくさせるのに十分だった。人声はどんな精巧な楽器の音にも勝ると言われるが、二人の歌唱に心底から感動し、体がほてった。この体験がオペラへの傾倒に一層拍車をかけた。なお、この名演は後々まで語り草になり、その映像ディスクを今も折々視聴している。

第8章 パルマ

フェルディナンド・パエール《レオノーラ、または夫婦愛》

◉都市の概説とオペラ小史

パルマと聞けば文学好きならスタンダールの『パルムの僧院』のことを、音楽好きなら二十世紀最大の指揮者の一人トスカニーニのことを、オペラ好きなら聴衆の辛口批評で評判の高いそこのオペラ劇場テアトロ・レージョのことを、食通なら生ハムとパルメザンチーズのことを思い浮かべるだろう。初めてパルマを訪れたのはオペラのシーズン外れの真夏だったが、職員の好意でテアトロ・レージョを案内してもらった体験を思い出す。

パルマはボローニャを州都とするエミリア・ロマーニャ州の都市で、ポー川が貫流する穀倉地帯のロンバルディア大平野の中央部の南端に位置している。パルマは古代ローマ時代から重要な通商路、軍用路であったエミリア街道に連なる都市の一つで、紀元前からローマの植民都市として開け、中世には都市国家として独立し、ロンバルディア地方の他の都市国家と共に「ロンバルディア同盟」に参加し、神聖ローマ帝国と対立抗争を繰り返した。その後教皇領に編入されたが、一五四五年から一七三一年までファルネーゼ家が統治するパルマ公国として推移した。その後フランスのブルボン家のナポレオンの二番目の妻となったオーストリア皇帝の娘マリー・ルイーズがパルマを統治した。このようにして、パルマの政治的統治の変遷がパルマ独自の個性的都市性格を形成した。

教皇パウロ三世から一五四五年に教皇領だったパルマを与えられてその統治者となったファルネーゼ家は、芸術文化の大のパトロンで、大公ラヌッチョ・ファルネーゼは彼の居城ピロッタ宮殿内に木造のファルネーゼ劇場の造営に着手し、一六二八年に開場し、オペラが盛んに上演された。二世紀近いファルネーゼ家のパルマ統治の終息と共に、一七三二年に劇場は閉鎖されていたが、一九四四年に戦争で被害を受けた。一九五〇年代に再建され、現存している。

十七世紀にパルマでは数個の劇場が開場したが、それらの大部分は十九世紀の前半に取りこわされた。一六八八年に開場したドゥカーレ劇場ではパエールの《グリゼルダ》(一七九八)や《アニェーゼ》(?)が初演されたが、これも一八二九年に取りこわされた。

パルマの統治者だったナポレオンの二番目の妻マリー・ルイーズは、ドゥカーレ劇場の新築を思い立ち、一八二一年に新ドゥカーレ劇場の建設に着手し、一八二九年にベッリーニの《ザイーラ》の初演で開場した。上演は不評で、彼の失敗作である。この頃すでにパルマの聴衆はオペラの耳が肥えていて口うるさく、歌手を手厳しく酷評したり、劇場側とトラブルを起こしたりしていた。劇場は一八四九年にテアトロ・レージョと改称され、今日に至っている。中規模の劇場だが、構造、舞台、設備、機能、内装などが実に行き届いていて、美しく、立派である。

パルマ生まれの有名作曲家には、パエールの他にイルデブランド・ピッツェッティ（一八八〇―一九六八）がいる。ピッツェッティはプッチーニ以後イタリアでもっとも重要なオペラ作曲家で、十数曲の作品がある。イギリスのT・S・エリオットの有名な詩劇『大聖堂の殺人』を原作とした同名のオペラ（一九五八）が彼の代表作で人気があり、劇場の上演演目となっている。国内盤のコンパクト・ディスクもある。

ヴェルディの生地レ・ロンコーレはパルマ公国内の寒村だったが、彼の生涯とパルマとの間には深い関係はない。彼はテアトロ・レージョのための作品を一曲も書いていない。しかし、彼がパリのオペラ座で一八五五年に初演したグランド・オペラ《シチリア島の夕べの祈り》のイタリア語版の初演劇場がテアトロ・レージョだったことは、パルマにとって名誉だったかも知れない。

パルマにはその院長を務めたアッリゴ・ボーイトの名を冠した音楽院がある。二十世紀後半のイタリア・オペラ界最高のソプラノの一人レナータ・テバルディ、舞台や映画「忘れな草」で甘く美しい歌唱を人びとに強烈に焼きつけたフェルッチョ・タリアヴィーニ、ヴェルディ・テノールとして最高に評価されているカルロ・ベルゴンツィ、冒頭で言及したアルトゥーロ・トスカニーニはここで学んだ。

パルマはオペラ・音楽で独特の風格を持った地方都市である。

◉作品紹介

フェルディナンド・パエール《レオノーラ、または夫婦愛》二幕

――パルマ出身の作曲家の救出オペラ

■**原作** ジャン・ニコラ・ブイイの台本にピエール・ガヴォーが作曲したオペラ《レオノーレ》

■**台本** ジョヴァンニ・シュミット イタリア語

■**初演** 一八〇四年十月三日 ドレスデン

■**ドラマの時と所** 十六世紀のスペイン

■**登場人物**

マルチェリーナ ロッコの娘……ソプラノ

ジャッキーノ マルチェリーナを愛する監獄の門番……バリトン

ロッコ 看守……バス

レオノーラ 男装してフェデーレと名乗るフロレスターノの妻……ソプラノ

ドン・ピッツァロ 監獄の所長……テノール

フロレスターノ レオノーラの夫の政治犯……テノール

ドン・フェルナンド 大臣……テノール

■**録音ディスクと演奏時間** LP LONDON OSA 13133 海外盤 約二時間三十三分。

■すじがき

［序曲］

［第一幕　看守の住居と監獄の中庭］

マルチェリーナがシーツのアイロンかけに精出しながら、孤児だと称し、男装して彼女の父の配下で働いているフェデーレ（レオノーラの仮名）の帰りを待ちわびている。彼女はフェデーレを愛し、父が今日彼との婚礼の日取りを決めてくれると期待している。そこへ前から彼女を愛している門番ジャッキーノが現れるが、門番小屋でノックの音がするので、彼はぼやきながら門を開けに行き、包を受け取る。もどってくると彼は熱心に彼女を口説き、彼女との結婚を熱望するが、またノックの音がし、腹を立てながら門を開けに行く。彼女は彼とは絶体に結婚しないと独語し、執拗に結婚を迫る彼に、フェデーレともうすぐ結婚すると断言する。

ロッコが現れ、二人の二重唱が終わる。彼が彼らの怪しい雲行きの原因を尋ねると、彼らは相手の非を鳴らし合うが、彼には彼らの口論のおよその察しはついている。三重唱の展開中に、鎖の修理で鍛冶屋へ行っていたフェデーレと名乗る男装のレオノーラがもどってくる。ジャッキーノが立ち去ると、ロッコは彼女の労をねぎらい、藪から棒に彼女を娘の婿に決めたと言うので彼女は狼狽する。そこで、彼女はそれを断る口実として、秘密の地下牢へ同行を許されぬ信用のない者が、どうして彼の娘婿になれましょうかと言う。地下牢には彼女を連れていくのを禁止されている独房があり、そこには餓死させるよう命じられている入牢者がいる、と彼は彼女に打ち明ける。マルチェリーナが地下牢へはレオノーラを同行しないように父に頼むので、独房の入牢者が彼女の夫ではないかと怪しんでいるレオノーラは、そこへ同行する勇気も力もあるとロッコに力説する。

監獄所長ドン・ピッツァロが到着し、ロッコに報告の有無を尋ね、書類を渡される。彼は至急便に目を留め、ロッコとレオノーラを退去させてそれを読む。そこには「監獄に不法に入牢させられている者がいると大臣フェルナンドが疑い、急に彼が出向いてドン・ピッツァロの動向を調査する」と書かれている。ドン・ピッツァロは大臣が今日くるので、彼の敵である入牢者フロレスターノをすぐに始末しようと企てる（大臣はフロレスターノが死んだと思っている）。

一方、レオノーラは地下牢へ同行する許可をピッツァロにもらってほしいとロッコに頼む。ピッツァロは重大な要件でロッコを呼び寄せるので、レオノーラは恐れ戦《おのの》き三重唱となる。二人の男たちが退去すると、彼女は長大なアリアを歌う。その中で、彼女はピッツァロの陰謀の犠牲となった夫フロレスターノの苦難を偲び、彼をそれから救出するか、彼の傍らで死ぬかのどちらかであると悲痛に歌う。これはカヴァティーナ＝カバレッタ形式のアリアで、その使用はベッリーニやドニゼッティの時代に全盛を極める。パエールの時代にはこのアリアの使用はまだ珍しく、このオペラでの使用もこの一回だけである。特にカバレッタでは華やかな装飾歌唱が聞かれる。

レオノーラが去ると、今度はマルチェリーナがジャッキーノに執拗に結婚を迫られながら現れ、魔法使いに頼んで、彼がフェデーレに変身させてもらったら彼と結婚すると言って逃げ去る。入れ代わりにロッコが現れ、ジャッキーノにフェデーレを捜しに行かせる。現れたレオノーラに、彼はつるはし二丁と明りのついたランプとぶどう酒を持参するよう頼む。不審がる彼女に彼は地下牢の囚人を一時間で殺せとピッツァロに命じられたと伝え、その報酬としてもらった金貨の袋を彼女に見せる。金貨は彼には誘惑だが殺人は彼を狂気にしそうである。彼らはそれぞれの理由で心の動揺を二重唱し、彼女は頼まれた物件を用意しに退出する。

代ってピッツァロがきて、ロッコに三時に任務の準備完了の念を押すと、ロッコはそれを請け合うが、六十歳の老人だから、一人での任務の遂行は苦痛で、信用できる元気な若者の助手の使用を願い出る。ピッツァロはレオノーラを見て、こんな苦役を買って出る彼女の熱意に感心し、彼女の同行を許す。地下牢での任務をめぐって、三人は三様の思いを三重唱する。そこへマルチェリーナがきて、フェデーレとの結婚のことをピッツァロに話してくれたかと尋ねるので、ロッコはピッツァロに同意を求め、許可される。レオノーラはそれよりも重大な任務の方が先決だと結婚問題に横槍を入れる。ジャッキーノも駆け込んできてこの結婚に抗議する。時計が三時を打ち、ピッツァロは地下牢での仕事に取りかかれと命令する。五人がそれぞれの思いを五重唱で歌い、第一幕が終わる。

［第二幕　地下牢］

暗い地下牢でフロレスターノが鎖で繋がれている。彼はピッツァロの陰謀をあばいたために二年以上ここに幽閉され、死よりも苦しい運命に苛まれている。彼は愛妻の肖像をつくづく眺めながら彼女との別離の運命に苦悶し、正義が彼を守ってくれるよう祈り、アリアを歌う。歌いながら彼は体力の衰えと感覚の鈍化を感じ、恐怖と飢餓と寒さに苦しむ。ロッコとレオノーラが現れる。囚人が顔を手に埋めているので、レオノーラは彼が夫であるかどうか見分けられない。ロッコは彼女と穴掘りに着手し、彼女は囚人が誰であろうと、彼を恐ろしい死から救出する覚悟である。しかし、囚人の声と彼女に向けられた彼の顔から、彼女は彼が夫だと確認する。彼が水を求めると、ロッコは彼女に飲ませよと指示する。彼女はロッコの許可を得て、囚人にパンも渡す。三人が三様の心中の思いを重唱する。

穴掘りが終わり、ロッコがその合図の口笛を吹くと、囚人は彼を殺す合図かと思ってぎょっとする。ロッコの合図でピッツァロが仮面をし変装して現れ、レオノーラを退去させようとするが、彼女は退去の振りをして暗い隅に隠れる。ピッツァロが短剣でフロレスターノを刺殺しようとすると、レオノーラが突進し、夫の体を庇う。呆然とするロッコと激怒するピッツァロに、彼女は囚人は彼女の夫だと宣言するので、三人の男たちはレオノーラが女であることに驚く。彼女は無実の夫の救出のために男装して牢獄にきたとロッコに告白し、彼の支援を求める。ピッツァロはロッコに囚人殺しの手伝いを命じ、仮面を脱ぐ。フロレスターノは彼をピッツァロと認め、裏切り者だと弾劾する。ピッツァロが彼を再び殺そうとすると、レオノーラは彼の胸にピストルを突きつける。混乱の中で四人四様の思いの長大な四重唱が展開される。

その間にトランペットが鳴り大臣の到着が告げられる。ピッツァロとロッコはトランペットの意味を知っているが、レオノーラとフロレスターノはそれを知らず、それを新たな苦難の知らせだと誤解する。レオノーラがそのはずみでロッコの足もとに倒れると、彼は彼女のピストルを取って、ピッツァロに促されて地下牢から出て行く。レオノーラはこれまでの苦労が水泡に帰したと思い絶望する。フロレスターノは妻と二人だけになると、彼女に事態の経緯を尋ねる。彼女は男装し、仮名で彼の救出を試みた顛末を物語る。

そこへマルチェリーナが現れ、ロッコがフェデーレを連れずに地上へ帰ってきたのを見て、何か由々しきことが起ったと怪しみ、地下牢の鍵を盗み出して下りてきて、セビリャから大臣がきたことを告げる。急いでここから出ようと急き立てるマルチェリーナに、レオノーラは無罪で投獄されている人の救出に大臣がきてくれるよう頼む。なおも一緒にここから出ようと誘うマルチェリーナに、レオノーラが彼女への愛を装って頼み続けると、マルチェリーナは彼女の頼みを伝えに地上へ去る。

地下牢の二人は騒音で恐怖に駆られて抱き合う。扉が開き、大臣や他の人びとが現れ、ピッツァロは衛兵に囲まれている。フロレスターノが大臣を見て驚くと、大臣は恐ろしい苦難から彼を救出にきたと告げる。彼はロッコからピッツァロのフロレスターノに対する惨い仕打ちを聞いていた。レオノーラが夫の鎖を鍵で外す。ロッコはピッツァロに殺人協力金を投げ返す。七人全員がそれぞれの思いを七重唱する。大臣は二年以上も彼の友人フロレスターノを不当に苦しめたピッツァロを同様の刑に処すと宣言し、彼を投獄する。レオノーラは男になりすましてマルチェリーナの愛を心ならずも弄んだ罪の許しを乞い、彼女に持参金を与える約束をする。ジャッキーノが代りにマルチェリーナの花婿を務めるとすかさず申し出ると、マルチェリーナとロッコはこれらの好意と愛情に感謝する。全員の「前は死の響きがこだましていた所で、今は幸福の喜びが響き渡る」とのアンサンブルで幕となる。

■解説

フェルディナンド・パエールは一七七一年パルマで生まれ、一八三九年にパリで没した十九世紀初期の重要なイタリア・オペラの作曲家。一七九〇年代の初めから旺盛なオペラの作曲活動を展開し、イタリアのあちこちの劇場で作品を上演して名声を確立した後、一七九七年にウィーンを皮切りにドレスデン、パリへと活動舞台を広げ、それらの都市で音楽上の要職に就く一方で、オペラの作曲上演で活躍した。一八〇七年からはパリを活動の中心とし、そこのイタリア劇場の監督を十五年間も務めた。一八二八年にはパリでの活動の功績でレジョン・ドヌール勲章を受章した。

パエールと同時代の著名な作曲家でやはりパリを活躍舞台としたケルビーニやスポンティーニがフランス・オペラを書いていたので、パエールはチマローザの没後（一八〇一）からロッシーニの台頭までの十余年間、最も重要なイタリア・オペラの作曲家だった。しかし、彼の在世時には人気があり、成功した彼の多くの作品も、今ではほとんどが没却の運命を辿り、わずかに《レオノーラ》と《宮廷楽長》（一八二一、フランス語）が命脈を保っているにすぎない。

《レオノーラ》はフランス革命を背景にした恐怖時代にフランスで興隆し、人気があった救出オペラの代表的な一曲である。そのドラマの特色は、生命の危険にさらされた—特に政治的理由で不当に投獄された—主人公、または女主人公が、死の寸前に救出されることである。ケルビーニの成功した救出オペラ《二日間》（一八〇〇）も今日でも時に上演されることがある。

救出オペラという用語のもっとも典型的な作品は、ジングシュピールでもあるベートーヴェンの名曲《フィデリオ》（初版一八〇五）である。救出オペラは自由と解放思想に共鳴していたベートーヴェンにはうってつけのジャンルだった。パエールの《レオノーラ》は《フィデリオ》の一年前に初演され、両曲の原作は同一であり、《フィデリオ》の台本作者は《レオノーラ》を知っていただろう。事実、両曲のドラマの筋書きはほとんど同じ展開で、登場人物七人の名前はそっくり同じである（当然ながら、イタリアとドイツとでは名前の呼び方の相違がある）。

《レオノーラ》は二幕仕立てで、各幕の場の区分がなく、幕と場の構成は極めて単純である。当時のオペラはアリア中心のナンバー構成だが、《レオノーラ》の一大特色は類例のないほど複雑多様な重唱中心のナンバー構成である。重唱重視というよりも重唱偏重とも言えるほど重唱が充実している。具体的に言えば、独唱はアリア五曲とアリエッタ一曲の計六曲、これに対して、重唱は二重唱五曲、三重唱四曲、その他の重唱四曲の計十三曲で、重唱が独唱の二倍以上を占めている。ちなみに、《フィデリオ》も同様の傾向があり、独唱（アリア）ナンバー五曲、重唱ナンバー九曲である。これらのほとんど同じ主題と題材の救出オペラの音楽表現では、重唱が有効適切だということになる。

アリアで注目すべき事実は、すでに「すじがき」で言及したが、シェーナ＝カヴァティーナ＝シェーナ＝カバレッタから成る大アリア形式の使用である。レオノーラはこのアリアで夫フロレスターノを命を賭して救出する悲痛な覚悟を歌う。全曲中最も感銘深い名曲である。この大アリア形式は一八二〇年代から一八五〇年代にアリアの主流として極めて人気が高かったものだが、《レオノーラ》の初演時での完全な形での使用例は他にあまり見られない。

ナンバーとナンバーを仕切って繋ぐレチタティーヴォの大部分はセッコが使用されているが、アッコンパニャート（シェーナ）も一部で使用されている。また、レチタティーヴォを使用せずに、ナンバーとナンバーが直に連結されている場合も数例ある。

作曲者はドラマの有効な音楽表現と展開のために複雑多様なナンバー構成を創出している。彼は早くからヨーロッパの各地に進出して他流仕合を積極的に進め、外国の音楽語法や書法を摂取し、彼の音楽資質を高め、音楽資源の豊饒化に努め、その成果は《レオノーラ》で顕現している。一方、彼はイタリア伝統のベル・カントに積極的に対応し、《レオノーラ》の華麗な旋律美は際立っている。特に女声装飾歌唱が華やかで、コロラトゥーラもあちこちにちりばめられているのが特色である。

《レオノーラ》はドラマも興味深く、音楽も魅力的で、感銘を誘う立派なオペラである。《レオノーラ》と《フィデリオ》とを虚心に聴き比べてみて、それほど重大な価値の差は見当らない。結局、音楽史上最高の音楽家とほとんど忘却されてしまっている音楽家との差が、二曲の救出オペラの今日での処遇の差となっている。《レオノーラ》はディスクでは復活しているが、劇場での復活はまだ間があろう。しかし、《レオノーラ》は《フィデリオ》と比肩して、それほど大きな遜色のない実力オペラである。

第9章 ラヴェンナ

リッカルド・ザンドナーイ《フランチェスカ・ダ・リミニ》

◉都市の概説とオペラ小史

エミリア・ローマーニャ州の古都ラヴェンナの名を世界的に有名にしているのはモザイク美術である。それはラヴェンナの宝であり、ラヴェンナはその宝庫である。駅に近く、市の中心部にある五世紀創建のオルトドッシ洗礼堂とガッラ・プラチディア霊廟、六世紀創建の聖アポッリナーレ・ヌオーヴォ教会と聖ヴィターレ教会などのモザイク美術の精華と美の粋に思わず見惚れ、息をのみ、感動する。モザイク美術はラヴェンナで開花したビザンティン文化の貴重な遺産である。

三九五年のローマ帝国の東西分裂と共にラヴェンナは西ローマの首都となり、一躍脚光を浴びたが、四七六年の西ローマ帝国滅亡でラヴェンナは東ゴート王国の統治下に入り、その後東ローマ帝国（ビザンティン帝国）が東ゴート王を追放し、五四〇年にラヴェンナをそのイタリア地区の首都とした。ラヴェンナにはこういう古代の栄光の名残りがある。中世には多くの都市と同じように都市国家となり、十三世紀にはこの章で扱っている《フランチェスカ・ダ・リミニ》の登場人物オスタージオのダ・ポレンタ家の統治が始まった。その後曲折を経て十六世紀初頭に教皇領に編入され、一八六一年のイタリア王国統一の日を迎えた。

＊

ラヴェンナでは十七世紀からオペラが上演されていたが、今日市の主力劇場で、ダンテの名を冠したダンテ・アリギエーリ劇場が開場したのは一八五二年だった。ラヴェンナは過去の栄光と特色を持ってはいるが、今では人口約十四万人の地方都市で、シーズン中のオペラ活動は活発とは言えず、上演演目数も上演日数もごく少ない。

ラヴェンナの現代オペラ史で重要なものは、毎年六月から七月にかけて開催されるラヴェンナ音楽祭である。これには前史があるが、ラヴェンナ生まれのリッカルド・ムーティ夫人を音頭取りに新態勢で再発足したのは一九九一年のことで、その歴史はまだ日が浅い。市内のいくつもの会場でオペラ、宗教音楽、コンサート、リサイタルなどが催される綜合的音楽祭であるが、目玉はダンテ・アリギエーリ劇場を主会場とするオペラである。オペラの演目数は年によって異なり、たとえば、二〇〇一年は三曲、二〇〇二年も三曲、二〇〇三年は五曲（二本立てが一組）で、概して言えば、名曲が多い。リッカルド・ムーティも音楽祭に加勢して出演し、たとえば二〇〇一年には彼の指揮と錚々たる歌手陣でヴェルディの傑作《ファルスタッフ》（一八九三）が上演された。

ダンテはフィレンツェ生まれだが、そこから永久追放の憂き目に会い、所々放浪の末前述のラヴェンナの領主ダ・ポレンタ家の庇護で安住の場を得て、一三二一年九月十四日望郷の思いに駆られながら異郷で生涯を閉じ、今もラヴェンナに埋葬されている。

詩聖ダンテは音楽とも縁が深く、オペラでは彼の詩の聖典『神曲』は多くの作曲家にインスピレーションを鼓吹し、これから題材を取った作品が多数書かれている。名作では本書でも取り上げたプッチーニの《ジャンニ・スキッキ》（一九一八）とザンドナーイの《フランチェスカ・ダ・リミニ》がある。ダンテ自身が題材となっているオペラが数曲あり、それらの中で知名の作曲家の作品としてバンジャマン・ゴダールの《ダンテとベアトリーチェ》（一八九〇）がある。ゴダールのオペラ《ジョスラン》（一八八八）は、全曲は今日ではほとんど忘れられてしまったが、その中のテノールの名歌〈子守歌〉で命脈を保っている。

◉作品紹介

リッカルド・ザンドナーイ《フランチェスカ・ダ・リミニ》四幕五場

――『神曲』から着想された、ラヴェンナが舞台の名曲オペラ

■**原作**　ダンテの『神曲』の「地獄篇第五歌」に基づくガブリエーレ・ダヌンツィオの悲劇『フランチェスカ・ダ・リミニ』（一九〇二）

■**台本**　ティート・リコルディ　イタリア語

■**初演**　一九一四年二月十九日　トリノの王立劇場

■**ドラマの時と所**　十三世紀後半のラヴェンナとリミニ

■**登場人物**

ガルセンダ　フランチェスカの侍女……ソプラノ
ビアンコフィオーレ　フランチェスカの侍女……ソプラノ
アルティキアーラ　フランチェスカの侍女……メゾ・ソプラノ
道化師……バス
ドネッラ　フランチェスカの侍女……メゾ・ソプラノ
オスタジオ　フランチェスカの兄……バリトン
トルド・ベラルデンゴ　公証人……テノール
フランチェスカ　ジャンチョットの妻でパオロを愛する……ソプラノ
サマリターナ　フランチェスカの妹……メゾ・ソプラノ
塔の監視人……バリトン
射手……テノール
パオロ　マラテスタ家の二男でフランチェスカを愛する……テノール

ジャンチョット　マラテスタ家の長男でフランチェスカの夫……バリトン
マラテスティーノ　マラテスタ家の三男……テノール
スマラーグディ　女奴隷……メゾ・ソプラノ

■録音ディスクと演奏時間

CDの一例　STANDING ROOM ONLY　SRO 840-2　二枚組　海外盤
約二時間五分。ＬＤ　パイオニア　SM158-3151　四面　約二時間二十八分。

■すじがき

［第一幕　ラヴェンナのポレンタ家の中庭］

フランチェスカの四人の侍女たちが、ヴィオラを腰に提げ、上衣を手にした道化師をからかい、挙句は彼に歌を所望するので、彼は上衣の綻びの繕いと引換えに歌うのを承諾する。彼がヴィオラを弾きながら得意のトリスタンとイゾルデの物語を歌い出すと、オスタジオの声が聞こえるので、侍女たちは逃げ出す。オスタジオ・ダ・ポレンタがトルド・ベラルデンゴと現れ、リミニのマラテスタ家のパオロのことを侍女たちに話したのではないかと道化師を追及するが、道化師がマラテスタ家のこともパオロのことも知らないと答えるので、オスタジオは道化師を退去させる。

オスタジオは、道化師とは世間を渡り歩いて、他人のあることやないことの噂を撒き散らす輩だと罵倒する。実は、彼はリミニのマラテスタ家の長男ジャンチョット（正式名はジョヴァンニ）と彼の妹フランチェスカとの政略結婚を画策しているが、ジャンチョットが足の不自由な醜男であるため、妹がそれを知ったら結婚を承諾しないのを恐れている。彼は道化師がマラテスタ家のこういう事情に通じていて侍女たちにそれを洩らし、それが妹の耳に入るのを懸念したのである。公証人トルドは、彼らの結婚が是非とも彼に必要なら、ジャンチョットの名代としてここへ来ている彼の弟で美男のパオロをジャンチョットと偽って婚姻を取り極めてしまうことだと入れ知恵する。オスタジオもそれ以外に妙案はないと賛成し、二人はパオロに会いに行く。

妹のサマリターナが彼女を残して結婚しないでほしいと懇願すると、フランチェスカは彼女の結婚の日もやがてくると彼女を慰める。侍女たちが世界一美男の騎士（パオロ）が通り過ぎるからごらんなさいとフランチェスカに声をかける（彼女たちはパオロが彼女の花婿だと信じている）。フランチェスカが泣き出すので、侍女たちは彼女が恋の矢に射られ、痛くて泣いているのだと彼女を冷やかす。やがて彼女の顔に笑みが浮び、彼女は歓声を抑え難くなり、妹の部屋へ行きたがる。彼女ははにかんでパオロと顔を合わせるのをためらっていたが、妹に押し出されて、彼と対面する破目になり、彼らは言葉を交さず、彼女が中庭のばらを一輪摘んで彼に差し出す。侍女たちの合唱する中で、男女は一目恋れし合い、感動的な眼差しで見詰め合う（フランチェスカはパオロが彼女の花婿だと信じ切っている）。

［第二幕　リミニのマラテスタ城の塔］

戦闘の最中で、今ではジャンチョットの妻になり、塔の中にいるフランチェスカの眼前にパオロが現れる。彼女が、彼が痩せて顔色も悪いと案じると、彼は薬では治らぬ病気だと彼女恋しさで毎日が苦悩の連続だと告白する。射手たちが火槍を投げながらマラテスタ家万歳を叫ぶ。フランチェスカが塔を駈け登って行くパオロの後を追うと、彼は彼女の無謀を窘《たしな》め、彼女の眼前で今戦死するのが死に時だと言って、敵に向かって盛んに矢を射る。彼女は彼の兄の名代を務めて彼女を欺いた彼の罪を許し、熾烈な戦闘の中で男女の愛の戦いが展開される。

射手たちがマラテスタ万歳と味方の勝利を叫ぶと、ジャンチョットが現れ、妻が戦闘の場にいるのを訝りながら彼女を抱擁する。彼女が夫にぶどう酒を差し出すと、彼はパオロにも注いでやって彼の活躍を祝ってやれと彼女に言う。マラテスティーノが兵士たちに抱えられてきて、ジャンチョットが彼の容態を調べると、彼は失神しているだけで、やがて正気づく。片目が敵の投石で潰れているので、フランチェスカが包帯をすると、彼はまた騎上の人となる。ジャンチョットが塔の上から攻撃の指揮を執る。

［第三幕　城の一室］

フランチェスカが本を朗読して針仕事の侍女たちに聞かせる。侍女たちが退出すると、彼女は女奴隷のスマラーグディに、この間の戦闘のとき塔で飲んだぶどう酒には何かが混入されていたのかと尋ね、あれ以来理性のたがが外れ、何かに取り付かれたようで苦しいと洩らす。スマラーグディはフランチェスカの心の中でパオロとの愛の葛藤が演じられていると憶測し、ジャンチョットとマラテスティーノが不在だからパオロとの逢引を勧めるが、フランチェスカはマラテスティーノの見える方の目が怖いと言って、誘いをかわす。

侍女たちが連れてきた楽士たちが舞曲を演奏し、侍女たちは歌いながら踊る。それが終わりかけると、スマラーグディがフランチェスカの耳元で何か囁き、フランチェスカが動揺し、不安な表情を見せる。彼女は侍女たちと楽士たちを退出させて、怯えたように部屋を歩き回る。スマラーグディがパオロを部屋へ手引きする気配を感じて、彼女はスマラーグディにそれを禁じるが、彼が部屋へ入ってくると、彼女は彼を優しく迎える。彼らは愛ゆえの日々の心の葛藤と苦悶を告白し合う。彼は彼女が読んでいたアーサー王のロマンスを読み、彼の求めで彼女が続きを読む。彼らは本の中の愛に託して彼らの愛を告白し合い二重唱する。フランチェスカが王妃と騎士が抱擁し、キスをするくだりを読むと、パオロはそれと同じことを彼女にする。彼女は彼の情熱的な行為に小声で抵抗しながらも、彼に身を委ねる。

［第四幕第一場　城内の八角の部屋］

フランチェスカがマラテスティーノのひねくれた性格を咎め、彼が彼女に言い寄るのを恐れて彼の兄を呼ぶと言うと、彼は彼女がパオロと愛し合う仲であるのを知っているのを仄めかすかのように、どちらの兄だと言い、彼女を自分のものにすると脅かす。再々地下牢から囚人のかん高い叫びが聞こえ、彼女の神経を悩ます。マラテスティーノが斧を提げて地下牢へ下りて行く。

ジャンチョットが現れ、妻が青ざめ震えているのを見て不審がる。彼女は囚人の悲鳴と義弟が地下牢へ行ったことを伝え、義弟は嫌な人だと打ち明けるので、夫は弟が何か意地悪なことをしたのかと尋ね、弟が彼女を好いているのかと怪しむ。囚人の断末魔の悲鳴が聞こえ、やがてマラテスティーノが囚人の首を袋に入れて持ってくるが、フランチェスカは彼を不気味がって部屋から出て行っていた。マラテスティーノがぶどう酒を飲もうとすると、ジャンチョットが彼の手首を摑み、彼の妻に手出ししたら酷い目に合わせると警告する。すると、弟は兄嫁とパオロとの関係に兄の注意を向け、パオロが夜夫婦の部屋へ入って行くのを何度も見たと断言するので、ジャンチョットは今夜妻と弟の不義の現場を襲うことにする。彼は苦悩で身悶えする。

［第四幕第二場　フランチェスカの寝室］

眠っていたフランチェスカが悪夢にうなされたように恐怖の叫び声をあげて飛び起き、無意識的にパオロに助けを求め、侍女たちを驚かせるが、次の瞬間はっとして我に返り、青ざめる。彼女は侍女たちを退出させ、最後になったビアンコフィオーレとラヴェンダの実家の妹のことを話題にして泣き出す。彼女は婚家では孤独で、パオロへの恋慕だけが生き甲斐である。それを侍女に指摘されて、彼女は慌てて彼女を退出させる。彼女はパオロとの愛を宿命だと観念する。

戸口でパオロがフランチェスカの名を呼ぶので、彼女は彼を部屋に入れ、彼らは抱擁しキスをして、狂ったかのように熱い思いを口にし合う。彼らが身を重ね合っている最中に戸口でジャンチョットの声がする。フランチェスカが恐怖で身震いし、戸を開けるとジャンチョットが逆上しながら部屋へ飛び込んできて、パオロを捜す。パオロは揚げ蓋の金具に上衣の裾が引っかかり、逃げ出すことができずに足掻いている。兄弟同士の剣での争い合いになり、フランチェスカが突然彼らの間に飛び込んだためにジャンチョットの剣先が彼女の胸を貫き、パオロが倒れかかった彼女を抱き止め彼らが抱擁とキスをするのを見て、ジャンチョットは気も狂わんばかりになってパオロの脇腹を刺す。抱き合った恋人たちはよろめきながら床に倒れて息絶える。

■解説

リッカルド・ザンドナーイ（一八八三―一九四四）はイタロ・モンテメッツィ、エルマンノ・ヴォルフ＝フェッラーリ、フランコ・アルファーノ、オットリーノ・レスピーギ、イルデブランド・ピッツェッティなどと共に、二十世紀前半のイタリア・オペラの重要な作曲家の一人。彼はペーザロ音楽院でヴェリズモ・オペラの傑作《カヴァレリア・ルスティカーナ》の作曲者マスカーニに師事し、ヴェリズモの影響を受け、それに共鳴もした。リコルディ社の四代目ティート・リコルディはザンドナーイの楽才を認め、プッチーニ後のイタリア・オペラ界を彼が背負うのを期待し、彼を支援した。チャールズ・ディケンズの名作『炉辺のこおろぎ』を原作とした同名のオペラで一九〇八年にデビューし、次作の《コンキータ》は大成功で、彼の人気を大いに高めた。《フランチェスカ・ダ・リミニ》以後彼は八曲のオペラを作曲し、それらの中では《ジュリエッタとロメーオ》（一九二二）と《エケブの騎士たち》（一九二五）が知名である。彼の十一曲のオペラでは《フランチェスカ・ダ・リミニ》が抜群に有名で、劇場のレパートリーとして定着しており、《コンキータ》や《エケブの騎士たち》もディスクで聴くことができる。

ザンドナーイにはオペラ以外のジャンルの作品もあるが、大曲とか特に名曲とか言われている曲はない。

彼は晩年に母校ペーザロ音楽院院長を務めた。

《フランチェスカ・ダ・リミニ》のフランチェスカとパオロは十三世紀の実在人物である。フランチェスカはラヴェンナの統治者グイド・ミノーレ・ダ・ポレンタの娘であり、パオロはリミニの統治者マラテスタ・ダ・フェルッチョの息子である。フランチェスカは政略結婚のためにパオロの兄に嫁いだ。フランチェスカとパオロの悲恋はロミオとジュリエットの悲恋やトリスタンとイゾルデの悲恋ほど周知ではないかも知れないが、歴史、文学、絵画、オペラ、音楽などによってかなり知名である。古くはダンテが『神曲』の「地獄篇」第五歌で不倫の罪を犯したフランチェスカのことに言及しているが、彼は彼女とパオロの不倫物語を綴っているのではない。

ザンドナーイのオペラの原作はダヌンツィオの悲劇『フランチェスカ・ダ・リミニ』で、これを題材にしてティート・リコルディが台本を作成した。歴史上の事実とオペラのドラマとの間には多かれ少なかれ異同があるのが通常だが、この場合にも両者の間には大きな相違がある。

《フランチェスカ・ダ・リミニ》は政略結婚のために騙されて不運な結婚をしたフランチェスカと、彼女の夫ジャンチョットの弟パオロとの宿命的な不倫の愛の悲劇である。フランチェスカはパオロとの愛の発展に苦しみあがきながらも、理性のたがを締め直すことができず、不倫の愛を運命だと観念し、それに身を委ね、夫の嫉妬と激怒を招き、恋人と共に夫の刃に倒れる。

二十世紀のほとんどのオペラがそうであるように、《フランチェスカ・ダ・リミニ》は朗誦を基本歌唱様式とした対話オペラである。抒情的歌唱であれ、劇的歌唱であれ、十九世紀までのナンバー制オペラのアリアに相当する歌唱はない。しかし、朗誦の幅は広く、テキストの意味内容に応じて、それは柔軟に、多様に、自由に変化し、アリアに近づくこともしばしばあるが、それほど長続きせず変化する。二重唱は数曲あるが、それらのほとんどが当然ながらフランチェスカとパオロとの間のもので、第二幕の彼らの愛の告白の二重唱、第三幕の彼らの愛の激しい発展の二重唱、第四幕の彼らの愛の恍惚の二重唱へと深刻になって行く彼らの二重唱は感銘深い。

第一幕の結びでフランチェスカと兄の名代で訪れたパオロが鉄の門を隔てて無言で向かい合い、一目恋れし合い、感動し合う。フランチェスカがパオロを結婚相手だと信じて疑わず、大輪の赤いばらを庭から摘んで彼に差し出し、愛の意志表示をする。この間管弦楽が優雅で、美しく、詩情と抒情に溢れた演奏をし、侍女たちが合唱をする。これは全曲中で最も魅力的で、感銘深い一場面である。

《フランチェスカ・ダ・リミニ》はプッチーニの作品を除けば、二十世紀前半のオペラの中で最も美しく、楽しめる名曲に数えられよう。

第10章 ジェノヴァ

ジュゼッペ・ヴェルディ《シモン・ボッカネグラ》

◉都市の概説とオペラ小史

ジェノヴァと聞けば、歴史好きなら、ここがアメリカ大陸の発見者コロンブスの故郷であることを、オペラ好きなら、ここがヴェルディの名曲《シモン・ボッカネグラ》の舞台であることを、旅行好きなら、ここが性格と特色の異なる風光明媚なリゾート地、東西リヴィエラ海岸の分岐点であることを思い起こすかも知れない。ジェノヴァはリグーリア州の州都であり、イタリア屈指の工業都市であり、イタリア第一の貿易港である。

ジェノヴァは紀元前からローマから南フランスを結ぶ陸上交通の要衝都市として、また海上交通の重要な港として繁栄した。その後外部勢力の支配下に置かれたが、第一次十字軍遠征で貢献して国力を養い、強力な共和国として発展した。地中海での覇権争いで長期間ピサとヴェネツィアと戦い、最盛期にはその版図を黒海やクリミア半島まで拡大し、国力を伸ばした。繰り返されたヴェネツィアとの戦いでは、一三八〇年のキオッジャの海戦で決定的な敗北を喫した。共和国は外国勢力と戦う一方で内部でも皇帝派と教皇派とが対立し、名門の間で抗争が続いた。こうして国力が疲弊し、衰運に向った。十五―六世紀には外国の支配下に置かれ、コロンブスの航海支援の国力もなかった。

ジェノヴァでは十七世紀からオペラが上演されていたが、一八二八年四月七日にカルロ・フェリーチェ劇場がベッリーニの初期のオペラ《ビアンカとフェルナンド》の初演で開場するまでは、そのオペラ史を飾るに足る出来事はない。一八五二年にヴェルディと同時代の有名な指揮者アンジェロ・マリアーニがカルロ・フェリーチェ劇場の音楽監督を務め、劇場の名声を高め、若いトスカニーニもここで数年間指揮者を務めて成功した。

ジェノヴァ市は郷里出身の大探検家コロンブスのアメリカ大陸発見四百年を記念して、ジェノヴァで人気が高く、ジェノヴァを舞台にしたオペラ《シモン・ボッカネグラ》の作曲者でもあるヴェルディに新作を委嘱したが、彼は当時彼の最後のオペラ《ファルスタッフ》(一八九三)の仕上げの時期だったので、彼が高く評価していたアルベルト・フランケッティに委嘱された。そして一八九二年にカルロ・フェリーチェ劇場でフランケッティの《クリストフォロ・コロンボ》が初演された。結構壮大な曲で、コンパクト・ディスクで聴くことができる。

カルロ・フェリーチェ劇場はイタリアの主要劇場の一つであり、上演演目ではイタリア・オペラが多いのは当然だが、ヴァーグナーとリヒャルト・シュトラウスの人気が高いのが特色である。トスカニーニは一八九一年から九四年までこの劇場の指揮者であった時、好んでヴァーグナーを上演した。リヒャルト・シュトラウスは彼の《アラベラ》(一九三三)のイタリア初演のためにこの劇場を訪れた。

ジェノヴァはヴァイオリンの鬼才ニコロ・パガニーニの誕生地であり、ここの音楽院は彼の名を冠してニコロ・パガニーニ音楽院と呼ばれている。

◉作品紹介

ジュゼッペ・ヴェルディ《シモン・ボッカネグラ》プロローグと三幕四場

――ジェノヴァが舞台の異色オペラ

■**原作**　アントーニオ・ガルシア・グティエレスの劇『シモン・ボッカネグラ』(一八四三)

■**台本**　フランチェスコ・マリーア・ピアーヴェ、改訂版　アッリゴ・ボーイト　イタリア語

■**初演**　一八五七年三月十二日　ヴェネツィアのフェニーチェ劇場、改訂版　一八八一年三月二十四日　ミラノ・スカラ座

■**ドラマの時と所**　十四世紀のジェノヴァ

■登場人物

パオロ・アルビアーニ　総督腹心の部下……バス
ピエトロ　総督腹心の部下……バリトン
シモン・ボッカネグラ　海賊出身のジェノヴァ総督……バリトン
ヤコポ・フィエスコ　反総督派の貴族……バス
マリーア・ボッカネグラ　アメーリア・グリマルディと名乗るシモンの娘……ソプラノ
ガブリエーレ・アドルノ　反総督派の貴族でマリーアの恋人……テノール
アメーリアの侍女……メゾ・ソプラノ
弩《いしゆみ》隊隊長……テノール

■録音ディスクと演奏時間

多数あるＣＤの一例　ポリドール　F70G 50367-8　二枚組　約二時間十六分。ＬＤの一例　ポリグラム　POLG 1176-7　三面　約二時間二十一分。ＶＨＳテープの一例　DMVB 102　ドリームライフ　約二時間二十五分。ＤＶＤ　TDK　TDBA-0049　約二時間十八分。

■すじがき

［プロローグ　サン・ロレンツォ教会前の広場］
平民のパオロとピエトロが明朝の総督選挙を話題にしていて、結局海賊上がりの豪傑シモン・ボッカネグラを推すことで合意する。ピエトロが去ると、ジェノヴァのために赫々たる実績をあげて人気のある当のシモンが現れ、彼がサヴォーナから呼び寄せられた理由をパオロに尋ねる。シモンは貴族のヤコポ・フ

ィエスコの娘マリーアと恋仲になって娘をもうけたが、フィエスコは彼らの結婚を許さず娘を館に監禁し、シモンを憎んでいる。シモンが総督に選出されれば、フィエスコは彼らの結婚を許すだろうとパオロに説得されて、彼は総督候補を承知する。

ピエトロが大勢の職人や船乗りたちに総督選挙では平民のシモンを選出するよう働きかけ、彼らの同意を得る。パオロがフィエスコの館を指しながら、あそこに不幸な美女が監禁され、呻き声を上げていると語ると、一同は彼女に同情し、解散する。

館からフィエスコが出てきて、幽閉していた娘の死に慟哭し、恥辱と苦悩に心を引き裂かれた父親の苦境を感銘深い歌謡的旋律で歌う。館の中からマリーアの死を哀悼する人びとの合唱が聞こえる。

総督に選出されたシモンが、マリーアとの結婚を夢見ながらフィエスコの足もとに平伏して彼の寛容を乞うが、フィエスコは彼と娘との愛を恥辱だとしか思わず、彼の懇願を冷然と拒否する。しかし、和解策として、フィエスコはシモンと娘の不純な愛の結晶の孫娘を彼に差し出せば、シモンの侮辱を許すと提案するが、シモンは彼女は行方不明だと答えるので、彼は憤然と立ち去る。

シモンがフィエスコの仕打ちを罵りながら天使のように清純なマリーアに会いたくて彼女の館へ行くと、扉が開いたままなので中へ入って、彼が愕然としたことに、そこで発見したのは彼女の亡骸である。うろたえながら彼が飛び出してくるのを見て、フィエスコは神罰が下ったのだと激怒する。悲痛な思いのシモンをパオロ、ピエトロ、大衆が歓呼の叫びで迎える。総督には選ばれたがマリーアとの結婚の夢が潰えたシモンの心中では、複雑な思念が交錯する。シモン総督の誕生で政敵フィエスコの腹は煮えくり返る。シモン万歳の大合唱でフィナーレとなる。

［第一幕第一場　グリマルディ家の庭園　二十五年後］

アメーリア・グリマルディ（マリーア・ボッカネグラ）が愛するガブリエーレに思いを馳せ、彼女の全曲中唯一のアリアである美しいロマンツァを歌う。彼女はシモンとマリーア・フィエスコの娘で、幼い頃行方不明になり、その後グリマルディ家の養女となって、今はアンドレアと名乗る老人（実は彼女の祖父フィエスコ）の保護下にある。彼女の歌に応えるかのように、ガブリエーレの楽しげなセレナードが遠くから聞こえてくる。やがて彼らが愛の歓喜に浸っていると、ピエトロがきて、総督が訪ねてくると彼女に伝える。彼の訪問目的は彼女とパオロとの結婚仲介である。彼女はパオロとの結婚を忌み嫌い、今すぐにもガブリエーレと祭壇で挙式したい衝動に駆られ、二人は逆境を乗り越えて永遠の愛を貫くと力強い二重唱を歌う。

アメーリアとの結婚の承諾をガブリエーレがアンドレア老人に求めると、老人は彼女はグリマルディ家の娘ではなく、シモンに追放されたグリマルディ家の存続や遺産相続のために貰われた養女であると打ち明ける。彼女の素性がどうあれ、ガブリエーレが彼女への愛は不変で、彼女との結婚を申し出ると、老人は即座に承諾し、彼を祝福する。

総督は到着早々グリマルディ家の亡命中の人びとの赦免状をアメーリアに手渡し、彼女の生活の現況を尋ねる。彼女は天使のような恋人と愛し合って幸福だと答え、グリマルディ家の財産略奪を狙うパオロとの結婚を断乎拒否し、続いて彼女の出生や素性の秘密を総督に告白する。彼は思い出のある彼女の告白内容を聞いて次第に興奮し、亡きマリーアの肖像画を彼女に見せると、彼女が持っている母の肖像画と一致するので、彼らは自分たちが父娘だと確認し、不思議な縁だと狂喜して抱擁し合う。父娘は生涯互いに喜び、慰め、幸せの源になり合う誓いの二重唱を胸を躍らせながら歌う。

パウロはアメーリアとの結婚を諦めるよう出し抜けに総督から申し渡され、彼の態度の急変に憤慨し、彼を恨む。彼は総督に復讐するためにアメーリアの誘拐を企て、その実行をピエトロに命じ、ピエトロはその褒賞を期待して承諾する。

第一幕第二場　総督宮殿内の会議室

総督を中央にして貴族派と平民派の議員たちや他の関係者たちが議会を開いていると、暴動が起こり、ガブリエーレが平民たちに追われているのが総督の目に止まる。彼は逃げ出そうとするパオロを制止し、出口を固めさせる。広場で群衆が暴動の扇動をし、議場に乱入する。ガブリエーレとフィエスコが逮捕されている。総督が凶器を手にしたガブリエーレを尋問すると、彼はアメーリアを誘拐したロレンツィーノを殺害してきたが、誘拐の主犯は別の男で氏名不詳だと答える。そして、総督とアメーリアの父娘関係を知らないガブリエーレは、主犯は総督だと誤信して、彼を刺殺しようとするが、その瞬間アメーリアが両者の間に割り込む。彼女は誘拐されてロレンツィーノの家へ連れ込まれたが、首尾よくそこから逃げ出してきたと語り、ロレンツィーノよりも卑劣な悪党がいると言って、厳しい目でパオロを見据える。居合わせる人びとがそれは誰だと詮索すると、総督が厳然と彼らを制止し、誘拐の主犯をパオロだとにらんでいる彼は犯人を呪い、パオロにも意図的に犯人を呪わせて、彼を恐怖で震え上がらせる。一同も呪詛の合唱をする。

［第二幕　総督宮殿内の総督の部屋］

パオロはピエトロに命じて牢獄からフィエスコとガブリエーレをこっそりと連れてこさせる。パオロは総督への復讐のために水差しに毒薬を注ぎ込み、連行されてきたフィエスコとガブリエーレに、総督は三人の共通の憎い敵だと主張し、毒薬のために総督が眠り込んでいるうちに、彼の暗殺をフィエスコに唆かすが、拒否されて腹を立て、彼を牢獄へ帰らせる。彼はガブリエーレにアメーリアは破廉恥な総督に弄ばれていると言い残して退出する。

ガブリエーレはパオロの衝撃的な偽りの中傷を信じて激怒し、総督のことを彼の父を殺害した上に彼の愛の宝を強奪した悪党だと嫉妬に駆られて罵倒し、アメーリアのことを操を汚した女など二度と見たくないと憤慨してアリアを歌う。アメーリアが現れると、ガブリエーレは出し抜けに彼女のことをふしだらな女だと罵り、彼女と総督の関係を詰問するので、彼女は今はまだそれを打ち明けられないが、彼らの関係に疚しいところはなく、彼女は純潔で、ガブリエーレを愛していると断言する。

この二重唱中に総督の気配を感じて、アメーリアはガブリエーレをテラスへ隠す。総督はアメーリアの涙に気づいて、彼女の愛人の名を尋ね、それが彼の仇敵ガブリエーレ・アドルノだと知って愕然とする。それは彼が今手にしている彼への謀叛者の書類に記載されている名だからである。彼は娘が彼の敵を死ぬほど愛していると知って、ままならぬ運命の冷酷さに絶望しながらも、彼女の恋人が彼の非を悟れば彼らの結婚を許可すると愛しい娘に譲歩する。

総督は焼けつくような喉の乾きを覚え、毒入りの水差しから水を飲むとすぐに眠気に襲われ、頭が重くなり、手足がしびれる。彼が眠り込むと、父の復讐の機会を狙っていたガブリエーレが彼を刺殺しようとするが、アメーリアが素早く彼らの間に割り込み、総督は目覚める。彼がガブリエーレに彼の娘を奪って父の敵を討ったと意外なことを打ち明けるので、ガブリエーレは総督とアメーリアが父娘だと知って驚嘆し、刺客の彼を死罪にしてほしいと申し出る。
三人の三重唱中に外で謀叛を起こした貴族たちの総督襲撃の叫びが聞こえ、総督がガブリエーレに彼の仲間たちに加わるように促すと、彼はそれを拒否し、謀叛を命がけで鎮めると誓うので、総督は娘と彼との結婚を許す。

［第三幕　総督宮殿の内部］

謀叛は鎮圧され、総督派の勝利の万歳の合唱が聞こえる。謀叛派のフィエスコは釈放されるが、パオロは反逆罪で処刑場へ護送される。彼はフィエスコに彼よりも前に総督の方が毒死すると囁き、外からはマリーアとガブリエーレの婚礼を祝う合唱が聞こえる。毒に苦しみながら総督が現れ、アンドレアと名乗るアメーリアの保護者の老人が政敵だったフィエスコだと認める。総督が唐突に一人の天使が彼とフィエスコの友情の保証人だと言うので、フィエスコが怪訝顔をすると、彼はアメーリア・グリマルディは彼とフィエスコの娘マリーアとの娘だと打ち明ける。フィエスコが思いがけぬ事実に驚いて涙ぐむと、総督は彼を抱擁する。フィエスコはパオロが総督に毒を盛ったと知らせる。二人の仇敵からは憎しみも恨みも消える。

アメーリアは今はマリーア・ボッカネグラの本名を名乗り、ガブリエーレとの婚儀を済ませて現れ、後見人だったアンドレア老人がこの場にいるのを怪訝がる。総督がアンドレアは彼女の母マリーアの父だと打ち明けて彼女を驚愕させ、狂喜させる。同時に彼は彼の命の終わりが迫っているのを知らせて彼女を悲しませる。総督、フィエスコ、マリーア、ガブリエーレは総督の死を目前にして四人四様の思いを四重唱し、続いて総督は議員たちに彼の後継者はガブリエーレだと遺言して絶命する。バルコニーからフィエスコがガブリエーレ・アドルノを新総督に選出するよう市民たちに要請する。
シモン・ボッカネグラの死と共に貴族と平民の間の長年の対立抗争が終息する。弔鐘が鳴り、全員跪いてシモン総督の冥福を祈る中で静かに全曲のフィナーレとなる。

■解説

《シモン・ボッカネグラ》はヴェルディの二十作目のオペラだが、初演二十四年後の一八八一年にその改訂版が初演され、これが現行決定版となっている。台本の改訂者はボーイトで、彼はヴェルディの最高傑作である一対の悲劇と喜劇のシェイクスピア・オペラ《オテロ》と《ファルスタッフ》の台本作者として著名な作曲家・文学者である。改訂版初演前の一八七九年からヴェルディとボーイトとの《オテロ》の台本作りの長期の協力が始動していた。《シモン・ボッカネグラ》の改訂はドラマでも音楽でも大幅なもので、改訂版のオペラ作法、音楽語法、歌唱法などがそれ以前のヴェルディのどの作品のそれらとも根本的に相違し、六年後初演の《オテロ》のそれらと近似し、直結している。改訂版は彼の最高峰《オテロ》へ到達するのに通過すべき途中の関門だった。たとえば、パオロはイアーゴを彷彿とさせる彼の先駆的人間像だと言える。

シモン・ボッカネグラは実在人物で、彼のモデルは共和国公認の海賊業で名声を高め、産をなし、一三三九年に選出されたジェノヴァ初代総督である。他の主要登場人物たちのモデルも実在人物である。オペラの事件のエピソードは当然ながら事実と虚構の合成である。物語は貴族と平民の対立抗争の最中で、平民シモンと彼をめぐる四人の主要人物たち—平民で腹黒い陰謀家パオロ、それぞれの理由でシモンを憎悪する二人の貴族フィエスコとガブリエーレ、シモンの娘だと素性が発覚するアメーリア（マリーア）―との関係を主軸とし、それに四人同士の関係を絡ませて劇的に展開される。ドラマの筋はかなり複雑で錯綜していて整然とせず、まとまりがないように見えるが、これが人生の実相だろう。台本を十分に咀嚼し、当時のジェノヴァの政治的、社会的情勢を頭に入れておけば、劇場でのドラマの展開の追跡は困難ではない。

ドラマの筋は舞台に耳目を釘付けにするのに十分に興味を引き、感銘深く、スリルとサスペンスを呼ぶ事件が次々と展開される。親子―ここでは父娘―関係はヴェルディの独特の重要主題であり、第一幕でシモンとアメーリアが父と娘だと認め合い、熱烈な情愛で結ばれる長大な二重唱の場面は美しく、感動的である。しかし、シモンとアメーリアの父娘の縁の発覚が、パオロがシモンを裏切り、彼を毒殺する陰謀の原因となる。シモンが悲惨な運命に翻弄されて斃れる過程での彼の心理的葛藤や煩悶は、ヴェルディ特有の暗い人生観や運命観の凝縮的表現で、聴きごたえがある。《シモン・ボッカネグラ》は《マクベス》や《オテロ》の系譜にある心理劇オペラの名曲である。

《シモン・ボッカネグラ》にはシモンとアメーリアの父娘の情愛や波乱含みのガブリエーレとアメーリアとの純愛のような明るい面もあるが、オペラの全体的色合いは暗く、地味であり、調子は渋い。

重唱―大部分が二重唱―の方が独唱よりも断然多いのがこのオペラの際立った特色である。これはオペラのドラマティックな性格の強さを意味する。主役のシモンには朗誦的旋律のモノローグの独唱はあるが、アリアのような独唱がない。これは従来のどんなオペラとも違う目立った特色である。アリアと呼んでもよい独唱は二曲だけである。一曲は第一幕冒頭のアメーリアの美しく、印象的な抒情歌であり、もう一曲は第二幕のガブリエーレの歌で、前半部は彼のシモンに対する憎悪と憤怒が急速なテンポで激しい劇的な表情で歌われ、後半部はそれとは対照的に緩やかなテンポで彼のアメーリアへの純愛が歌われる。プロローグでのフィエスコの朗誦的旋律のモノローグは地味で渋いが、心に残る名唱である。この曲の歌唱の主役は二重唱で、第一幕のシモンとアメーリアの二重唱や第二幕のガブリエーレとアメーリアの二重唱などは特に感銘深い。

ヴェルディは《オテロ》でオペラのナンバー制を撤廃したが、その六年前の《シモン・ボッカネグラ》の改訂版では、ナンバー制廃止の模索と傾向が見られる《アイーダ》（一八七一）の場合よりもそれへの熱意と姿勢が格段に強い。改訂版はナンバー制との絶縁の一歩手前である。

《シモン・ボッカネグラ》は表面的な美しさや華やかさがなく、渋くて地味で、その魅力や美質や価値が沈潜している、どちらかと言えば玄人向きの曲であり、聴くたびにそれを発見して味わうのが身上の名曲である。

第11章 ベルガモ

ガエターノ・ドニゼッティ《アンナ・ボレーナ》《愛の妙薬》

◉都市の概説とオペラ小史

ベルガモはミラノの東北五十余キロに位置するロンバルディア州の小都市で、古代にはエトルリアやローマの属領であり、中世には都市国家としてロンバルディア同盟に参加し、神聖ローマ皇帝と戦い、十六世紀から十八世紀まではヴェネツィア共和国の属領だった。市は城壁をめぐらし丘の上の旧市街とその麓の新市街とに分かれ、当然ながら、歴史的建築物は旧市街に集まっている。

ベルガモでは一七九一年に新築されたリッカルディ劇場で初めてオペラが上演された。劇場は一七九七年に焼失したが、一七九九年に再建された。ドイツ人ヨハン・ジーモン・マイアーが一八〇二年にベルガモに定住し、教会楽長、音楽院長、オペラ作曲家としてベルガモの音楽とオペラの振興に大きな貢献をした。彼はベルガモが生んだオペラ史上の巨匠の一人ドニゼッティの師としても著名である。ドニゼッティ生誕百周年に当たる一八九七年に、リッカルディ劇場は彼の偉業を称えてドニゼッティ劇場と改称された。当然ながら、彼の作品は劇場の主要演目である。彼の生家や博物館などがある。

ちなみに、ヴェネツィア楽派の十七世紀の有名なオペラ作曲家ジョヴァンニ・レグレンツィは、若い頃（一六四五—五五）ここの教会のオルガニストを務めた。

◉作品紹介

ガエターノ・ドニゼッティ《アンナ・ボレーナ》二幕六場
——ベルガモ生まれの巨匠のオペラ・セリアの名曲

■**原作**　マリー＝ジョセフ・ド・シェニエの劇『アンリ八世』（一七九一）のイッポリト・ピンデモンテによるイタリア語訳『エンリーコ八世』（一八一六）とアレッサンドロ・ペポリの劇『アンナ・ボレーナ』（一七八八）

■**台本**　フェリーチェ・ロマーニ　イタリア語

■**初演**　一八三〇年十二月二十六日　ミラノのカルカノ劇場

■ドラマの時と所　一五三六年のイギリス

■登場人物

ジョヴァンナ・セイモー　国王の愛人の女官……メゾ・ソプラノ

アンナ・ボレーナ　王妃……ソプラノ

スメトン　楽士……メゾ・ソプラノ

エンリーコ八世　イギリス王……バス

ロシュフォール卿　アンナの兄……バス

リッカルド・ペルシー卿……テノール

エルヴェイ　王の役人……テノール

■録音ディスクと演奏時間　多数あるCDの一例　DECCA　421 096-2　三枚組　海外盤　約三時間十三分。ＶＨＳ　CBC HOME VIDEO　VAI 69414　海外テープ　約二時間三十七分。

■すじがき

［序曲］

［第一幕　ウィンザー城内の王妃の館の広間］

騎士たちが国王は今別の女性との恋に夢中で、王妃の館へあまり通わず、彼女の星はもう黄昏だと歌っている。そこへ国王の恋の相手の女官ジョヴァンナが王妃のお召しで、不安におののきながら現れ、二人の女は相手の心の探り合いをする。湿っぽい、沈んだ雰囲気を明るくするために、アンナは楽士スメトンに歌を所望する。彼は竪琴の伴奏でロマンツァを歌う。アンナは歌が彼女の初恋を思い出させ、彼女の今の悲哀をほのめかすので、聴くに耐えなくなり、楽士に歌を中止させる。ロマンツァに心を揺さぶられた彼女は、王妃の座と栄華を選んだために、今悲痛な報いを受けている心境を美しく、感銘深いカヴァティーナで歌う。夜明けも近く、彼女は一同を退去させ、ジョヴァンナに、今残酷な運命の罰に苦しんでいる彼女を十分に観察して、王妃の座の誘惑に負けないようにしなさいと警告するカバレッタを歌う。

一人になったジョヴァンナが、王妃は国王と彼女との秘密の仲を嗅ぎつけたのではないかと不安に動揺していると、国王が現れる。彼女が日陰者としての彼の寵愛はもう最後にしてほしいと訴えると、彼はもうそろそろ彼らの愛を白日の下にさらす時だと答えるので、彼女はそれは結婚後のことだと言う。そして、彼女は彼が彼女を本当に愛しているなら、彼女の名誉を尊重してほしいと訴える。すると、彼は王妃アンナは王妃の冠を狙って彼を愛し、前から彼女は彼を裏切っていて、やがて冠は彼女の頭上から落ちると仄めかすと、彼女は慌てて王妃の座への野心を否定する。彼女が王妃になって、後でそれが後悔の種になるのを恐れると、彼は安心して彼との愛の喜悦に浸ってよいと断言し、二人の長大な二重唱が終わる。

［第一幕第二場　ウィンザー城の庭園］

アンナが王妃になる前、彼女と恋人同士であったペルシーが、国外追放を解除されて久しぶりに故国に帰り、アンナの兄ロシュフォールと再会し、二人は喜び合う。ペルシーは国王に恋人を横取りされ、追放になった日から生ける屍同然だと悲痛なカヴァティーナを歌う。国王の狩りの随行者たちが現れ、王妃も女官たちと出てくる。ペルシーはアンナの姿を見て胸の高鳴りを感じ、彼女との出会いの一瞬でも許されれば、もう死んでも本望だとカバレッタを歌う。

一同の出迎える中国王が現れ、王妃の姿を認める。彼女が彼の尊顔を拝してから何日もたちますと言うと、彼はよそよそしく彼女のことは気にかけていると応答する。ペルシーが彼に近づき、追放解除の礼を述べると、国王は彼の潔白を自分に訴え、それを確信させたのは王妃だと嫌味と皮肉を込めて言う。ペルシーはこれが彼と王妃を陥れる国王の仕掛けた罠だと気づかず、彼女の彼への愛情深い配慮に感謝して、彼女に跪き、手に接吻をする。彼女は国王の手前を憂慮し、彼の向う見ずな振舞いに狼狽しながらも、彼女の胸を焼きつくすような恋の炎が燃え上がるのを感じる。ロシュフォールは衆人環視の中でのペルシーのアンナへの愛の意志表示に不安がる。国王は王妃とペルシーに対する彼の深慮遠謀が実を結ぶように、二人の行動や発言を監視するよう役人のエルヴェイに命じ、親切ごかしに宮廷に留まるようペルシーに勧め、狩りに出発する。

［第一幕第三場　アンナの私室に通じる控えの間］

スメトンが敬愛する王妃の部屋から以前盗み出した彼女の肖像画を返しにきて、それに最後の口づけをしていると、人の気配を感じてカーテンのうしろに隠れる。アンナとロシュフォールが現れ、アンナはペルシーと会うのは危険な冒険だと懸念しながらも、兄のたっての願いでこっそりと彼に会うのを承諾する。

二人が出会うと、アンナは王妃の冠の野心に目が眩んだが、それは茨の冠だったと述懐しながらも、今は人妻であり、王妃であると言い張るので、ペルシーは今も彼女を熱愛していると告白する。彼女が彼との密会の発覚を恐れ、運命が彼らの間に乗り越えられない壁を作ったと言って、彼に早々の退去を迫り、もう二度と会えないと断言すると、彼は出し抜けに剣で彼の胸を突き刺そうとする。逆上したペルシーの暴挙に驚いたスメトンがそれを止めに入り、アンナは身の破滅だと震え上がり、失神する。二人の密会を見張っていたエルヴェイの急報で国王が駆けつけ、宮廷中の人びとが出てくる。
国王が王妃は彼を裏切り、彼を恥ずかしめたと弾劾すると、スメトンがそれを否定するが、彼の胸から王妃の肖像画のペンダントが落ちるのを見て、国王は王妃の裏切りの疑惑を強める。意識を回復した王妃が国王の目付きに彼女への疑惑を読み取り、心が落ち着くまで弁明の猶予を懇願すると、彼は彼女の極悪犯罪の証拠は彼の手中にあり、今死んだ方がましだろうと冷酷な言葉を彼女に浴びせる。国王が王妃に犯罪の釈明は判事たちの前でせよと冷然と言い放つので、彼女は彼らに裁かれる苛酷な運命を嘆き、死はもはや彼女の運命だと観念する。国王は彼女が王座を汚した疑惑を彼に与えた以上は、もはや彼女の死は免れぬと決める。ペルシー、スメトン、ロシュフォールも彼らの運命は鎖されたとして、死を覚悟する。他の全宮廷人は王妃の犯罪はでっち上げで、無実の者が死のうとしていると彼女に同情する。長大複雑で、感銘深い第一幕の終曲が、大アンサンブルで終わる。
［第二幕第一場　アンナが監禁されている部屋への控えの間］
女官たちが王妃の不運を嘆き、彼女に同情して合唱していると、憔悴した彼女が現れるので、彼女たちは彼女を励ます。エルヴェイがきて、国王が女官たちを召喚していると伝える。アンナが国王から受けた恥辱を神に嘆いているとジョヴァンナが現れ、彼女は破滅の罠に陥れられたが、国王と離婚することで彼女の死を免れる道があると説く。すると、アンナは恥辱と不名誉で死を買うのを拒否するので、ジョヴァンナは彼女自身が国王の愛人で王妃の座につく女だと告白し、彼女の願いを受け入れてほしいと頼む。アンナはジョヴァンナの裏切りの告白に激怒するが、ジョヴァンナが跪いて許しを乞い、国王の甘い言葉と王妃の座の誘惑に目が眩んだと認めると、アンナはそれは彼女自身が王妃になる時の心理だったと回想し

てジョヴァンナに同情し、悪いのは彼女を誘惑して野心を燃え立たせた国王だと主張する。ジョヴァンナは許される方が激怒されるよりも辛いと感じ、アンナが彼女に譲ることになる王妃の座は、彼女の犯罪の罰ともなるのを恐れる。このソプラノとメゾ・ソプラノの非常に長大な緊迫した劇的二重唱は、全曲中でも聴きごたえのある白眉の一曲である。

［第二幕第二場　会議が開かれている部屋への入口の間］

廷臣たちが裁判官の前でスメトンが王妃に不利な告白をする不安を合唱している。エルヴェイが出てきて、スメトンが聞く人びとを身震いさせ、赤面させるような犯罪を告白し、王妃は破滅だと一同に告げる。スメトンが偽りの王妃との不倫関係を告白したのは、そうすれば国王と王妃の離婚の口実となり、王妃が助命されるとの国王の陰謀の罠にはまったからである。裁判に臨席していた国王が、彼の思わくどおりの裁判経過に満足して議場から出てくる。

アンナが現れ、王族の彼女が裁判の場に出廷する屈辱の容赦を願い出ると、国王は彼女がペルシーとの情事で王族の地位を汚したと彼女に逆襲する。現れたペルシーが憤慨し、アンナと彼は恋人同士だったのに、国王は彼から彼女を奪ったと抗議すると、国王は彼女はスメトンと不義密通していたとスメトンの偽りの告白を彼に暴露する。悪辣な告発に尊厳を傷つけられたアンナは、スメトンの告白は国王の陰謀による虚偽だと国王に挑戦する。ペルシーはアンナとは以前夫婦だったと言い出し、国王に彼女の返還を迫り、アンナを狼狽させる。ペルシーはアンナが彼を捨てて王妃の座に走ってからも彼女を愛し続け、今彼女から名誉と命を奪おうとしている国王から彼女を救いたいと歌う。アンナは薄情にもペルシーを捨てた日のことを恥じ、王妃の座で見出したものは苦悩と恐怖だったが、それは愛の裏切りに対する正義の神の罰だったと歌う。ペルシーとアンナが夫婦だったというのはペルシーが演じた芝居だと信じている国王は、彼の思わくどおりアンナと離婚するどころか、彼らに極刑の罰を与えてやると歌い、王妃の座には彼の愛情にふさわしいもっとすばらしい女性が昇ると自慢する。三重唱が終わり、アンナとペルシーは衛兵に連行される。

ジョヴァンナが現れると国王は彼女が王妃だと告げるが、彼女はアンナの死の原因になりたくないので、彼とお別れの挨拶にきたと彼を驚かせる。続いて彼女は心をすり減らす手に負えない彼との愛の苦痛を訴え、彼女との愛のためにアンナを処刑しないでほしいと彼に嘆願するカヴァティーナを歌う。エルヴェイと裁判官たちが法廷から出てきて、エルヴェイが法廷は全員一致で不倫のアンナと彼女の共犯者に死刑を宣告したと告げる。宮廷中が国王の慈悲を嘆願するが、彼は判決は王権に優先すると言い放つ。ジョヴァンナも彼の寛容を願ってカバレッタを歌う。

［第二幕第三場　ロンドン塔の牢獄］

ペルシーとロシュフォールも死刑宣告を受けている。ペルシーが罪のないロシュフォールの死刑に同情すると、ロシュフォールは妹に王妃の座への大望を抱かせたのは自分だと打ち明ける。エルヴェイがきて、彼らには王の助命の特赦が発せられたと伝えると、ペルシーは無罪のアンナが処刑されるのに不名誉な特赦は受けられないと拒み、ロシュフォールも死ぬ覚悟を表明する。しかし、ペルシーはロシュフォールに生きて、彼とアンナの苛酷な運命を悲しんでくれとカヴァティーナを歌う。エルヴェイが二人に告別をし合うよう促すと、ペルシーはロシュフォールの死を是認し、二人はこの世に残して行く人はなく、恐れることも願うこともないとカバレッタを歌う。彼らは衛兵に連れ去られる。

悲嘆と苦悩に責め苛まれて錯乱状態になったアンナを哀れみ、女官たちが涙ながらに合唱している。哀愁をそそる美しい感動的な合唱で、聴きどころの一曲である。狂乱のアンナが登場し、今日は王様との結婚式の日だと口にし、ペルシーの幻影を見て、彼が責め怒鳴りつけるとたわごとを言う。そして、彼女は恋人ペルシーとの幸福だった日々を回想し、一日でもいいから愛の日を取りもどしたいとカヴァティーナを歌う。小太鼓の音で彼女は錯乱状態から正気にもどる。ロシュフォール、ペルシー、スメトンが牢獄から現れ、スメトンはアンナに会うと、彼女の命を救いたい一心で虚偽の告白をしたと詫びる。彼女は再び錯乱状態になるが、遠くから聞こえる大砲や鐘の音で徐々に正気にもどる。彼女はそれが新しい王妃が歓呼で迎えられる祝砲だと知らされると、アンナの血はこれから流されると言って女官の腕に倒れかかる。そして、彼女は邪悪な二人に呪詛の言葉を浴びせずに、彼らを許して彼女を待っている墓へ降りて行こうとカバレッタを歌って悶絶する。

■解説

ガエターノ・ドニゼッティは一七九七年にベルガモで生まれ、一八四八年に同地で没したオペラ史上屈指の巨匠の一人。ヴェルディと同じように彼も貧困家庭の生まれ。ベルガモに定住していたマイアーに師事し、彼に楽才を見込まれ、ボローニャではロッシーニの師でもあったスタニスラーオ・マッティに学ぶ。一八二二年に八作目の《グラナダのゾライーデ》の大好評で世に認められ、精力的に作曲に打ち込み、一八三〇年に《アンナ・ボレーナ》の大成功で名声を確乎不動のものにする。これはロッシーニが《ギョーム・テル》でオペラの筆を折った翌年のことで、以来ドニゼッティはベッリーニと共にイタリア・オペラ界を背負って立ち、一八三五年のベッリーニ没後から一八四二年にヴェルディが《ナブッコ》で一夜にしてオペラ界の寵児になるまで、彼がその名声をほとんど独占した。

ドニゼッティはオペラの大家の中では抜群の多作家で、二十五年の作曲期間に七十曲もの作品を書き残し、ロッシーニの四十曲よりも断然多い。彼はヴェルディのようなオペラ改革の旗手ではなく、概して言えば、伝統的な作法で作品作りをした職人的大家で、一年に五曲も六曲も新作の初演ができた。これは彼が天分に恵まれた作曲家だった証でもある。オペラの作法の変化の振幅ではヴェルディの場合よりずっと小さい。彼の七十曲のオペラの中には今日劇場のレパートリーとして定着しているものが十曲以上もある。レパートリーの数だけが能ではないが、数は力ではある。十曲もある作曲家はオペラ史上多くて六人か、七人である。

ドニゼッティのオペラは十八世紀のアリア中心のオペラと比較すると著しく進歩発展し、重唱や合唱が際立って多くなり、重視され、アンサンブルが大規模になり、ドラマが充実し、その緊張感が強化されている。彼は「歌中心オペラ」の最後の大家で、ベル・カント唱法を継承し、徹底的に発展させ、その精華を披露した。多数の名曲を含む彼の七十曲ものオペラの代表作は、オペラ・セリアでは《ランメルモールのルチーア》(一八三五)で、とりわけ〈ルチーア狂乱の場〉と俗称されているカヴァティーナ＝カバレッタ形式の長大なアリアは、コロラトゥーラの超絶技巧の名人芸披露で名高く、アリア形式と歌唱法の際立ったユニークさが絶品である。オペラ・ブッファの代表作は《愛の妙薬》(一八三二)で、台本の仕上げが実に見事であり、ドラマも音楽も最高に素晴らしく、底抜けに楽しい。セリアもブッファもオペラ史上の秀作である。

ドニゼッティのオペラで気づく興味深い事実は、イギリス（一七〇七年にイングランドに併合されたスコットランドを含む）と縁のある作品が異常に多いことである。その原因の半ばは偶然の成り行きだったのかも知れない。彼のイギリスと縁のあるオペラは二種類に分類できる。イギリス・ロマン派文学―特にスコットとバイロン文学―は、イタリア・ロマン派オペラの原作や題材として好んで採り上げられた。ドニゼッティのスコット文学オペラには《ケニルワース城のエリザベッタ》（一八二九）と《ランメルモールのルチーア》（一八三五）があり、バイロン文学オペラには《パリジーナ》（一八三三）、《トルクァート・タッソ》（一八三三）、《マリン・ファリエーロ》（一八三五）がある。もう一種類のオペラは《アンナ・ボレーナ》（一八三〇）、《マリーア・ストゥアルダ》（一八三四）、《ロベルト・デヴリュー》（一八三七）で、十六世紀のイギリス史を題材にしている。これらの八曲は知名作品で、これら以外にも無名作品がある。

多作家のドニゼッティは《アンナ・ボレーナ》初演前に全七十曲の約半数をすでに書いていたが、高い名声と不動の地位を確立するに足る強力な決定打をいまだ放っていなかった。彼のライヴァルであり、彼より四歳若いベッリーニは、一八二七年初演の《海賊》の大成功で地歩固めをしていた。ドニゼッティは《アンナ・ボレーナ》の大ヒットで漸く確乎たる地位と名声を築き、これが彼の名作量産時期の幕開けとなった。《海賊》と《アンナ・ボレーナ》は多くの面で類似している好一対オペラである。《アンナ・ボレーナ》初演の前年オペラ界の帝王ロッシーニがオペラの筆を折り、王座が空席になっていた。ドニゼッティの恵まれた楽才はそれまで蕾のままだったが、まるで王座を狙うかのように彼は猛発奮し、《アンナ・ボレーナ》でいっぺんに蕾を満開させた。

王妃アンナに飽きて彼女の女官ジョヴァンナに食指を伸ばし、王妃を不倫の罪に陥れる陰謀を画策する好色ヘンリー八世、彼の愛欲後の難を危惧しながらも権力の座への野心を断てないジョヴァンナ、国王にアンナを強奪されて彼を憎み、なおも彼女を愛し続けるペルシー、権力の座に目が眩んで王妃となったが、ペルシーへの愛に今も心が疼くアンナ。《アンナ・ボレーナ》は人間の断ち難い業に駆られた四人の行為と心理の葛藤と煩悶苦悶の表現であり、やりきれないほど暗い、凄惨な悲劇である。

オペラは歌唱、管弦楽、ドラマの三位一体、三拍子一体の見事な仕上がりの極上の名曲であり、イタリア・オペラの醍醐味を心ゆくまで味わえる凄い曲である。これは磨きに磨いてきたベル・カントの精華と極致の手本の一曲で、その歌唱美に陶酔する一方で、ロマン派特有の激しい劇的歌唱に感動するオペラである。どのナンバーの歌唱も絶品揃いだと言いたいほど充実している。独唱、重唱、合唱の名唱や絶唱が珠玉のようにちりばめられている。アリア五曲、二重唱三曲、三重唱一曲、五重唱一曲の全曲が、当時その最盛期にあったカヴァティーナ＝カバレッタ形式で、この点では画一的すぎるきらいがある。

管弦楽は素晴らしく効果的に歌の前奏をし、歌に寄り添い、歌を引き立て、歌の後奏をし、見事にその責任を果たしている。序曲も感銘深い、堂々たる名曲である。

《アンナ・ボレーナ》で気づく顕著な特色は傑出した台本である。当時の最も有能な作者フェリーチェ・ロマーニの腕前は冴え切っている。これほど見事に秀逸な台本を眼前にすれば、作曲者が発奮するのは当然である。ドラマの筋は、筋という語の真の意味どおり、事件と事件との因果関係で結ばれて、一分の隙も弛《たる》みもなく、緊迫しながら見事な効果を見せて展開されている。使用されているオペラ向きの詩句の選択も素晴らしい。

《アンナ・ボレーナ》はドニゼッティのどの名作と比肩しても遜色のない実力オペラだが、劇場上演の頻度が他の名作の場合よりも低いのが気になる。これは典型的なプリマ・ドンナ・オペラで、上演の成否はアンナの力量に大きく依存している。アンナはベル・カント唱法とドラマティック唱法をマスターし、それらのための声の所有者でなければならない。この条件を備えたソプラノ捜しは楽ではない。これがこのプリマ・ドンナ・オペラの名作の低い劇場上演頻度の一因かも知れない。

ガエターノ・ドニゼッティ《愛の妙薬》二幕四場

――ベルガモ生まれの巨匠のオペラ・ブッファの名曲

■原作 ダニエル・オベールのオペラ《媚薬》(一八三一)のためのウージェーヌ・スクリーブの台本

■台本 フェリーチェ・ロマーニ　イタリア語

■初演 一八三二年五月十二日　ミラノのカノッビアーナ劇場

■ドラマの時と所 十九世紀初期のトスカーナ地方の村

■登場人物

ジャンネッタ　アディーナの友人……メゾ・ソプラノ

ネモリーノ　若い農民……テノール

アディーナ　地主の娘……ソプラノ

ベルコーレ　駐屯軍軍曹……バリトン
ドゥルカマーラ　いんちき薬売り……バス

■録音ディスクと演奏時間　多数あるCDの一例　グラモフォン　F70G 50472-3　二枚組　約二時間三分。多数あるLDの一例　ポリドール　POLG 1122-3　三面　二時間八分。DVDの一例　TDK　TDBA-0064　二枚組　約二時間十五分。

■すじがき

［前奏曲］

［第一幕第一場　農場前の広場］

のどかな田園風景の中で、ジャンネッタや農民、村娘たちが一服しながら陽気に合唱している。ネモリーノが木陰で本を読んでいる美貌のアディーナを惚々と眺めながら、彼女に愛されたいとカヴァティーナを歌う。アディーナが出し抜けに笑い出し、惚れ薬で愛し合うようになった「トリスタンとイゾルデの物語」のカヴァティーナを歌い、文盲の全員を楽しませる。小太鼓の音が聞こえ、行進曲に乗って、ベルコーレ軍曹引率の駐屯軍の小隊が到着する。軍曹は早速一番の美女アディーナに目をつけて、神話のパリスの故事に倣って彼女に小さな花束を捧げ、もう彼女の心を征服してしまったかのような口振りで彼女を口説くカヴァティーナを歌う。彼は彼女が彼に好感を抱いたと見て、単刀直入に彼女に求婚するので、彼女は困惑し、そう安々とは彼に征服されない。この情景を見ていたネモリーノは、大好きな彼女が軍曹に陥落したら、絶望して死ぬしか手がないとはらはらしている。弱気で、引っ込み思案な彼は、軍曹のような大胆な求婚ができず、彼の勇気を羨望する。ネモリーノ、ベルコーレ、アディーナ、ジャンネッタの四人が四様の思いを歌い、農民たちの合唱が加わって、賑やかなアンサンブルとなり、導入部が終わる。

ベルコーレはアディーナの彼への好感に満足して、兵士たちを連れて宿所へ行き、農民たちは仕事に出かける。二人だけになると、ネモリーノがまたぞろ煮え切らない愛の告白をしそうな気配なので、アディーナは先手を取って、彼を愛することはできないと手厳しく宣告する。彼が彼女のためなら死ぬこともできると本気で言うと、彼女はうんざりして、からかい半分で、一人の男をいつまでも愛するなんて狂気の沙汰だと応じ、二人はすったもんだの二重唱を展開する。

［第一幕第二場　村の広場］

トランペットの音で村民たちが出てきて金ぴかの馬車を見ると、誰か偉い人の到着だと噂し合う。事実はいんちき薬売りのドゥルカマーラで、到着早々、彼は病気の治療で天下に轟く人類の大恩人だと自己紹介し、あらゆる病気の特効薬の効能を宣伝し、安くしておく、買った、買ったとおもしろおかしくまくし立てて長大なカヴァティーナを歌う。聴きごたえのある愉快な名曲歌唱である。無知な村民たちは彼の見事な弁説にころりと騙されて、われもわれもといんちき薬を買う。

村民たちが引き揚げると、ネモリーノがドゥルカマーラにイゾルデ姫の惚れ薬を求めるので、彼はぶどう酒を高く売りつけ、ネモリーノの間抜けぶりに感心しながら、薬の効能が明日からてき面に現れると得々と説きつける。お人好しのネモリーノはそれを信じ、感謝感激雨霰で、小躍りして喜ぶ。二重唱が終わり、ドゥルカマーラは居酒屋へ入る。

薬を飲んでその効能を信じ、陽気にはしゃぐネモリーノは、人変わりしたように自信がわいて、アディーナの姿を見ても知らんふりをする。彼女は彼に無視されて高慢の鼻を折られ、彼は明日は彼女に愛されると鼻高々で、二人は二重唱する。ベルコーレが現れ、アディーナと至急結婚する話がまとまると、ネモリーノは慌てるが、結婚の日取りが一週間以内と聞いて安心し、また陽気に振舞い、三人は三重唱する。ベルコーレの上官から駐屯軍の移動命令書が届き、大騒ぎとなる。ベルコーレがアディーナに今日中の結婚を申し込み、彼女が承諾するので、ネモリーノは狼狽し、明朝まで待ってくれと頼む。ベルコーレはネモリーノに結婚の邪魔をされて彼を罵倒する。アディーナは愚図のネモリーノが生意気にも彼女を無視したことで、彼に仕返しをしたがり、ジャンネッタ、村民や兵士たちを祝宴に招く。ネモリーノが絶体絶命の窮境からの助けをいんちき薬売りに求めると、他の全員は彼を嘲笑する。騒々しく賑やかなアンサンブルで第一幕のフィナーレとなる。

［第二幕第一場　アディーナの農場内部］

アディーナとベルコーレのための祝宴が賑やかに催され、人びとは愉快に歌ったり、乾杯したりしている。招かれたドゥルカマーラがアディーナと〈わたしは金持、あなたは美人〉とバルカローレを二重唱し、村民たちに喝采され、最後は彼らの合唱も加わる。公証人がきたが、肝心な復讐相手のネモリーノが現れないので、アディーナはやきもきする。やっと現れたネモリーノは公証人を見て絶望し、今日中に効能が現れるように、ドゥルカマーラにもう一瓶愛の妙薬を所望するが、ドゥルカマーラは無一文のネモリーノにつれなく当り、金が工面できたらおいでと言って立ち去る。

アディーナは口ではネモリーノへの仕返しを唱えながら、心の底では彼のことにこだわり、ベルコーレとの結婚を晩まで延ばすので、ベルコーレは不満がる。彼は頻りに金をほしがるネモリーノを二十スクーディで入隊させる。軍隊入りをめぐって二人の恋敵はかみ合わない二重唱をする。

［第二幕第二場　田舎の中庭］

ジャンネッタが村娘たちに、ネモリーノのおじが死んで彼に莫大な遺産を残したとの噂話をする。彼女たちは色めき、百万長者のネモリーノと結婚する幸せを夢みて、急に彼に色目を使い出し、彼を尊敬する振りをする。入隊金で愛の妙薬をたっぷり充電したネモリーノは、村娘たちの彼に対する応対の急変は薬のききめの証拠だと信じてご気嫌である。アディーナは彼女とベルコーレとの結婚話の進行にネモリーノが絶望して、涙に暮れていると信じていたのに、彼がジャンネッタや村娘たちにちやほやされているのを見て、心穏やかではない。ドゥルカマーラはこの珍現象を不思議がる。娘たちは近所の舞踏会へネモリーノを競って誘い、彼は引っ張り凧である。彼の人気に不安になったアディーナが、豹変したように彼に優しく話しかけるので、彼は惚れ薬の効能で彼女も彼を愛し出したと感じる。

ドゥルカマーラはネモリーノをめぐる不思議な変化の原因の張本人は彼自身だとアディーナに自慢し、ネモリーノが自由を売って軍隊入りし、その金でイゾルデ姫の愛の妙薬を買って飲んだことを打ち明ける。「イゾルデ姫の愛の妙薬」と、冒頭でアディーナが村民たちに読んで聞かせる「トリスタンとイゾルデの物語」とが結びついて、非常に効果的で、興味深い。ドゥルカマーラがネモリーノは無情な女の愛情を得るために薬を飲んだと教えるので、アディーナは彼の気高い愛に初めて目覚め、彼女の薄情を後悔する。ネモリーノだけが本物の愛しい男だと感動するアディーナにドゥルカマーラが早速妙薬を売りつけようとすると、彼女は愛の妙薬は彼女の目の中にあると自信を見せ、二人は陽気に愉快な二重唱をする。

二人の有様を眺めていたネモリーノは、アディーナの目に涙がひそかに光ったのを認め、彼女が彼を愛しているのを確信するロマンツァを歌う。全曲中最高の名歌である。アディーナはネモリーノの入隊契約書を買いもどして彼に渡し、自由の身になったから村にいつまでもいるようにとアリアを歌う。しかし、彼女が彼に別れを告げるので、彼は入隊契約書を彼女に返し、彼女に愛してもらえないなら兵士になって死んだ方がましだと告白する。彼女は感動して一切のこれまでの蟠《わだかま》りを水に流し、彼女の本心に忠実になって彼に愛を告白する。二人は永遠の愛を誓い合って二重唱する。

アディーナがベルコーレにネモリーノを夫に選んだと伝えると、ベルコーレは女には不自由しないとやり返す。ネモリーノがドゥルカマーラに愛の妙薬の感謝をすると、ドゥルカマーラはネモリーノがおじの死で百万長者になったと打ち明け、アディーナとネモリーノを驚かせると同時に、妙薬は愛だけではなく、金持になるききめがあるとほらを吹く。彼が健康、美貌、若返り、幸福、金徳などすべてにききめのある薬の宣伝のアリアを歌うと、村民や兵隊たちはまた競って薬を買い込む。ネモリーノだけではなく、アディーナまでが薬効を称える。アディーナとの結婚という大魚を掴み損ねたベルコーレ以外の全員がドゥルカマーラ万歳を唱え、彼に別れを告げる賑やかな楽しい大アンサンブルで全曲の幕となる。

■解説

ドニゼッティは、彼の名声と地位を確乎不動にする決定打となったオペラ・セリアの傑作《アンナ・ボレーナ》の初演一年半後、今度はオペラ・ブッファ《愛の妙薬》の大ヒットを放った。彼はこれほどの名曲を二週間で仕上げたのだから、彼の速筆と天才ぶりは感嘆のほかない。彼はすでにロッシーニの影響下でオペラ・ブッファの成功作を書いていた。《当惑した家庭教師》（一八二四）はうまく書けた、おもしろい代表作である。オペラ・ブッファはロッシーニの《セビリャの理髪師》（一八一六）でこれを凌駕するのは不可能なほど高い完成度に達していた。ドニゼッティがロッシーニの影響から脱皮して、一味違った彼独自の喜劇的オペラの境地を開拓したのが《愛の妙薬》である。

　これは好きで好きでたまらぬ、頭のよい、資産家で、浮気もしたい美女に肘鉄砲ばかり食って、果ては自殺もしかねない愚直な男が、彼女から聞いた「トリスタンとイゾルデの惚れ薬」の話からヒントを得て、通りかかったインチキ薬売りから「愛の妙薬」（実は安ぶどう酒）を買い、それを本物だと信じ込み、彼のおじの死で彼に遺産が転がり込むという幸運の噂も手伝って、遂に彼のひたむきで実直な恋心に打たれた彼女との本懐を遂げるという物語のオペラである。こんな荒唐無稽で、ばかばかしい、感傷的で、ロマンティックな喜劇だが、実に巧妙な話術と素晴らしく極上の音楽の魔力で、聴衆は話を本物だと思い込み、明るく、楽しい、ほのぼのとした恋愛オペラだと感心する。アディーナから歯牙にもかけられないネモリーノが、彼女から聞いた媚薬で彼女に逆襲し、皮肉にも彼女が一本参ってしまうのがミソである。

　作曲者が「メロドランマ・ジョコーソ」と名づけている《愛の妙薬》は彼のオペラ・ブッファの最高の名作で、滑稽が誘う笑いを楽しむのが第一の身上のオペラである。オペラ・ブッファの代名詞であるロッシーニの《セビリャの理髪師》やその三年近く前の彼の名作《アルジェのイタリア女》は、文字どおり滑稽な笑いに満ち溢れている。《愛の妙薬》にはオペラ・ブッファ最高の滑稽人物の大物ドゥルカマーラがいて、彼を中心にした音楽（歌唱と管弦楽）やドラマの笑いを楽しむのだが、その笑いはロッシーニの二曲の笑いと比較すると、控え目であり、限られている。ロッシーニは《セビリャの理髪師》でオペラ・ブッファの頂点を極めると、さすがは天才だと感心するのだが、《セビリャの理髪師》流のオペラ・ブッファを二度と書かなかった。《セビリャの理髪師》の一年後、彼は「ドランマ・ジョコーソ」と呼んでいるオペラ・ブッファの名作《チェネレントラ》を作曲したが、これは前記の二曲とは調子が非常に異なっている。ドン・マニフィコやダンディーニのような滑稽人物たちがいるが、笑いは前記二曲ほど賑やかではない。《愛の妙薬》は実は《チェネレントラ》と多くの共通点がある。両曲の共通点を列挙すれば、ペーソス、メランコリ、感傷性、抒情性などである。両曲は当時盛んに作られたジャンルのセミ・セリアとある程度の縁がある。

滑稽と共にペーソスが《愛の妙薬》の雰囲気の重要な要素であり、全曲を包む情調となっている。明るく、軽快な前奏曲でもペーソスの調べが聴かれる。ペーソスはネモリーノに終始まといついている。彼は高嶺の花のアディーナに理屈抜きで恋い焦れ、どんなに手を伸ばしても花に届かないので劣等感に苛まれ、哀愁に沈んでいる。きざなベルコーレ軍曹が現れてアディーナに求婚し、今日中にも結婚しそうな絶体絶命の危機に瀕すると、彼はあわてふためき、彼女に一日の結婚延期を必死に哀願する。曲折の末彼女から永遠の愛を誓われて、彼はやっと哀感から解放される。

笑いとは対照的な涙が《愛の妙薬》を聴くためのキーワードの一つだと言うと、いささか誇張に聞こえるかも知れないが、実は涙はネモリーノのアリア〈人知れぬ涙〉で言及されていて重要な意味を持っている。ネモリーノはアディーナへの愛を今日中に成就するには愛の妙薬の補充の必要に迫られるが、彼は無一文でそれを入手できない。媚薬代金を工面するために彼はやむなく身の自由を売って軍隊入りする。ドゥルカマーラから事の経緯を聞いてアディーナはネモリーノの真心からの彼女への愛に感動し、目に涙を浮かべる。彼は彼女の涙を陰から見ていた。勝気で、意地っ張りにみえた彼女も、実は相手の真実には感じやすく、涙もろかったのである。彼女に彼への姿勢を軟化させ、結局彼の愛を彼女に受け入れさせたのは彼女の感傷である。感傷性も《愛の妙薬》に漂う重要な情調である。

《愛の妙薬》の音楽の特色や魅力は歌である。歌は独唱（カヴァティーナ、ロマンツァ、アリア）、重唱（二重唱、三重唱、四重唱）、合唱、アンサンブルと多種多様であり、曲数も多い。笑いを誘う滑稽な、楽しい歌、抒情性豊かな歌、甘く、美しい歌、ベル・カントの妙技を披露する歌などの花盛りであり、饗宴である。これほど歌の充実したオペラも珍しい。しかも、大抵の曲が名曲で、退屈な、つまらぬ歌がほとんどない。とりわけネモリーノのロマンツァ〈人知れぬ涙〉は、全曲中最高の聴かせどころの名曲であり、他のオペラのリリック・テノールのどの曲と比べても遜色のない、類稀な名唱である。ハープ、ファゴット、フルートの調べに乗って歌われる得も言われぬほど美しく、快い歌である。作曲者は正しく歌の天才であり、この歌は神業である。

オペラ・ブッファでの管弦楽の充実も《愛の妙薬》の目立った特色である。十八世紀のオペラ・ブッファでは歌のナンバー（曲）とナンバーを繋ぐのはレチタティーヴォ・セッコ（チェンバロ伴奏のレチタティーヴォ）が普通で、稀にレチタティーヴォ・アッコンパニャート（管弦楽伴奏のレチタティーヴォ）が使われた。ロッシーニの時代になると、レチタティーヴォ・アッコンパニャートの使用がより盛んになり、管弦楽が充実した。ロッシーニとドニゼッティはほぼ同時代の作曲家だが、《愛の妙薬》でのレチタティーヴォ・セッコの使用はロッシーニのどのオペラ・ブッファの場合よりも遙かに少なくなり、数箇所にすぎない。逆にレチタティーヴォ・アッコンパニャートの使用がずっと頻繁になっている。その上さらに、数曲のナンバー（多くは二重唱）でシェーナ（劇唱）が前置され、管弦楽の一層の充実に寄与している。

どのレチタティーヴォもシェーナも使用されず、ナンバーとナンバーが直結されているところもある。ちなみに、ドニゼッティは約十年後のオペラ・ブッファのもう一曲の名作《ドン・パスクァーレ》ではレチタティーヴォ・セッコの使用を廃止した。

このように《愛の妙薬》はそのジャンルの従来の概念からはみ出した、異色の、それだけに話題性のあるオペラ・ブッファである。これは田園情趣のあふれた、ロマンティックで、抒情的な人情喜劇オペラでもある。しかしながら、何はともあれ、このオペラの真価は、これが美しさとおもしろさと楽しさの三拍子揃った、鬼に金棒のような名曲だということにある。

第12章 フェッラーラ

ガエターノ・ドニゼッティ《ルクレツィア・ボルジア》

◉都市の概説とオペラ小史

サン・ジョルジョを守護聖人とするフェッラーラは、北の州境の大部分をポー川が貫流しているエミリア・ロマーニャ州の東北部に位置し、ポー川流域の大平野の東部にある。この州には州都のボローニャをはじめ、ピアチェンツァ、パルマ、モデナ、ラヴェンナ、フェッラーラなど、独自の特色ある芸術文化の伝統を誇る中核都市が点在している。これらのすべての都市にはそれなりのオペラ史があり、その中心となる劇場がある。ちなみに、名ソプラノのミレッラ・フレーニと三大テノールの一人で今は亡きルチアーノノ・パヴァロッティは共にモデナ出身で、しかも一九三五年生まれである。フェッラーラはローマ、フィレンツェ、ボローニャ、パドヴァ、ヴェネツィアを経てオーストリアや東欧へ至る交通の大動脈上の都市でもある。

フェッラーラは十二世紀の初めに都市国家となり、北部の多くの都市国家と同じようにロンバルディア同盟に参加し、神聖ローマ皇帝と対立抗争したが、十三世紀半ばすぎから十六世紀末まではエステ家の統治下にあった。この間、エステ家は領主ボルソの時代の一四五二年に公爵となり、彼はフェッラーラ公となった。

エステ家治世のフェッラーラはルネサンスの有力都市で、学問文化の華が咲き誇った。音楽では十五世紀から十六世紀にかけてのルネサンス音楽を代表する巨匠たちが次々にフェッラーラ宮廷へ招かれた。ジョスカン・デ・プレ、ヤコブ・オブレヒト、アントワーヌ・ブリュメル、アドリアン・ヴィラールト、チプリアノーノ・デ・ローレのような錚々たる音楽家たちであり、目映いばかりの壮観である。フェッラーラ宮廷の当時の音楽の見事な充実ぶりが伝わってくる。

文人・詩人ではロドヴィーコ・アリオストやトルクァート・タッソのような巨匠たちが招かれて活躍した。アリオストの代表作『狂乱のオルランド』とタッソの代表作『解放されたイェルサレム』は十九世紀まではオペラの題材として好んで採り上げられ、それらのオペラ化作品の数は膨大である。二作を題材にしたオペラで、今日でも劇場で上演されることのある曲と作曲者を三曲ずつあげておこう。

『狂乱のオルランド』を題材としたオペラ

ヴィヴァルディの《狂乱のオルランド》(一七二七)、ヘンデルの《アリオダンテ》(一七三四)と《ア

ルチーナ》(一七三五)
『解放されたイェルサレム』を題材としたオペラ
ヘンデルの《リナルド》(一七一一)、ロッシーニの《タンクレーディ》(一八一三)と《アルミーダ》(一八一七)

二作を題材にした膨大なオペラの多くはバロック・オペラで、二十世紀のオペラはほとんどない。こういうロマンスを題材としたオペラの作曲は、現代の作曲家向きではない。なお、タッソを主人公としたオペラにドニゼッティの知名の《トルクァート・タッソ》(一八三三)がある。

マントヴァ侯フランチェスコ・ゴンザーガの妃イザベッラ(一四六六—一五一九)はエステ家の娘で、マントヴァのルネサンス最盛期を築いた開明的な女傑として史上有名である。

一五九八年にフェッラーラ公国は教皇領に編入されてエステ家の統治が終わり、エステ家はその支配版図だったモデナへ移り、その統治者となった。

ルネサンス期にあれほど見事な音楽の大輪の花を咲かせたフェッラーラは、その後間もなく誕生したオペラの歴史では重要な足跡を残していない。最も重要なテアトロ・コムナーレ(市立劇場)は一七八九年に開場し、一八一二年にロッシーニの五番目のオペラ《バビロニアのキュロス王、またはベルシャザル王の没落》が初演された。ミラノ・スカラ座やニューヨーク・メトロポリタン歌劇場の名声を高めた名興行師ジューリオ・ガッティ=カザッツァは、スカラ座の前にテアトロ・コムナーレの支配人だった。二十世紀最高のオペラ指揮者の一人トゥリオ・セラフィンが一九〇〇年にデビューしたのは、テアトロ・コムナーレだった。ドニゼッティはフェッラーラを舞台とした、デステ家と縁のある数曲のオペラの作曲者である。《パリジーナ・デステ》（一八三三）、《トルクァート・タッソ》（一八三三）、《ルクレツィア・ボルジア》（一八三三）は知名である。

テアトロ・コムナーレの今日の上演活動は活発ではなく、シーズンの演目数も上演日数もごく少ない。

◉作品紹介

ガエターノ・ドニゼッティ《ルクレツィア・ボルジア》プロローグと二幕四場

――フェッラーラが舞台のルネサンス女の名曲オペラ

■**原作**　ヴィクトール・ユゴーの悲劇『リュクレース・ボルジア』（一八三三）

■**台本**　フェリーチェ・ロマーニ　イタリア語

■**初演**　一八三三年十二月二十六日　ミラノのスカラ座

■**ドラマの時と所**　十六世紀初頭のヴェネツィアとフェッラーラ

■**登場人物**

アポストロ・ガツェッラ　ジェンナーロの友人……バス
カスカーニオ・ペトルッチ　ジェンナーロの友人……バス
マッフィオ・オルシーニ　ジェンナーロの友人……メゾ・ソプラノ
ジェッポ・リヴェロット　ジェンナーロの友人……テノール

オルフェルノ・ヴィテッロッツォ　ジェンナーロの友人……テノール
グベッタ　ルクレツィアの腹心……バス
ジェンナーロ　傭兵隊長、実はルクレツィアの息子……テノール
ルクレツィア・ボルジア　フェッラーラの公爵夫人……ソプラノ
ドン・アルフォンソ　フェッラーラ公爵……バス
ルスティゲッロ　公爵の腹心……テノール
アストルフォ　ルクレツィアの腹心……バス

■**録音ディスクと演奏時間**　ＣＤの一例　RCA VICTOR　GD86642　二枚組　海外盤　約二時間十四分。
ＬＤの一例　ＢＭＧビクター　BVLO 46-7　三面　約二時間十八分。

■**すじがき**

［前奏曲］

［プロローグ　ヴェネツィアのグリマーニ邸のテラス　夜］

グリマーニ邸で豪華な夜会が催され、ジェンナーロと彼の五人の友人たちも招かれている。彼らは明日フェッラーラのドン・アルフォンソ公爵の宮廷へ赴くグリマーニ大使の随行員たちで、夜風に当るためにテラスに出てきて、美と快楽の地ヴェネツィアを賛美し、フェッラーラの宮廷にもこれほどの快楽や宴会があるだろうかと言い出す。すると、そこにいたルクレツィア・ボルジアの腹心グベッタが彼女のことに言及するので、ジェンナーロの友人たちは彼女は誰もが憎む忌まわしい女だと口々に罵り、ジェンナーロ

も彼女の名は聞きたくないと言って、彼らから離れて眠り込む。その間に誰よりも彼女を憎んでいるオルシーニがアリアを歌う。それは、彼がリミニの戦闘で重傷を負ったときジェンナーロが彼の命を救い、彼らは永遠の友情を誓った、そのとき老人が現れ、彼らにボルジア家に近寄るな、ルクレツィアを憎め、という内容の歌である。それから、友人たちはジェンナーロを居眠りさせたままで宴席へもどる。

仮面のルクレツィアがゴンドラできて眠っているジェンナーロに気づき、嬉しそうに彼を見詰める。グベッタは誰にも憎まれている彼女の正体が露見し、彼女が恥ずかしめに会うのを恐れるが、彼女はジェンナーロと二人だけになるためにグベッタを立ち去らせる。彼女はジェンナーロの寝顔を惚々と眺めて悦に入り、嬉しそうにロマンツァを歌い、涙を乾かすために仮面を外す。妻とジェンナーロのいわくありげな様子を夫のフェッラーラ公爵と彼の腹心ルスティゲッロがひそかに観察している。夫はジェンナーロが妻の愛人ではないかと怪しみ、彼が明日グリマーニ大使の随員としてフェッラーラへ赴くと腹心から聞いて喜ぶ。

ジェンナーロはルクレツィアから手にキスをされて目を覚まし、美しく、優しい婦人が眼前にいるのに驚き、彼女に愛を告白するので彼女は喜ぶ。しかし、彼が彼女以上に愛する女性がいると言うので、彼女がそれは誰かと尋ねると、彼はまだ見たことのない母だと答え、彼女を喜ばせる。彼は他人には秘めてきたが彼女には打ち明けたい衝動に駆られて、彼の母にまつわる事を物語る。

ジェンナーロは自分はナポリの漁師の息子だと思っていたが、ある日見知らぬ騎士が現れ、彼に馬と武器を与え、彼の母からの手紙を置いていった。彼の母は権力争いの犠牲となり、彼女と彼の身の安全のために彼女の身元を明かすことができず、彼もそれを知ろうとしてはいけないと手紙に書かれていた。そして、彼は手紙を肌身離さず持っている。

ジェンナーロの話を聞いて、ルクレツィアが涙ぐむので、彼は怪訝顔になり、彼女は彼にとって大事な人だと悟る。彼女は、彼がいつまでも母を愛し、彼の母が苛酷な運命から解放されて、いつか彼を胸に抱き締める日がくるように祈ってほしいと彼に言う。二重唱を終えたジェンナーロとルクレツィアは、彼らが不思議な運命の糸で結ばれていると本能的に感じる。彼女は彼が彼女の息子だと悟る。

人びとの気配でルクレツィアは立ち去ろうとするが、ジェンナーロが彼女を引き止めて身元を尋ねるので、彼女は彼を愛している者とのみ答える。オルシーニがルクレツィアの正体を見破り、彼と四人の仲間たちが彼らの親族に対する彼女の犯罪を口々に並べ立てて、彼女を悪女だと弾劾するので、彼女はジェンナーロに友人たちの話を信用するなと言う。彼が彼らに彼女の正体を尋ねると、彼らは彼女はルクレツィア・ボルジアだと答えるので、彼は驚き、ぞっとする。

［第一幕第一場　フェッラーラの広場］

フェッラーラ公アルフォンソは彼の妻とジェンナーロの情事を確信し、ジェンナーロを殺害する決意である。ジェンナーロは公爵宮殿の向かい側に住居を構え、今夜も友人たちと騒いでいる。夜明けに友人たちが帰ってから、アルフォンソはジェンナーロに復讐することにし、その決意をカヴァティーナ＝カバレッタ形式のアリアで歌う。

ジェンナーロと友人たちとの別れ際に、オルシーニがジェンナーロに悲しげな顔をしていると指摘し、リヴェロットがルクレツィア・ボルジアに取りつかれているのだとからかうと、ジェンナーロはぼくほど彼女を嫌っている者はいないと答え、近くの公爵宮殿の紋章の盾に「ボルジア」の名称を見て、頭文字の

「B」を切り取り、友人たちは「オルジア」（イタリア語で「乱痴気騒ぎ」の意味）だと読む。誰かに見られている気配に気づいて彼らは別れる。

公爵腹心のルスティゲッロと公爵夫人腹心のアストルフォが共にジェンナーロを彼らの主人のもとへ連行するために現れる。ルスティゲッロは彼の輩下の者たちを呼び寄せ、アストルフォを人数に物を言わせて立ち去らせ、ジェンナーロの家に押し入る。

［第一幕第二場　公爵宮殿の一室］

アルフォンソはルスティゲッロに秘密の戸棚から金と銀のぶどう酒瓶を持参させ、隣りの部屋へ置かせる。ルクレツィアが血相を変えて現れ、彼女の紋章を破損した犯人の処刑を要求すると、アルフォンソは犯人はすぐこの場にくると冷静に答え、ジェンナーロが連行されてくるので、彼女は驚き、身震いする。ジェンナーロは暴力逮捕に抗議し、ルクレツィアは犯人がジェンナーロではなく、彼の友人たちの一人だと主張するが、ジェンナーロは正直に彼の犯行を自白し、ルクレツィアを悲しませる。

ルクレツィアが夫と二人だけで話したがるので、彼はジェンナーロを退出させる。夫婦の激しく、緊迫した劇的二重唱が展開される。妻が単刀直入にジェンナーロの命乞いをするので、夫は彼女の犯人へのあれほど激しい憤怒の急激な消滅の理由を尋ねるが、彼女はひたすら助命を嘆願し、一方、彼は断乎処刑を主張する。そして、遂に彼は犯人はおまえの愛人だと言って、犯人と彼女への復讐が犯人処刑の理由だと彼の本心を明かし、彼女への同情を拒否する。彼女は深く心を傷つけられ、一転して彼を後悔させてやると高飛車に出る。彼が毒殺と刀殺の二者択一を彼女に委ねると、彼女は毒殺を選び、椅子へ倒れる。

ジェンナーロが連れもどされると、公爵は妻の助命嘆願に従って彼を釈放すると彼に申し渡す。ジェンナーロは公爵の寛大な助命処置に驚き、彼が戦闘で公爵の父の命を救ったことを打ち明け、それが彼の助命理由だろうと言うと、公爵はフェッラーラ軍に参加するよう彼を勧誘するが、彼はヴェネツィアへの忠誠の誓いを破棄できないと勧誘を断る。公爵が友好的な別れの杯を交そうと申し出るので、ジェンナーロは喜んでそれを受け入れる。ルスティゲッロが用意されている金銀のぶどう酒瓶を持参すると、公爵は銀の瓶から自分で注ぎ、金の瓶から妻に注がせたぶどう酒をジェンナーロに渡し、二人は乾杯する。三人はそれぞれ心中の思いを三重唱し、公爵は退出する。

ルクレツィアは毒ぶどう酒を飲まされたから解毒剤を飲めとジェンナーロに渡すが、彼女を悪女だと思っている彼は、彼女に毒殺される不安に襲われる。彼女は彼に彼女を信用せよと言い、公爵は彼の敵で、彼を殺害する気だから、解毒剤を飲んで逃げるよう彼を急き立てる。彼がためらいながらも飲むと、彼女は彼の命が救われた、嬉しいと叫び、秘密の戸口から彼を逃げ出させる。

［第二幕第一場　ジェンナーロの家に面した中庭］

ルスティゲッロと輩下の者たちがジェンナーロの家から灯火が洩れているのを見て、彼がまだ生きているのを知る。オルシーニがきてジェンナーロをネグローニ邸での宴会へ誘うと、ジェンナーロは公爵宮殿での重大事をオルシーニに話し、危険だからヴェネツィアへ今すぐ帰ると告げる。オルシーニが彼らは生死を共にすると誓い合った仲であり、今夜の饗宴は欠席できないと言うと、ジェンナーロは同行を承諾する。ルスティゲッロ一味がジェンナーロの逮捕にくるが、オルシーニがいるので、彼の帰りを待つことにする。オルシーニは饗宴後夜明けにジェンナーロと共にヴェネツィアへ帰ることにする。ジェンナーロがネグローニ邸へ行くのなら、彼は罠にかかったも同然だとして、ルスティゲッロ一味は彼の追跡を中止する。

［第二幕第二場　ネグローニ邸の宴会場］

豪華な宴がたけなわなので、オルシーニ、ジェンナーロ、彼らの四人の友人たちも出席し、ジェンナーロの五人の友人たちは気勢を上げ、飲み騒いでいるが、ジェンナーロは退屈し、宴席から立ち去ろうとする。そのとき、自作の乾杯の歌を歌おうとするオルシーニをグベッタが嘲笑するので、オルシーニは激怒し、二人が短剣で戦う。宴席は騒然となり、婦人たちは退出し、オルシーニの友人たちが争いを仲裁する。グベッタが仲直りの乾杯をしようと言い出し、シラクーザの美酒が運び込まれて飲むが、グベッタだけは飲まずに肩に振りかける。ジェンナーロがそれに気づいてオルシーニに告げるが、オルシーニはそれを聞き流し、「酒で浮かれ騒ぐんだ。先のことをくよくよする馬鹿者は笑い草だ」と酒のバラッドを歌い、宴席の他の人びとの合唱も加わる。そのとき、死者を弔う歌声が遠くで聞こえ、バラッドが中断されるが、一同はすぐにバラッドの続きを所望し、オルシーニは歌い続ける。

突如灯火が一つずつ消えるので、グベッタ以外の人は不吉な予感がして帰りかけるが扉が全部締っている。ルクレツィアが衛兵たちを連れて現れ、ルクレツィア・ボルジアだと名乗りをあげ、ジェンナーロの五人の友人たちに、彼らのヴェネツィアでの彼女への侮辱の復讐をフェッラーラで果たす、彼らは毒ぶどう酒でやがて死ぬと宣告し、五個の棺を運び込ませる。グベッタの一連の行動は、ルクレツィアの彼らへの復讐の周到な準備だった。ジェンナーロはもう一個棺が必要だ、彼も共に死ぬと断言する。

五人の友人たちが衛兵たちに連れ出され、ルクレツィアとジェンナーロだけになる。彼女は彼がこの饗宴に出席しているとは夢にも思わず、彼の友人たちに復讐するために毒酒を飲ませ、彼を毒殺の巻き添えにする。彼女はもう一度彼に解毒剤の服用を強制するが、一人分しかないので、彼は友人たちを犠牲にして彼だけが助かるのを拒否し、テーブルの上のナイフで彼女を刺殺しようとする。絶体絶命の彼女は彼がボルジアの一人だと打ち明け、彼を驚かす。彼がその意味を尋ねるが、彼女はそれには答えず、彼の愛する母のためにも解毒剤を飲むよう懇願し、彼の母は生きていて今彼に話しかけていると言って彼女と彼の関係を打ち明ける。彼女の告白のカヴァティーナに彼は心臓が止まる思いがして椅子に身を沈める。彼女は彼に生きるよう再度懇願するが、瀕死状態の彼は「お母さん！　僕は死にます」と答えて絶命する。

公爵が輩下の人びとと現れると、ルクレツィアはジェンナーロの亡骸を指して彼は彼女の息子だと告白し、彼の死で彼女の光は消え失せ、彼女の心は夫が彼女に投げた矢で死んでしまったとカバレッタを歌う。それに一同の彼女への憐みの合唱が加わってアンサンブルとなる。遂にルクレツィアは一人の婦人の腕の中に倒れ込み、息切れる。

■解説

ドニゼッティの初期の作品は、ファルサやオペラ・ブッファのような喜劇的オペラが主流だったが、彼の出世作の名曲《アンナ・ボレーナ》（一八三〇）に始まる中期ではそれが逆転し、オペラ・セリアが主流となった。オペラ・セリアの他の名作を列挙すれば、《パリジーナ》（一八三三）、《ルクレツィア・ボルジア》（一八三三）、《マリーア・ストゥアルダ》（一八三四）、《ヴェルジィ家のジェンマ》（一八三四）、《マリン・ファァリエーロ》（一八三五）、《ランメルモールのルチーア》（一八三五）、《ロベルト・デヴリュー》（一八三七）などがある。《ルクレツィア・ボルジア》は作曲者の全作品の代表的名作の一曲で、今日劇場のレパートリーとして定着している。

オペラの表題役ルクレツィア・ボルジア（一四八〇―一五一九）はルネサンス期の実在人物で、法王アレッサンドロ六世となったスペイン人ロドリーゴ・ボルジア（一四三一―一五〇三）の娘である。ボルジア家は権勢拡大に狂奔し、数々の犯罪や悪業にまみれた悪名高い一家である。ルクレツィアはそのための一家の犠牲者だったが、オペラの中でも語られ、ドラマ化されているように、彼女自身も犯罪や悪業と無縁ではなかっただろう。これはロマン主義オペラだから、作品の中の彼女の犯罪や悪業が事実か虚構かの問いは、もちろん無意味である。それでもあえて言えば、オペラの彼女からは史実以上に犯罪者の強い臭いが発散し、悪女の妖気が漂っている。その方がドラマとしては効果的であり、興味をそそるからである。

オペラの主題は、母と息子（ルクレツィアとジェンナーロ）との異常な悲劇的愛である（ジェンナーロはルクレツィアに毒殺される直前に彼女を母だと知らされることでドラマが成り立っている）。ルクレツィアの夫アルフォンソが彼女とジェンナーロの親密そうな様子を目撃して彼らを恋人同士だと誤解し、ジェンナーロの復讐を企てたこと、そして、ジェンナーロの五人の友人たちが、彼らの一族にルクレツィアが加えた犯罪をジェンナーロの目前で暴露して彼女を誹謗し、侮辱したので、彼女が彼らを恨み、復讐のために彼らを毒殺したこと、これらの二件が主題に密接に絡んで、ドラマの筋や様相が複雑になり、錯綜している。作品はロマン主義オペラらしく、不思議なこと、意外なこと、驚くべきこと、謎めいたこと、ぞっとすることなどの連続で、スリルとサスペンスに富み、おもしろく、興味津々で、飽きる暇もなく、最後まで舞台に耳目を釘付けにする。一方では、舞踏会や饗宴などの豪華な催しが耳目を楽しませる。

ルクレツィアは彼女の運命を呪い、彼女を悪女だと憎悪する世間の強い風当たりに心を痛め、彼女への同情者に巡り会いたがっていると、彼女に愛を捧げる美青年が彼女の息子だと発見する。この幸先よい劇的発見は、彼女の一瞬の歓喜にすぎず、彼女の次の発見は紋章破りで彼女を侮辱した罪で夫に処刑を要求した犯人が、皮肉にも彼女の息子だったことである。絶体絶命の窮地に追い込まれた彼女だが、何とか彼の命を救う。彼女はジェンナーロの五人の友人たちのヴェネツィアでの彼女の侮辱の復讐で彼らを饗宴の席で毒殺する。しかし、予想外なことに、彼の息子も饗宴に出席し、友人たちと毒殺される運命を共にしていた。これが彼女の最後の発見である。彼女の最後の劇的発見は、母と息子の血縁と愛の相互の確認と冷酷無残な死の時である。

歌唱では主要人物四人に七曲（ルクレツィア、ジェンナーロ、オルシーニに各二曲とアルフォンソに一曲）の独唱曲が与えられ、それらのほとんどが名曲や佳曲で、聴きごたえがある。当時のオペラ・セリアでは独唱曲の主流はカヴァティーナ＝カバレッタ形式のアリアだが、《ルクレツィア・ボルジア》の独唱曲の特色は、それは二曲だけで、独唱曲の形式が変化に富んでいることである。美しいロマンツァや楽しいバラータなどの独唱曲か聴かれる。ちなみに、《ランメルモールのルチーア》では五曲の独唱曲の全部がカヴァティーナ＝カバレッタ形式のアリアである。重唱には二重唱三曲と三重唱一曲があり、ドラマの劇的緊張感を盛り上げている。合唱は歌を楽しむと同時に、ドニゼッティの合唱がしばしばそうであるように、ドラマの筋の展開に効果的に役立っている。

《ルクレツィア・ボルジア》は人気でも劇場上演頻度でも《ランメルモールのルチーア》の後塵を拝している。後者の絶大な人気の要因は、その中の超名曲の存在である。特定の名曲や名場面に人気が大きく依存しているオペラは珍しくない。後者の場合、それは〈ルチーア狂乱の場〉と俗称されている、カヴァティーナ＝カバレッタ形式の長大なアリアである。実際に、これはイタリア・オペラが鋭意磨きに磨いてきたコロラトゥーラの超絶技巧の名人芸の披露の場であり、その抜群の超名曲である。この曲で陶酔するために劇場通いする聴衆も多かろう。聴衆は全神経を集中し、息をのみ、はらはらしながら舞台に釘付けにされる。オペラの歌唱の冥利がこのアリアに勝るものはない。これは歌オペラのアリアの精華であり、その醍醐味の極致である。ちなみに、このアリアにはカヴァティーナ＝カバレッタ形式アリアでほとんど試みられたことのない歌唱法の創意が聴かれることで高い価値があることに言及しておこう。一方、前者は独唱曲の数では後者に勝るが、後者のこの絶対的な名曲アリアに太刀打ちできる決定打を欠いている。ドラマの興味やおもしろさでは、むしろ前者に軍配が上がりそうである。後者のドラマの筋には無駄なところや効果のないところがある。しかし、こういうナンバーや場面は削除して上演できる。

《ルクレツィア・ボルジア》は、全体的には、人気でも評価でも《ランメルモールのルチーア》に及ばないが、それに次ぐドニゼッティのオペラ・セリアの名曲である。

第13章 ルッカ

アルフレード・カタラーニ《ラ・ヴァリー》
ジャコモ・プッチーニ《トゥーランドット》

◉都市の概説とオペラ小史

ルッカはフィレンツェを州都とするトスカーナ州の小都市で、斜塔で有名なピサから北へ列車で二十五分のところに位置し、一六―七世紀に造営された四キロに及ぶ市壁に取り囲まれた、中世の面影と風情の濃厚な美しい都市である。市壁は遊歩道となっている。

ルッカは古代ローマの属領として発展し、中世には都市国家となり、商業、金融業、織物業で繁栄した。十六世紀には共和国となり、一七九九年にフランス軍に占領され、ナポレオンの妹夫妻に統治され、ナポレオン没落後の一八一五年にブルボン王家の支配下にあり、一八四七年にトスカーナ大公国領となった。

一六九二年にサン・ジェロラモ修道院跡に新築されたサン・ジェロラモ劇場が一八一九年に再建され、ジーリョ劇場と改称され、ここがオペラ上演劇場となっている。

ルッカ生まれの著名なオペラ作曲家が二人いる。一人はアルフレード・カタラーニ（一八五四―九三）で、名作《ラ・ヴァリー》で知られているが、将来を嘱望されながら三十九歳の若さで病没した。もう一人はオペラ史上の巨匠ジャコモ・プッチーニである。二人の生家は保存されている。プッチーニの生家は公開されているが、カタラーニの生家は非公開で、彼の誕生を告げる銘板が掲げられている。

ルッカの西に位置するトッレ・デル・ラーゴはプッチーニが長年居住した土地で、ここで毎年（大抵の年は七―八月）プッチーニ・フェスティヴァルが開催され、彼のオペラ数曲が上演されている。

ちなみに、オペラとは無縁だが、古典派の大作曲家でチェロの名手のボッケリーニはルッカの生まれで、ここには彼の名を冠したボッケリーニ音楽院がある。

◉作品紹介

アルフレード・カタラーニ《ラ・ヴァリー》四幕

――大指揮者トスカニーニが絶賛した名曲オペラ

■**原作**　ウィルヘルミネ・フォン・ヒラーンの『強欲なヴァリー』（一八七五）
■**台本**　ルイージ・イッリカ　イタリア語
■**初演**　一八九二年一月二十日　ミラノのスカラ座
■**ドラマの時と所**　一八〇〇年頃のチロル地方
■**登場人物**
シュトロミンガー　裕福な地主……バス
ヴィンチェンツォ・ゲルナー　ヴァリーを愛するシュトロミンガーの執事……バリトン
ヴァルター　ツィター弾きの少年……ソプラノ
ジュゼッペ・ハーゲンバッハ　ヴァリーが愛する狩人……テノール
ヴァリー　シュトロミンガーの娘……ソプラノ
老兵士……バス
アフラ　居酒屋の女主人……メゾ・ソプラノ
■**録音ディスクと演奏時間**　CDの一例　ロンドン　FOOL 20554-5　二枚組　約二時間四分。
■**すじがき**
［第一幕　チロル地方のホッホシュトッフ村の広場］
村人たちが裕福な地主シュトロミンガーを取り囲み、彼の七十歳の誕生日を祝福している。娘たちや狩人たちは陽気に踊り、農民たちは賑やかにはしゃいでいる。ゲルナーが標的を銃で射落とすと、ほろ酔い

気嫌のシュトロミンガーが彼の使用人の射撃の腕前を賞賛し、ソルデン村の射撃の腕自慢のハーゲンバッハを負かしてしまえとゲルナーを激励する。

ツィター弾きのヴァルターがヴァリーを捜しにくると、シュトロミンガーや女たちにせがまれて、彼はツィターの伴奏で〈エーデルワイスの歌〉を歌い、美しい歌だと褒められる。ソルデン村の狩人たちの角笛の音が聞こえ、村人たちは彼らを歓迎し、挨拶を交す。ハーゲンバッハが匕首で熊と格闘して仕止めた武勇伝を得意然と話すと、シュトロミンガーが、老いたとはいえ、ハーゲンバッハに赤恥をかかせることができると言って、彼の腕自慢を窘《たしな》めるので、ハーゲンバッハが逆上し、シュトロミンガーを掴んで、地面に叩きつける。すると、奇抜で、異様な身なりの娘が飛び込んできて、肩でハーゲンバッハにぶつかり、彼女の父に狼藉を働いた彼を咎める。ハーゲンバッハは彼女を見て意気阻喪し、吃りながら彼女の父の方が彼を侮辱したと釈明する。一方、彼女も相手がハーゲンバッハだと認めると、表情を和らげ、彼をじっと見詰める。

シュトロミンガーは起き上がり、狩人たちを退去させる。ハーゲンバッハはヴァリーにひどく感銘を受け、彼女を不思議な女だと思う。これが彼らの愛の契機となる。ハーゲンバッハへの彼女の態度は優しくなり、彼女は彼女の父の彼への侮辱を許してほしいと彼に言う。一同は散って行くが、彼女は家の戸口で遠ざかるハーゲンバッハの姿を目で追う。彼女も彼から深い感銘を受けたようである。

ハーゲンバッハへのヴァリーの言葉と彼女の涙ぐんだ溜息に気づいて、ゲルナーは彼女が彼を愛している証拠だと察し、それを苦にする。これを知ってシュトロミンガーはヴァリーを呼び出し、藪から棒に一月以内にゲルナーと結婚するよう彼女に命じるが、驚いた彼女は、彼を愛していないので、それを断乎拒絶する。ゲルナーは泣き出しそうになって、彼女への熱烈な愛を告白するが、彼女は冷然と彼への愛を拒否する。父は立腹し、ゲルナーと結婚するか、家を出るかの二者択一を彼女に厳命し、ゲルナーを連れて家へ入る。ヴァリーは家出を選び、楽しく暮らした生家への告別と二度と帰らぬ決意のアリアを歌う。全曲中でも感銘深い一曲である。

教会へ行く村人たちがヴァリーと会うと、彼女は勘当され、これからあの遠い山頂へ行くと彼らに別れを告げるので、彼らは驚き、明朝出かけるように勧めるが、彼女は日没と共に出発すると言い張る。村人たちと一緒にいたヴァルターが同行を申し出て、二人は夕闇が迫る中を〈エーデルワイスの歌〉を歌いながら、村から次第に遠ざかって行く。

［第二幕　ソルデン村の広場　一年後］

聖体祝日で、地方色豊かに着飾った村人たちで広場は溢れている。老兵士が、父親が死んだからヴァリーは今日の祭りにくるだろうと若者たちに言う。ゲルナーは居酒屋にいるハーゲンバッハを睨みながら、ヴァリーは彼に会いにここへくるのかと嫉妬する。一方、ハーゲンバッハは、人を愛するのではなく、憎むために生まれてきたヴァリーを妻にはしないと公言する。すると、ヴァリーは誰にも唇を許さないと聞いたと老兵士が言うので、ハーゲンバッハがあの娘の高慢の鼻を折ってやると宣言する。それを聞いて、ハーゲンバッハに気のある居酒屋の女主人アフラが、愛を弄んではいけないと彼に忠告する。続いて、一同のアンサンブルが展開される。

豪華に着飾ったヴァリーが現れ、若者たちは彼女の美しさに呆然と見惚れる。故意に彼女を無視するハーゲンバッハに、アフラは彼女は女王のようだと囁く。若者たちが彼女との踊りを申し込むと、彼女は愛想よく誰にも応諾する。老兵士が口づけ踊りも承諾するのかと彼女に尋ねると、彼女は一回の口づけでも彼女から奪うのは生易しくはないと答え、顔や目を輝かせながら、うっとりとアリアを歌う。それから依然として彼女を無視してアフラと話し込んでいるハーゲンバッハを意識しながら、彼女は若者たちにこんな高価な口づけを彼女から誰が奪うことができようかと挑戦し、ハーゲンバッハの側を歩きながら、意味ありげに彼を見詰める。一同が教会へ去り、ハーゲンバッハの心にヴァリーの投げた眼差しが刻み込まれる。

教会の入口でヴァリーは村を出てから初めてゲルナーと出会い、彼のために父に勘当されたことに言及し、家長になった今、彼を勘当（解雇）すると言って彼に金を渡すが、彼は受け取るのを拒み、彼女との結婚を拒絶されて以来悶え苦しんだことや、今も彼女を愛していると告白する。すると、彼女は愛を捧げる男を憎むことほど楽しいことはないと挑戦的態度で彼を嘲笑し、彼を苦しめて陶酔する。それでも彼は跪いて彼女のスカートに口づけし、彼女を崇敬すると歌う。彼女がハーゲンバッハを愛していると告白すると、彼は逆上してハーゲンバッハはアフラと結婚すると言いふらすので、彼女は突然嫉妬で蒼白になり、狂ったようにテーブルを叩く。驚いて彼女のテーブルへきたアフラに、彼女はこんなまずい酒は飲めないと言ってグラスを床に叩きつけ、アフラの足元に金を投げつける。

ヴァリーに侮辱されて泣いているアフラを、ハーゲンバッハは慰め、ヴァリーに踊りを申し込む。彼女は愛想よく受け入れ、二人は踊る。彼らは踊っているうちに気持が高潮して愛を告白し合い、衆人環視の中で陶酔しながら唇を重ね合う。人びとは歓声を上げ、ヴァリーの侮辱へのアフラの復讐が遂げられたと叫ぶ。人びとの笑い声で深刻な衝撃を受けて、ヴァリーはへたへたと地面に座り込み、ハーゲンバッハの口づけがアフラのための復讐だったのだと気づく。ソルデン村の女たちは彼女が一本取られたと嘲笑しながら合唱する。女たちの侮辱と嘲笑が彼女の胸に深く突き刺さる。ヴァリーのハーゲンバッハへの愛が憎しみに変わり、彼女は彼を睨みつけながら、今なお彼女に未練のあるゲルナーに彼を殺してくれと頼む。

［第三幕　ホッホシュトッフ村］

美しく抒情的な間奏曲が奏されている間に、ソルデン村の祭りに出かけていたホッホシュトッフ村の人びとが三三五五帰ってくる。ハーゲンバッハに愛を裏切られた思いのヴァリーは、沈痛な面持ちで家へ入り、ヴァルターが悄げている彼女を励ます。彼が彼女のことを心配して、今夜はここに泊まろうかと言うが、彼女は一人でいたいと答え、取り乱して止めどなく涙を流す。ゲルナーは老兵士からハーゲンバッハがホッホシュトッフ村へくると聞いて、ヴァリーとの約束を果たすために橋の陰の暗闇で彼を待ち伏せする。

一方、ヴァリーは消沈しながらも心の底ではハーゲンバッハを愛しているので、ゲルナーに彼の殺害を頼んだのを後悔し、明日それを止めるようゲルナーに伝えることにする。しかし、ハーゲンバッハはヴァリーへの復讐的仕打ちをしたことの良心の呵責と彼女への愛のためにホッホシュトッフ村へやってきて、今橋に差しかかる。すると、ゲルナーがやにわに彼の後から彼を真っ逆さまに谷底へ突き落とす。ハーゲンバッハの叫び声に驚くヴァリーの前にゲルナーが現れ、ハーゲンバッハを殺したと伝える。彼女がゲルナーを引っ張って橋の袂へくると、ハーゲンバッハの呻き声が聞こえ、彼がまだ生きているのを知って彼女は喜び、村人たちに彼の救出の加勢を求める。その間にゲルナーは姿を消し、ソルデン村の人びとやアフラもきて、ハーゲンバッハ殺しに激怒し、ホッホシュトッフ村の人びとに殴りかかろうとすると、ヴァリーが仲に入り、彼は生きていると叫ぶ。

ヴァリーが谷底へ下りていくと、人びとは彼女の勇敢な行動に感心する。彼女は意識を失っているハーゲンバッハを担いできて、神様がアフラに彼を返してくれたと涙ながらに言い、彼の顔に口づけし、彼をアフラに託して、彼が彼女から奪った口づけを彼に返したと伝えてほしいと彼女に言う。ハーゲンバッハがヴァリーから口づけを奪ったときには人びとは彼女を嘲笑したのに、今彼らは彼女を聖女のようだと感動する。

［第四幕　ムルツォルの山の上］

かなり長い間奏曲に続いて幕が上がると、山上の小屋の近くにヴァリーがきている。ヴァルターが雪崩を心配して帰ろうと促すが、ヴァリーは今死を運命だと受け入れ、真珠の首飾りを外してヴァルターに渡し、これにまつわる思い出を悲しげに歌う。彼が再度帰ろうと誘うが彼女はそれを拒み、氷河を越えるときにはヨーデルを歌ってほしいと彼に頼み、二人は涙ながらに別れる。

ヴァリーは一人になると彼女の人生行路を回想し、今それが終わりに近づいたとアリアを歌う。ヴァルターの歌声が聞こえ、やがて消えて行く。今度はヴァリーがうっとりしながら激しくヨーデルを歌う。その間に彼女の名前を連呼するハーゲンバッハの声が聞こえる。二人が対面すると、ハーゲンバッハはヴァリーと祭壇で挙式するために彼女のところへもどってきたと打ち明ける。そして、彼は彼女との間にさまざまな確執や彼女との愛の悩みがあったが、愛の成就の希望を捨てず、今こうしてそれを実現した、と彼女への愛の経緯を歌う。

ヴァリーは彼の愛の告白にもかかわらず、彼との愛は永遠に失われたと信じていたので、驚き、動揺し、彼はアフラを愛していると言い張る。すると、彼は祭りの日に彼女にした口づけはアフラのための復讐ではなく、彼の彼女への愛のための口づけだったと打ち明ける。一方、彼女はゲルナーに彼の殺しを頼んだことを告白する。今や二人は蟠《わだかま》りを解消して打ち解け合い、抱擁し合って愛の言葉を囁き合い、感動と恍惚に包まれながら、今まで味わったことのない魅力溢れる安らかな生活をしようと二重唱する。

嵐が急速に吹き荒れ始めたので、ハーゲンバッハが帰り道を捜しに出かけるが、道が消えてしまっている。雪崩だとの彼の叫びと共に、彼はそれに巻き込まれて谷へ落下する。彼女は恐怖に戦き、茫然自失の体で、蒼白になる。彼女は落下したハーゲンバッハに向って、わたしはあなたの花嫁、愛しい人よ、腕を広げておくれ、と叫びながら絶壁から谷底へ身を踊らせる。

■解説

アルフレード・カタラーニはヴェルディの晩年頃から続々と輩出したイタリア・オペラの有力な新人作曲家たちの一番手の人で、一八五四年にルッカで生まれ、一八九三年にミラノで没した。彼の父はオルガン奏者で、音楽一家の出身の彼は、父から音楽の手ほどきを受け、ミラノ音楽院で学び、一八七五年に処女作《ラ・ファルチェ（鎌）》の初演で好調なスタートを切った。次作の《エルダ》は後に改訂されて《ローレライ》として一八九〇年に初演された。これはヴァーグナーの影響も見られるが、ロマンティックな佳曲で、作曲者の代表作の一曲であり、彼はこれで名声を確立した。彼の名を一躍高めたのが《ラ・ヴァリー》で、彼はこの一曲でオペラ史に名を留めていると言っても過言ではない名曲である。これら以外に数曲の作品があるが、有能な彼は三十九歳の若さで病魔に斃れたので、作品数は少ない。彼はヴェルディの長期のイタリア・オペラ界制覇の末期に新風を吹き込もうとした創意の人だったが、余りにも早く斃れた。

オペラの主題は愛憎の葛藤とそのあげくの真実の愛の発見である。ヴァリーは高慢、自惚れ、激情、衝動、直情径行の女で、感情の起伏と振幅が大きく、気性が勝っているが不安定である。そのために確執を演じ、憎み、誤解し、嫉妬し、復讐をする。これも生身の人間の生の現実の姿である。カタラーニのオペラはロマン主義と抒情性志向であり、ヴェリズモの作品に属するものではないが、彼は勃興してきたヴェリズモの時代の作曲家で、《ラ・ヴァリー》はヴェリズモの代表的名作《カヴァレリア・ルスティカーナ》（一八九〇）や《道化師》（一八九二）と同時期の作品で、ここにはヴェリズモの作風や要素が見られる。ヴァリーの激烈な気性や行動はヴェリズモの特色でもある。

旋律美はカタラーニのオペラの魅力である。《ラ・ヴァリー》の歌唱にはまとまった長さの独唱曲（アリア）が多数あり、それらの多くが美しい、魅力的な、印象深い曲である。第一幕終わりのヴァリーの〈いいわ、遠くへ行くことにしましょう〉、第二幕の彼女の〈今までわたしにくちづけしたのは〉、第三幕の彼女の〈もう二度とわたしには心の安らぎがないのかしら〉、第四幕の彼女の〈わたしの周りで永遠に雪の涙が流れるのだわ〉などが名歌で、独唱曲の多くがヴァリー中心で展開されている。中でも第一幕のヴァリーのアリアは全曲中の白眉である。気性の激しい彼女が父と衝突して勘当され、二度と帰らぬ覚悟で生家と故郷へ別れを告げる感動的な愛惜の歌である。抒情性と情感に溢れた美しい絶唱である。そして、第四幕の死を覚悟した彼女の人生回想のアリアも名唱である。重唱では全曲の終わりでヴァリーとハーゲンバッハがこれまでの愛と憎しみの葛藤を率直に告白し合い、新しい愛を誓い合う二重唱が感銘深い。合唱は豊富で、充実している。特に第二幕は大部分で合唱が登場し、合唱オペラの感があり、合唱がドラマの展開で主導的役目を演じてもいる。賑やかで活気のある場面の連続の幕である。一方で、ヴァリーとハーゲンバッハの愛に亀裂と葛藤が生じるのがこの幕で、合唱もその原因作りをしている。

管弦楽の充実も《ラ・ヴァリー》の目立った特色である。ドイツ音楽を愛好し、その影響も受けたカタラーニの管弦楽は、イタリア・オペラのそれよりも重厚で、聴く耳にずっしりと響き、聴きごたえがある。間奏曲が第三幕と第四幕の前に置かれ、前者は抒情性豊かな、美しい曲であり、後者は長大で、充実感がある。

《ラ・ヴァリー》は作曲者の最後の曲で、初演でも大成功し、今日でも劇場のレパートリーとして定着している人気曲である。作曲者と親交のあった、後の大指揮者トスカニーニはこれを絶賛した。カタラーニは巨匠ヴェルディと台頭しつつあったヴェリズモの狭間で彼独自の作風のために奮闘した進歩的作曲家だったが、彼の死は早すぎ、志半ばで斃れた。

ジャコモ・プッチーニ《トゥーランドット》三幕五場

——ルッカ生まれの大作曲家の白鳥の歌

■原作　カルロ・ゴッツィの劇『トゥーランドット』（一七六二）

■台本　レナート・シモーニとジュゼッペ・アダーミ　イタリア語

■初演　一九二六年四月二十五日　ミラノのスカラ座

■ドラマの時と所　伝説時代の中国北京

■登場人物

役人……バリトン
リュー　ティムールの女奴隷……ソプラノ
カラフ　ティムールの息子……テノール
ティムール　元ダッタン国王……バス
ピン　大臣……バリトン
ポン　大臣……テノール
パン　大臣……テノール
アルトゥム　中国皇帝……テノール
トゥーランドット　中国皇女……ソプラノ

■録音ディスクと演奏時間　多数あるCDの一例　ポリグラム　POCG 3701-2　二枚組　約二時間十二分。ＬＤの一例　ポリドール　WOOZ 24032-3　三面　約二時間十四分。ＶＨＤ　ビクター　VHM 64034-5　三面　約一時間五十六分。ＤＶＤの一例　TDK TDBA-0035　約二時間六分。

■すじがき

［第一幕　城壁前の広場］

ごく短い印象的な前奏に続いて幕が上がる。広場を埋めつくした大群衆に、役人が皇女トゥーランドットは彼女の出題する三つの謎を解いた王子の妃となるが、謎解きに失敗した王子は打ち首になるのが掟だと布告し、ペルシャの王子は運つたなく、月の出と共に処刑されると告げる。群衆は興奮し、早く処刑しろと大騒ぎする。敗戦の憂き目に会って逃げのびてきたダッタン国王ティムールと女奴隷リューが群衆に揉まれ、ティムールは倒れる。やはり逃げ落ちてきた彼の王子カラフが父と邂逅する。安住の地を失った親子の感激と歓喜の対面である。その間にも処刑係の下役が不気味にも大刀を砥ぎ、トゥーランドット姫がいる間は仕事は繁盛と物騒なことを口走る。やがて群衆待望の月の出となり、顔面蒼白のペルシャの王子を処刑台へ導く行列が現れる。彼の優しい顔を見て、処刑を待っていた群衆の非情な心は同情に変わり、恩赦を求める合唱となる。カラフもむごいトゥーランドットを罵りたい衝動に駆られる。

そのときバルコニーにトゥーランドットが姿を見せる。カラフは彼女の妙なる美しさに感動し、夢かうつつかと怪しむ。息子がトゥーランドットの魅力に呪縛されたのを案じて父親はこの地を去ろうと促す。しかし、息子がここで生きると主張し、トゥーランドットの名を呼ぶと、処刑前のペルシャの王子のトゥーランドットとの叫びも聞こえ、違った運命を辿る二人の王子の声と思いが交錯する。父親の反対を無視して謎解きへの挑戦を決意したカラフが、その意志表示のためにどらに突き進むと、三人の大臣ピン、ポン、パンが彼の行く手を阻み、おもしろおかしい身振りをしながら三重唱し、彼の挑戦を狂気の沙汰だと止めにかかる。謎解きに失敗して処刑された王子たちの亡霊が城壁に現れ、死後も姫を愛していると歌う声が聞こえると、カラフは彼だけが彼女を愛していると応じる。処刑係がペルシャの王子の首を持って現れる。ティムールは息子に無謀な賭の翻意を強要し、リューは恐ろしい事態に心が張り裂け、死にそうだと切々と歌うが、カラフの決意は固く、彼は涙に暮れるリューを優しく労《いたわ》り、明日は身寄りがなくなるかも知れない彼の老父の手足となってほしいと歌う。
美の化身トゥーランドットのカラフへの引力は強まる一方で、それが燃え上がる彼の彼女への愛に拍車をかけ、彼の征服欲をいやが上にも掻き立てる。もはや父親の悲嘆も、リューの哀願も、三大臣の狂気の沙汰呼ばわりも、群衆の彼の破滅警告も、トゥーランドットに憑かれた彼の前では無力である。カラフの謎解きの挑戦をめぐって、これらの人びとが思い思いの心中を歌う大アンサンブルの中で彼はどらを三回叩き、挑戦の意志表示をする。

［第二幕第一場　天幕作りの館］

カラフが謎解きの挑戦者になったので、大臣は婚礼と葬儀の準備をしなければならない。彼らは挑戦して失敗し、処刑された犠牲者の年ごとの人数を数え上げ、寅年の今年はすでに十三人になるとおもしろおかしく歌い、彼らは処刑大臣になり下がったと自分たちを自嘲する。そして、彼らはトゥーランドットの絶世の美貌に魅せられて恋狂いする王子の絶えない世の中を慨嘆し、こんないやな職務に係わっているよりも、美しい郷里へ帰りたいと郷愁の気持を歌う。姫の氷のように冷たい心が溶けて、彼女が幸せな結婚生活に入る夢を見ていた三大臣は、舞台裏の騒音で現実へ引きもどされ、彼らの長大な歌を終え、謎解き儀式へ向う。

［第二幕第二場　宮殿の広場］

八人の博士が謎の解答の巻物を持って入場し、三大臣も現れる。最上段の玉座に威厳のある皇帝が着座すると、群衆が皇帝万歳を合唱する。皇帝は厳格な掟への無謀な挑戦の撤回をカラフに求めるが、カラフにはその意志は微塵もないので、役人が第一幕冒頭の謎解きの掟を改めて万人に布告する。豪華な衣裳の美しいトゥーランドットが玉座の下に姿を見せる。

大昔ロウ・リンという美しく、清らかな姫君が王国を統治していたが、外国に侵略されて王国は敗北し、彼女は攫われて無残な最期を遂げた。彼女の死の叫びは今もトゥーランドットの心に脈々と伝わっている。彼女はロウ・リンの復讐のために外国の王子たちに謎解きの挑戦をさせている。彼女は絶対に誰のものにもならない。謎は三つ、死は一つ。こうトゥーランドットは声を張り上げて歌う。これに対してカラフは謎は三つ、命は一つと応じる。こうしてカラフの生死を賭しての謎解きゲームが始まる。彼がトゥーランドットの提出する難題を「希望」、「血潮」、「トゥーランドット」と次々に解答すると、三つの解答は全部正解である。

トゥーランドットは初めて敗北を喫して屈辱と無念で蒼白となり、父皇帝に向って直ちに勝利者に彼女の身を与えないよう訴願する一方、カラフには絶対に彼のものにならないと強弁する。皇帝は誓いは神聖だと娘の嘆願を拒み、カラフは高慢な姫への燃え上がる愛を告白した上で、彼女が夜明けまでに彼の名前を言い当てることができたら、潔く死のうと約束する。

「第三幕第一場　宮殿の庭」

役人たちが謎への挑戦勝利者の名前が判明するまでは誰も眠ってはならない、違反者は死刑だというトゥーランドットの厳命をふれて回っている。カラフは姫に明朝口づけして名前を明かそうとアリアを歌う。三大臣も明朝までにカラフの名前を突き止めなければ首が飛ぶので、躍起になっており、半裸の美女の一群を彼の前に押し出したり、あらゆる財宝を彼に見せて、それらと引き換えに彼の名前を聞き出そうとするが、効果がない。

警吏たちがティムールとリューはカラフの知り合いだとにらんで、彼らを拘束し、彼らのカラフの名前を吐かせようとする。トゥーランドットが現れ、彼らに彼の名前を明かすように強要すると、リューが私だけが彼の名前を知っていると宣言するので、群衆が彼女を拷問にかけて名前を吐かせろと叫ぶ。どんなに脅かされ、痛めつけられても口を割らないリューの強固な意志に感心して、トゥーランドットがその理由を尋ねると、リューはそれは愛だと答え、カラフに捧げる最高の贈り物としての彼女の彼への秘めた愛について歌う。続いて彼女は氷のように冷たいトゥーランドットも、カラフの炎熱の愛に負けて彼を愛するようになり、一方彼女自身は彼を二度と見ないために夜明け前に死んでいるとアリアを歌う。これは全曲中最高の名歌であり、熱唱であり、絶唱である。これほどの感動を呼び起こすアリアはそれほど頻繁に聴けるものではない。歌い終わると彼女は咄嗟に兵士から剣を抜き取り自刃する。

カラフとティムールはリューの亡骸に縋りついて慨嘆する。彼女に口を割らせるために彼女を拷問せよと叫んでいた群衆も、彼女の死を悼み、彼女の許しを乞う。謎解き挑戦に失敗して処刑になった王子たちの死を茶化していたピン、ポン、パンの三大臣も、彼女の死は彼らの心に重くのしかかる。リューの亡骸は運び去られ、カラフとトゥーランドット以外は退去する。

カラフがトゥーランドットに、氷の姫よ、天上から地上に降りてくるがよいと歌い、彼女のヴェールをはぎ取ると、トゥーランドットは慌てふためき、私は清らかな天上の娘だと歌い返す。彼が彼女は彼のものだと言って激しく彼女に口づけすると、彼女は一瞬にして人変わりし、優しくなり、涙さえ浮べる。夜明けとなり、彼女は新たな人間的命の兆しを自覚し始め、彼の愛の情熱に負けたと彼に告白する。彼が名前はカラフ、ティムールの息子だと打ち明けると、すでに一人の女に生まれ変わり、彼を愛し始めている彼女は、彼との愛を全員に披露するためにその場を去る。

［第三幕第二場　宮殿の外］

群衆が皇帝万歳を合唱している。トゥーランドットは皇帝に誇らかにこの異国の王子の名前は「愛」と告げ、恋人同士は衆人環視の中で堂々と抱擁し合い、陶然となる。二人の愛と栄光を称える群衆の大合唱の中で全曲の幕となる。

■解説

《トゥーランドット》は感銘深い、魅力的な、話題性に富む、かなり異色的なオペラであり、頻繁に劇場上演されているイタリア・オペラ最後の名曲である。プッチーニは題材の選択や台本の選定に慎重だった寡作家で、これは彼の全十二曲のオペラの最後の作品であり、彼の「白鳥の歌」である。しかも、最終幕の一部を残して彼が死亡したため未完となり、彼の自筆稿によってフランコ・アルファーノが完成した曰くつきの曲である。

プッチーニの作品は主題や題材が変化に富み、ヴェリズモ・オペラの流れを汲む《ラ・ボエーム》、《トスカ》、《外套》などとは対照的に、《トゥーランドット》は伝説時代の中国・北京を舞台とした幻想的オペラである。彼の処女作《ヴィッリ》も伝説を題材にした幻想的作品である。

トゥーランドットがカラフとの愛に目覚めて彼の名を「愛」と発表するように、オペラの主題は愛―愛憎の相剋と愛の勝利―である。主題展開のプロットは比較的単純だが、展開のための道具立てや音楽が多様多彩で、聴きごたえ、観ごたえ満点である。先祖の恨みを晴らすために復讐の鬼と化し、愛とは完全に無縁な絶世の美女に一目恋れしたカラフが、多数の王子たちが挑んでは失敗して落命した難題の謎解きに命を賭して挑戦し、見事に成功して彼女への愛を遂げる。これがドラマの主筋である。ハピー・エンドであるが、謎解きに失敗したペルシャ王子の処刑、ひそかにカラフを恋慕しているが彼からは無視され、あげくは彼への愛に殉死するリューの事件のような悲劇があり、カラフの挑戦を阻止しようとしたり、滑稽な笑いを誘うパーフォーマンスを演じる三大臣の道化芝居があり、ドラマにとって終始重要な要素になっている民衆の動きがある。そして、これらが主筋に絡みついてドラマを賑やかに、感動的に、楽しく、おもしろく、魅力的に展開する。

プッチーニはすでに明治の日本の長崎を舞台にした、異国趣味に彩られた名作《蝶々夫人》を書いていた。《蝶々夫人》と《トゥーランドット》はそれぞれの国の音楽語法や旋律、情緒や趣味が盛り込まれていることでは共通しているが、オペラの作り、性格、風格の特色は大きく違っている。《トゥーランドット》は結構雄大で、豪華絢爛たる舞台作りであり、グランド・オペラの要素が盛り込まれたスペクタクル・オペラである。これほど舞台映えするオペラは珍しい。オペラの秘めている真価や実力を十分に引き出すには、ヴェローナのアレーナのような舞台空間の広大な場所での上演が望ましい。アレーナで二回この曲を楽しんだが、素晴らしい上演に実に感動したのを鮮かに記憶している。登場人物は中国皇帝からさまざまな位階や職能の宮廷人たちや民衆にまで及んでいる。

劇場音楽の巨匠プッチーニの豊かな創造感覚と練達の手法が見事に結実して終始舞台に耳目を釘付けにされる。音楽とドラマが完全に融合密着して隙がない。《トゥーランドット》では特に独唱曲が多数あり、プッチーニ節と名づけてもよい独特の節回しの甘美流麗な旋律が耳に快く、魅力的である。特にリューに与えられた三曲のアリアは、いずれも絶品絶唱で、感銘深い。カラフにも三曲のアリアがあり、とりわけ〈誰も寝てはならぬ〉は全曲中の白眉で、聴衆を陶酔の境地へ誘い込むこと必至である。表題役のトゥーランドットの独唱は一曲で、彼女が外国の王子たちに難題の謎を仕掛けて、彼らに冷酷無比な復讐を企むに至った経緯といわれが歌われる。アルファーノが引き継いで書いた最初が、ドラマの展開で最重要な一場面のトゥーランドットとカラフの長大な愛の二重唱である。トゥーランドットは、氷のように冷たかったが、カラフへの愛ゆえのリューの殉死に深刻な衝撃を受けて心で愛の力強さを感じ始め、次にカラフのキスでそれを体で実感する。彼女が愛の力に屈し、彼らの愛が成就する。三重唱はもっぱらピン、ポン、パンの三大臣に依存している。彼らはドラマの大部分で登場し、滑稽な歌や演技で笑いの渦を巻き起こす。とりわけ第二幕第一場は彼らの三重唱に当てられた、ドラマの本筋とは遊離し半ば独立したインテルメッツォとも言える場である。三位一体の彼らが思う存分三重唱を展開するこの場は、彼らの即興喜劇の独壇場である。《トゥーランドット》は合唱オペラと呼んでもよいほど合唱が多く、それがオペラの重大な、主導的役割を担っている。声楽と同時に器楽も充実し切っていて、練達の管弦楽法が披露されている。

オペラの補筆完成者フランコ・アルファーノ（一八七六―一九五四）は二十世紀前半のかなり有力なイタリアの作曲家で十曲余のオペラを残していて、トルストイの名作『復活』を原作とした同名のオペラが代表作である。これは今日ではあまり上演の機会に恵まれていないが、初演時は大成功を博し、人気があった。特にイタリア・オペラらしく旋律美が魅力的で、聴きやすく、親しみやすい佳曲である。

とにかく、プッチーニの《トゥーランドット》は彼の十二曲のオペラの中でその真価、魅力、楽しさなどで一、二位を競う傑作である。

第14章 ペーザロ

ジョアッキーノ・ロッシーニ《タンクレーディ》《アルジェのイタリア女》《ランスへの旅》

◉都市の概説とオペラ小史

マルケ州の小都市ペーザロは、アペニン山麓の丘陵地とアドリア海に挟まれた美しく感じのいい町で、海水浴場としても知名である。ここに滞在中二百キロ南のペスカーラまで列車に乗ったことがある。その間のアドリア海岸の大部分が海水浴場で、その果てしなく伸びて行く様は何とも壮観である。

一六三七年開場のソーレ劇場で初めてオペラが上演され、劇場はその後の何回かの改修の末取り壊されて、一八一八年に跡地にヌオーヴォ劇場が開場し、一八五五年にロッシーニ劇場と改称された。マスカーニの《ザネット》がここで初演された。ペーザロが生んだオペラ史上の巨匠ロッシーニの四十曲のオペラは故郷では一曲も初演されなかった。その理由はいくつもあろうが、推測の域を出ない。一九八〇年から八月にロッシーニ・オペラ・フェスティヴァルが開催されていて、彼の全作品から三、四曲がロッシーニ劇場、音楽院ホールなどで上演される。フェスティヴァル以後ロッシーニのオペラの復活上演が盛んであり、ロッシーニ・ルネサンスの勢いは目覚ましい。

二十世紀後半の世界の名ソプラノのレナータ・テバルディはペーザロ生まれである。

ペーザロにはロッシーニ音楽院があり、名ドラマティック・テノールで、テバルディとしばしば競演したことがあったマリオ・デル・モナコはここで学んだ。

◉作品紹介

ジョアッキーノ・ロッシーニ《タンクレーディ》二幕七場

――ペーザロ生まれの巨匠最初の大成功オペラ・セリア

■**原作**　ヴォルテールの劇『タンクレード』（一七六〇）

■**台本**　ガエターノ・ロッシ　イタリア語

■**初演**　一八一三年二月六日　ヴェネツィアのフェニーチェ劇場

■**ドラマの時と所**　一〇〇五年のシラクーザ

■**登場人物**

イザウラ　アメナイーデの友人……メゾ・ソプラノ
アルジーリオ　シラクーザ王……テノール
オルバッツァーノ　アルジーリオの敵……バス
アメナイーデ　タンクレーディを愛するアルジーリオの娘……ソプラノ
タンクレーディ　シラクーザの前王の息子……アルト
ロッジェーロ　タンクレーディの腹心……メゾ・ソプラノ

■録音ディスクと演奏時間　CDの一例　CBSソニー　78DC 692-4　三枚組　二時間四十九分。DVDの一例　パイオニア　PIBC 2048　約二時間四十六分。

■**すじがき**

［序曲］

前年初演のオペラ・ブッファ《試金石》の序曲の転用。ロッシーニの場合、自作の他のオペラからの序曲の転用は、珍しいことではない。

［第一幕第一場　アルジーリオの宮殿の回廊］

シラクーザ国内の対立抗争が続いていたアルジーリオ家（王家）とオルバッツァーノ家の間で和解が成立し、騎士たちが平和と友愛の回復を喜び力強く合唱し、続いて、アルジーリオとオルバッツァーノが祖国への忠誠の誓いと、ムーア人潰滅の戦いの決意を小二重唱し、騎士たちの合唱も後から同じ言葉でそれに加わる。アルジーリオは今度のサラセン軍（ムーア人）との戦いの指揮官はオルバッツァーノだと騎士たちに披露し、一方、オルバッツァーノはシラクーザの先代の王の息子で、幼少の時追放されたタンクレーディへの敵意と憎悪を露骨に表明するので、イザウラはタンクレーディと恋仲である友人アメナイーデの身の上を心配する。アルジーリオは娘のアメナイーデを好いているオルバッツァーノと彼女との結婚に同意しており、彼女にそれを承諾させるために彼女を呼び出す。アメナイーデが侍女たちに付き添われて現れ、ひそかに愛しているタンクレーディが、この地にいない不安をカヴァティーナで歌う。あちこちで装飾歌唱が聴かれる。オルバッツァーノはアメナイーデに求愛し、アルジーリオは即刻祭壇での彼との挙式を娘に促すが、彼女は一日の猶予を懇願する。イザウラは友人の苦衷を察し、友人と二人の男との三角関係が不吉な禍をもたらすことになると懸念する。

［第一幕第二場　宮殿の中の庭園］

タンクレーディが腹心のロッジェーロたちを伴って上陸し、庭園に潜伏してアメナイーデとの出会いの機を窺いながら、大きな不安と苦悩の末に、愛しい恋人との再会の素晴らしい瞬間と甘美な喜びのアリアを歌う。軽快なテンポとリズムの一定した、歓喜と悦楽の期待を巧みに表現した歌唱である。彼はロッジェーロにアメナイーデの様子を探り、彼の名を明かさずに彼女を彼のところへ案内してくるよう依頼する。彼が待っている間にアルジーリオとアメナイーデの姿が庭園で彼の目につく。アルジーリオは事態の急変で娘に今日結婚せよと強制する。アメナイーデとの結婚を望んでいるサラセン人のソラミールが、兵力を増強してシラクーザを包囲し、その上、タンクレーディもメッシーナに上陸し、アルジーリオは、タンクレーディがシラクーザに足を踏み入れれば死罪だと断言する。娘はそれを聞いて慄然とする。続けてアルジーリオは、オルバッツァーノが今日彼女と挙式して、明日は出陣するので、彼女が彼の娘らしく彼の意向に従うよう説得する。そして、彼は彼女が結婚を拒絶したら、恐ろしい運命が彼女を待っていると威嚇的なアリアを歌って退場する。

最悪の時に恋人に再会したアメナイーデが、再会の喜びを抑えて藪から棒にここから即刻逃げ出してとタンクレーディを急き立てるので、彼は彼女が心変わりしたのかと胸騒ぎさえ感じる。彼が執拗に逃げねばならない理由を追及するが、彼女は父に強制されているオルバッツァーノとの結婚を打ち明けることができず、恋人同士の緊迫した苦悩の二重唱が展開される。ソプラノとアルトの華やかで巧妙な装飾歌唱が聴かれる。

［第一幕第三場　城壁に近い公共広場］

オルバッツァーノとアメナイーデとの婚礼を祝って貴族、貴婦人たちが合唱し、騎士、戦士たちは戦いの指揮官としてのオルバッツァーノの栄光を称えて合唱しながら行進してくる。突然タンクレーディが匿名の義勇兵として戦闘参加の許可をアルジーリオに求め、許可される。アルジーリオが婚礼のためにアメナイーデを祭壇へと誘うと、彼女は死んでもオルバッツァーノと結婚しないと言い張る。これを聞いて、彼女に愛を裏切られたと思っていたタンクレーディは喜ぶが、アルジーリオは彼女は発狂したのかと怒り、オルバッツァーノに彼女は祖国の裏切り者で、極悪の犯罪者だと暴露する。アメナイーデの犯罪は、彼女に求婚してきたサラセンのソラミールと彼女が内通していると思われた手紙がサラセン軍の陣営付近で押収されたことである。しかし、事実は、彼女の手紙はソラミール宛てではなく、タンクレーディ宛てだったが、宛名が書かれてなかったので、ソラミール宛てだと誤解されても、彼女は弁明できない。アルジーリオは手紙を読んで慄然とする。

アメナイーデは彼女の軽率な行為を悔い、無実の罪で彼女に降りかかろうとしている恐ろしい試練と苛酷な運命に震え、タンクレーディは彼女の罪を信じて彼女の裏切りに憤怒し、アルジーリオは娘の恥ずべき売国行為で面目を潰し、オルバッツァーノは彼女の逮捕と死の処刑を求める。恐ろしい、不吉な災難に死の足音を聞いて、心を凍らせる一同の大アンサンブルで第一幕が終わる。

［第二幕第一場　アルジーリオの城の回廊］

オルバッツァーノはアメナイーデに結婚を拒絶されて彼女への復讐に燃え立ち、彼女の反逆罪に元老院が下した死刑宣告書への署名をアルジーリオに迫る。アルジーリオは国王としてはアメナイーデの極刑を正当としながらも、父親としては娘への不憫の情に流されて、署名の手が止まり、法と父性愛の葛藤に悶えながら、苦しい胸の中をアリアで歌い、心で泣きながら署名を終える。ロッシーニ特有のテノールの超高音が再三聴かれる。アメナイーデの死刑が確定すると、イザウラがオルバッツァーノに憎い女に復讐できて、さぞ満足でしょうと吐き捨てるように抗議してから、友人の冷酷な運命に同情して、アメナイーデが辛い苦悩の中で強固な意志と慰めと喜びを与えられるようにと祈りのアリアを歌う。全曲から見ると、ほとんど意味のない、脇役に与えられたアリアである。

［第二幕第二場　牢獄］

アメナイーデは死と隣り合わせの場所に身を置いて、タンクレーディや父王が彼女を裏切り者と信じている不運な運命に煩悶し、慟哭しながらも、タンクレーディがいつか彼女の罪が無実だったと知って、彼女のために涙を流してくれるだろうとカヴァティーナを歌う。オルバッツァーノとアルジーリオが牢獄へくると、アメナイーデは彼女の罪は無実だと訴えるが、オルバッツァーノは敵将宛ての手紙が有罪の証拠だと彼女の訴えを退け、衛兵に彼女を処刑場へ連行させようとする。そのとき、タンクレーディが現れ、身元を隠し、アメナイーデの守護者だと称してオルバッツァーノに決闘を挑む。

二人だけになり、国王は娘の守護者の素性を尋ねるが、相手は名乗らない。二人は恋と祖国を裏切ったアメナイーデを憎むべきなのに憎めず、決闘での勝利の導きを神に祈りながら感銘深い二重唱を展開する。アメナイーデは彼女の守護決闘者がタンクレーディだと知り、彼の武運と勝利を祈り、彼が勝利者として帰ってきて、彼女が貞節で、無実だと信じてくれれば、死んでも本望だとカヴァティーナを歌う。続く中間部の独唱と合唱の対話で、決闘でオルバッツァーノが斃れ、タンクレーディの勝利が歌われ、最後に彼女が胸を悸《ときめ》かしながら無上の歓喜のカバレッタで長大なアリアを締めくくる。これはシェーナ＝カヴァティーナ＝シェーナ＝カバレッタの四部分がきちんと整ったアリアで、ロッシーニの場合にはドニゼッティやベッリーニの場合ほど頻繁には使用されていない。このナンバーでは華やかな装飾歌唱やコロラトゥーラの妙技が聴かれ、充実した、感銘深い曲である。

［第二幕第三場　シラクーザの大広場］

群衆が決闘の勝利者タンクレーディを歓呼で迎え、彼の栄光を称えるが、恋人に裏切られたと信じている彼の心は、勝利の甘美にも栄誉にも耽けることができない。シラクーザは彼には愛しい土地のはずなのに、苛酷な運命は彼をここから立ち退かせようとする。すると、アメナイーデが現れて彼を止めるが、彼は彼女の命を救ったのだから、その上彼女に用はないと彼女につれない。彼女は無実の罪の苦悩と彼に誓った愛の誠実を彼に訴えるが、彼が彼女に別れを告げるので、彼女は思いあまって、彼に胸を差し出し、ここを刺して彼の怒りを収めてほしいと迫り、二人は感動的な二重唱をする。タンクレーディと同行しようとするロッジェーロに、イザウラが彼女だけが知っているアメナイーデの罪の秘密を打ち明け、彼女は無罪であり、タンクレーディに貞節だと断言する。イザウラの言葉が事実なら、恋人たちの苦しみと涙が報いられ、彼らの愛が永遠に実を結ぶ、とロッジェーロは喜びのアリアを歌う。

［第二幕第四場　山岳地帯］

タンクレーディはアメナイーデの裏切りへの怒りと彼女への消えぬ愛の葛藤に煩悶し、絶望に打ち拉がれて山中をさまよい、不実と不貞の女への未練に苛まれている心の苦悩のカヴァティーナを歌う。タンクレーディを捜しにきたシラクーザの騎士たちが現れ、サラセン軍打倒の合唱をする。続いてアメナイーデとアルジーリオもくるが、タンクレーディはアメナイーデの苦悩と涙を目にしながらもなお頑なに彼女を拒否し続け、愛の神が裏切り者の不貞の仇を取ってくれようとアリアを歌う。彼は騎士たちにシラクーザ軍の指揮官に祭り上げられ、恋人の裏切りと彼女への未練で引き裂かれた心の煩悶から解放されるためにも、勇躍出陣を決心し、出征して行く。

不安と恐怖で震えているアメナイーデのところへ瀕死のタンクレーディが運ばれてくる。彼はサラセン軍に圧倒的勝利を収めたが、不運にも瀕死の重傷を負い、虫の息である。アルジーリオが彼に、娘の手紙は彼宛てのものだったのに、ソラミール宛てだと誤解された、彼女は終始一貫彼に貞節だと伝える。彼はアメナイーデの口からも彼女の貞節と不変の愛を聞いて喜び、死の迫っているのを悔む。彼は成就された愛を胸に抱きながら息を引き取り、ロッシーニ初期のオペラ・セリアの名作全曲の幕となる。

タンクレーディの死による悲劇的結末は、ヴェネツィア初演後フェッラーラでの上演の時改変された改訂版によるものであり、ヴェネツィア初演版では恋人同士が結ばれるハピー・エンドになっている。筆者も両版のディスクを所蔵している。

■解説

ジョアッキーノ・ロッシーニは一七九二年にペーザロで生まれ、一八六八年にパリで没したオペラ史上屈指の大作曲家。しかし、彼の約四十曲のオペラのほとんど大部分が、十九世紀後半から二十世紀前半にかけて次第に埋没して行き、その間は極端に言えば、彼はオペラ・ブッファの最高の完成度を誇る《セビリャの理髪師》だけでオペラ作曲家としての命脈を保っていたと言っても過言ではない。だが、一九七〇年代にペーザロのロッシーニ音楽院に設置されたロッシーニ財団の研究と新譜編集事業によって彼の研究が着々と進歩し、顕著な成果をあげ、その実践の場として一九八〇年にロッシーニ・オペラ・フェスティヴァルが開始され、彼の作品が続々復活蘇演された。ディスクでなら、今では常時身近で彼のオペラの全作品を聴くことができる。一九七〇年以降のロッシーニ・ルネサンス、またはロッシーニ・リヴァイヴァルの勢いは目覚ましく、凄まじい。今や彼のオペラの全貌が解明されて、彼のオペラ・ブッファだけではなく、オペラ・セリアも高く評価されている。

《タンクレーディ》はロッシーニの十作目、オペラ・セリアでは三作目の曲である。彼は早熟で、ボローニャ音楽院在学中の一八〇六年十四歳で処女作オペラ《デメートリオとポリービオ》(オペラ・セリア)を習作した(初演は一八一二年)。《タンクレーディ》のフェニーチェ劇場での初演は好評で、上演を重ねるたびに尻上がりに評価が高まり、彼は二十一歳でイタリア・オペラ界で人気作曲家となり、盤石の地歩固めをした。

初演後の部分的手直しや改変はオペラの習慣で、《タンクレーディ》には非常に多くの版がある。重大な改訂が一言前述したフェッラーラ版の悲劇的結末である。これをもう少し敷衍すれば、フェッラーラ改訂版はヴォルテールの原作に従った改変だったが、悲劇的結末は当時のオペラの慣習や聴衆の好みに合致せず、その上演は長続きしなかった。一九七〇年代になってフェッラーラ版が復活上演され、現今ではこの版による上演が一般的である。一九九二年のシュヴェツィンゲン音楽祭ではフェッラーラ版の悲劇的結末の後でヴェネツィア初演版のハピー・エンドの終曲が追加上演された。この上演はＤＶＤ（パイオニアPIBC-2048）で視聴できる。

表題役のタンクレーディは女声（アルト、またはメゾ・ソプラノ）で歌われる。十八世紀には男性主役はカストラートの受け持ち役だったが、十九世紀にはカストラートは廃れ、アルト、またはメゾ・ソプラノが受け持った。華やかな装飾歌唱のカストラートの代りは、女声の方が向いているからである。ロッシーニの《湖上の美人》（一八一九）のマルコムも《セミラーミデ》（一八二三）のアルサーチェも女声で歌われる。ちなみに、ロッシーニのオペラでカストラートが当てられた唯一の役は《パルミーラのアウレリアーノ》（一八一三）のアルサーチェである。

ロッシーニのオペラ・セリアでは、ナンバーとナンバーを連結するレチタティーヴォは、レチタティーヴォ・セッコとレチタティーヴォ・アッコンパニャートの二種類がある。《タンクレーディ》ではセッコが使用されており、アッコンパニャートが使用された彼の最初のオペラ・セリアは、六作目の《イギリスの女王エリザベッタ》（一八一五）である。セミ・セリアとパリの初演のフランス語オペラは除外して、彼の十八曲のオペラ・セリアでのセッコとアッコンパニャートの使用頻度はちょうど半々である。彼の創作時代はオペラ・セリアのレチタティーヴォがセッコからアッコンパニャートへ移行する過渡期で、当然ながら作曲時期が遅くなるにつれてアッコンパニャートの使用が頻繁になっている。ちなみに、ベッリーニはナポリ音楽院在学中の習作《アデルソンとサルヴィーニ》でセッコを使用しているだけであり、ヴェルディのオペラ・セリアでのセッコの使用は皆無である。なお、《タンクレーディ》にはレチタティーヴォ・セッコが使用されずにナンバーとナンバーが連結されているものも数曲ある。

シェーナ＝カヴァティーナ＝シェーナ＝カバレッタの四部分から成る大アリア形式は、ドニゼッティ、ベッリーニ、《ラ・トラヴィアータ》（一八五三）までのヴェルディの時代の代表的アリア形式で、頻繁に使用されたが、ロッシーニのオペラ・セリアではその使用例はまだ少ない。《タンクレーディ》ではこのアリア形式が使用されていて、アリアだけではなく、二重唱でもこの形式による歌唱が聴かれる。

シラクーザの現王の娘アメナイーデと前王の息子で国外追放の憂き目を見ているタンクレーディとは深い恋仲である。アメナイーデが宛名を書かずに届けさせようとした秘密の手紙（実はタンクレーディ宛て）がシラクーザの敵のサラセン王ソラミールの陣営近くでシラクーザ側に押収され、ソラミールがアメナイーデに求婚している事情から、手紙はソラミール宛てだと誤解され、彼女は祖国の裏切り者の罪で元老院から死刑判決を受ける。《タンクレーディ》のドラマの主筋は、この手紙が登場人物たちに投げる深刻な波紋によって展開される。

アメナイーデ恋しさで座しておれず、覆面で故国へ潜入したタンクレーディは、恋人の不実と裏切りに憤怒を抑えられない一方で、彼女との恋を諦め切れない。両方の感情や情念の葛藤から生ずる煩悶苦悶で彼の心は深刻な混沌状態にある。アメナイーデは秘密の手紙の宛名を明かせば、祖国の敵タンクレーディとの彼女の恋を暴露することになるので、彼のためにも彼女のためにも、手紙の秘密を守らねばならない。しかし、それは同時にタンクレーディを裏切り続けることになる。彼女もまた深刻な内面的葛藤と苦闘で心を引き裂かれている。国王アルジーリオは娘の売国的犯罪の死刑判決に署名する破目になり、恥辱、無念、父娘の情の間の相剋で苦悶する。《タンクレーディ》は人物たちの内面的葛藤や引き裂かれた心の苦闘が展開する心理劇オペラの様相が濃厚である。

一方で、《タンクレーディ》はイタリア・オペラが長年磨きに磨いてきたベル・カントの醍醐味を心ゆくまで堪能できるオペラである。コロラトゥーラや超高音をちりばめながら歌われる華やかな装飾歌唱の見事な技巧を満喫できる曲である。

名曲と呼べるナンバーが多数あるが、独唱曲では屈指のナンバーとして第二幕初めの方の牢獄の場でのアメナイーデのシェーナとカヴァティーナと、やはり第二幕にあって、タンクレーディに与えられた二番目の曲、大シェーナとカヴァティーナをあげよう。二重唱曲は三曲あるが、第一幕と第二幕のタンクレーディとアメナイーデの二重唱曲は全ナンバーの中の圧巻である。これらのナンバーは声楽的にも器楽的にも実に聴きごたえがあり、誠に感銘深い。

《タンクレーディ》はロッシーニの最初の名曲であると同時に、彼の代表作の一曲と称しても過言ではなく、何度聴いても飽きないどころか、聴けば聴くほど味が出てくる曲である。

ジョアッキーノ・ロッシーニ《アルジェのイタリア女》二幕八場

――底抜けに楽しいオペラ・ブッファの極致

■台本　アンジェロ・アネッリ　イタリア語

■初演　一八一三年五月二十二日　ヴェネツィアのサン・ベネデット劇場

■登場人物

エルヴィーラ　ムスタファの妻……ソプラノ

ズルマ　エルヴィーラの侍女……メゾ・ソプラノ

ハーリー　アルジェの海賊の首領……バス

ムスタファ　アルジェの太守……バス

リンドーロ　イタリア人の若い奴隷……テノール

イザベッラ　イタリア女……メゾ・ソプラノ

タッデオ　イザベッラの仲間……バス

■録音ディスクと演奏時間　多数あるCDの一例　ロンドン　FOOL 59054-5　二枚組　約二時間十九分。

LDの一例　ANFコーポレイション　ANF3514　三面　約二時間三十九分。

■すじがき

［序曲］

［第一幕第一場　ムスタファの宮殿の一室］

ムスタファの妻エルヴィーラが近ごろ夫の寵愛がすっかり冷めてしまったのを悲観していると、侍女ズルマや後宮の宦官たちが、それも運命だと諦めるよう彼女を慰める。突然ムスタファが渋面を作って現れ、妻にも後宮の女たちにも飽き飽きしたと不気嫌丸出しの言動をし、苛立つので、一同は恐懼する。

妻の処置を決めかねていたムスタファは、海賊首領のハーリーに、彼女を捨ててしまうのは忍び難いので、彼女を彼のイタリア人奴隷リンドーロに払い下げることにしたと打ち明け、代りに魅力的なイタリア人美女を捜し出してこいと命令する。ハーリーと入れ代わりに、当のリンドーロが現れ、故国にいる美しい恋人との別離の心痛苦痛と、将来再会の希望と確信のカヴァティーナを歌う。ロッシーニ特有のテノールの超高音がちりばめられた抒情的な聴きどころの歌唱である。彼が恋人のことを回想していると、ムスタファが唐突に彼の古女房をやろうと言い出すので、彼はびっくり仰天する。ムスタファは彼の妻の美点を次々にあげてリンドーロに彼女を押しつけようとし、リンドーロはそれを逃れるのに四苦八苦して、二人はおもしろく、楽しい二重唱を展開する。

［第一幕第二場　アルジェの海岸］

ハーリーの部下の海賊たちが嵐で難破したイタリア船を襲撃し、分捕った宝や捕虜を陸揚げしながら歓喜の合唱をしている。捕虜の中に一際目立つ美女がいる。彼女はリンドーロの恋人イザベッラで、彼を恋慕しては彼女の悲しい運命を嘆き、神の加護を祈願し、次には大胆になって、天賦の美貌を武器にアルジェの男たちを手玉に取って、ぐうの音も出ないようにしてやるとカヴァティーナを歌う。彼女の男を扱う手練手管が見えるような歌唱である。捕虜たちの中から引っ張り出されたタッデオを庇って、イザベッラは彼の姪だと彼を弁護する。イザベッラとタッデオがリヴォルノ出身のイタリア人だと聞いてハーリーは欣喜雀躍し、じっとしておれないほどの喜びようである。彼はムスタファからイタリア人の若い美女を捜し出してこないと串刺しの刑に処せられるからである。しかも、イザベッラは目の覚めるような極上の美女だから、彼女を献上すれば、ムスタファの覚えがめでたくなることは必至だと彼は踏んでいる。

タッデオはイザベッラに首ったけで、彼女の肘鉄砲を食いながらも彼女の尻にくっ付いてきたのである。二人だけになると、彼らは初めは口論したり、相手を罵倒して傷つけたりするが、何分とも彼らは異郷にある身だから、助け合う必要があると考え直し、当座は矛を収め、叔父と姪の関係を続けようと活気のある、愉快で、おもしろい二重唱を繰り広げる。

［第一幕第三場　ムスタファの宮殿の一室］

ムスタファは彼との別れを慨嘆する妻を無理矢理リンドーロの所へ行けと命じる。ハーリーがきて極上のイタリア人美女を捕虜にしたと報告すると、ムスタファは早速胸を悸《ときめ》かし、興奮を抑え切れず、勝利に酔ってアリアを歌う。滑稽な調子の、装飾華やかな聴きどころの歌唱である。リンドーロはエルヴィーラをムスタファに押しつけられて初めは逃げ回るのに苦労したが、今に彼女と一緒に帰国の許可が出たので、一刻も早く出帆したがっている。しかし、エルヴィーラはまだムスタファに未練があり、腰が重い。

［第一幕第四場　宮殿の豪華な大広間］

宦官たちがムスタファと彼に飼い馴らされた後宮の美女たちを称えて合唱している。ハーリーに案内されてムスタファの御前に罷《まか》り出たイザベッラは、彼のご面相を一目見た瞬間、彼の中身を洞察でき、これは御し易い玉だと見くびる。一方、ムスタファは絶世の美女の出現に呆然の体であり、彼女に無我夢中になる。彼女は彼は彼女の籠の鳥も同然だと自信を抱き、彼は美女の魅力の前で全く無力になり、二人は滑稽で、愉快な二重唱を展開する。イザベッラに惚れているタッデオは、ムスタファが彼女に首ったけであるのを見ておもしろくなく、彼に無礼な発言をすると、ムスタファは彼を串刺しの刑にせよと命じるので、イザベッラは慌てて彼は叔父だと助命の執りなしをする。

エルヴィーラ、ズルマ、リンドーロがイタリアへ旅立つ前にムスタファに暇乞いにくる。そのとき、イザベッラとリンドーロの恋人同士は、まるで魔法で湧き出たように相手を眼前にして度肝を抜かれ、呆然と立ち竦む。それを見て居合わせた他の五人は事態の急変に唖然とし、呆気にとられる。七人がそれぞれの思いを何度も繰り返す、ロッシーニならではのこの上なく愉快な七重唱が展開される。

ムスタファがイザベッラと結婚するために妻のエルヴィーラを離縁して、彼女をリンドーロに払い下げたと事情を説明すると、イザベッラはそれを断乎拒否し、そんな野蛮な風習は変えてやると一喝し、リンドーロを彼女の奴隷に貰い受けると宣言する。ムスタファはそれに反対するが、結局は彼女に惚れた弱味で、彼女の言いなりになる。七人の全登場人物と宦官や後宮の女たち全員の吹き出すような笑いと、陽気で、楽しい、賑やかな大騒ぎのアンサンブルで第一幕のフィナーレとなる。

［第二幕第一場　宮殿の一室］

宦官たちがムスタファはイタリア美女の手練手管に懐柔されて、阿呆になってしまったと合唱している。エルヴィーラ、ズルマ、ハーリーも彼女が彼を蕩し込む見事な手際に感心する。

エルヴィーラはイザベッラがムスタファを手玉に取る機転と手管のおかげで妻の地位に留まることができ、ハーリーとズルマの助言に従って、目下のところは静観し、イザベッラの今後のムスタファの薫陶と彼の改心を期待する。一方、ムスタファは皆に馬鹿にされたのが聞こえたかのように、イタリアの美女の気質はもう十分に飲み込んだので、今度は彼が彼女を自由に操る手並みを見せてやると自惚れる。イザベッラは奇しき運命で愛しいリンドーロと邂逅したのに、彼がムスタファの古女房と結婚すると知って、嫉妬で心穏やかではなかったが、彼がその結婚の事情を説明し、彼女に忠実な愛を誓うので、彼女は彼と和解し、ここから一緒に逃げ出す機会を作ることにする。一人になると、リンドーロはイザベッラが彼とエルヴィーラとの事情を理解して彼への怒りを解消し、彼への変わらぬ愛を誓ってくれた喜びのカヴァティーナを歌う。

ムスタファはイザベッラに取り入るためにタッデオをカイマカン（侍従長）に任命すると、トルコ人たちはカイマカン万歳の合唱をする。ムスタファはイザベッラが彼を好きになるよう取りはからってくれとタッデオに頼むので、タッデオは困惑しながらカイマカン就任の損得計算をして、結局は受諾するアリアを歌う。アリアにトルコ人たちの合唱が絡み、滑稽な、おもしろい、ロッシーニ節の歌唱である。

［第二幕第二場　宮殿の豪華な広間］

トルコ服姿のイザベッラがエルヴィーラに亭主の操縦法を指南することになる。彼女は魅力と美を貸し与えてくださいと美の女神に訴える美しく、優雅なカヴァティーナを歌い、最後はムスタファ、リンドーロ、タッデオも離れたところから加わり四重唱になる。三人は彼女の魅力と美貌は男を狂気にすると全面降伏する。ムスタファは麗人の魅力にのぼせ上がり、矢もたてもたまらなくなる。彼はくしゃみで合図したら、彼と彼女を二人だけにするよう命じる。イザベッラがくると、ムスタファはタッデオをカイマカンに任命したと報告し、くしゃみを連発するが、タッデオは頑として居坐り続け、ムスタファを苛立たせる。

イザベッラがエルヴィーラを連れてきて、彼女に優しくするようにムスタファに説くと、彼は烈火のごとく立腹するので、居合わす人びとは戦々恐々とし、五重唱となる。

［第二幕第三場　宮殿内の一室］

ハーリーはムスタファがイザベッラに手古摺らされ、翻弄されるのを見て、イタリア女の方が恋の手練手管が一枚上手だとアリアを歌う。タッデオとリンドーロは互いに自分こそはイザベッラの恋人だと自惚れ、一頻り恋の鞘当てを演じる。ムスタファが現れると、リンドーロはイザベッラがムスタファに首ったけだとお上手を言って煽《おだ》て上げ、彼と彼女との愛を深めるために、彼女がパッパターチという組織の創立を計画していると伝える。イザベッラとリンドーロのパッパターチ創立目的は、この行事でムスタファが快楽に耽っている最中にこの地から逃げ出すことである。ムスタファはパッパターチとは食べて、飲んで、寝て、美女と戯れる会だとリンドーロから聞くと、それは素晴らしい生活だと大賛成する。ムスタファ、リンドーロ、タッデオはパッパターチをめぐって愉快な、おもしろおかしい三重唱を展開する。

［第二幕第四場　宮殿の豪華な広間］

イザベッラと共に現れたイタリア人奴隷たちが逃亡準備完了と一旦緩急の際の彼らの胆力を雄々しく合唱する。イザベッラは彼らへの信頼を表明し、彼らの意気地の発揮を期待し、もうすぐ祖国の海岸が見られると彼らを激励するロンドを歌う。装飾音をちりばめた華麗な歌唱である。全員退場すると、タッデオがムスタファにイザベッラはパッパターチの儀式の準備を急いでいると告げ、彼を喜ばせる。

リンドーロがパッパターチ儀式の開始を宣言し、パッパターチ合唱団が歌う。ムスタファはパッパターチの一員になれたのを喜び、衣裳替えをする。リンドーロもタッデオも、ムスタファの馬鹿さ加減に笑い転げる。イザベッラはパッパターチ会員の規則遵守をムスタファに宣誓させ、タッデオが規則を読み上げ、ムスタファが復唱する。それを見ても見ぬふりをし、聞いても聞かぬふりをし、他人の言動には知らぬふりをし、食べて楽しむという規則である。二人のバスが高音を交えておもしろおかしくこれを歌う。パッパターチの儀式が始まると、イザベッラとリンドーロはムスタファの眼前で愛を交す。その間に故国への逃走の船の準備が完了する。タッデオはイザベッラとリンドーロが相愛の仲だと気づいて、彼らに裏切られ、愚弄されたと憤慨し、ムスタファにその旨を訴えるが、皮肉にも、彼はパッパターチの会則を守って飲食に夢中で、タッデオの相手にならない。

事態の急変も何のその、そういうムスタファを見て、エルヴィーラ、ズルマ、ハーリーは彼が発狂したと思う。彼はイタリア美女の逃走を聞いてやっと自分を取りもどし、裏切りだと叫ぶが後の祭りで、彼の部下たちは食べすぎ、酔い潰れている。部下たちの前での彼の面目は丸潰れだが、彼はイタリア女の手厳しい指南で妻エルヴィーラの貞淑と優しさの価値に目覚め、イタリア美女はこりごりだと反省し、彼女たち一行の航海の無事を祈る。イタリア美女の垂れた教訓を称える全員の賑やかなアンサンブルでおもしろさと楽しさの極致の音楽劇の幕が下りる。

■**解説**

一八一三年はロッシーニには記念すべき画期的な年で、彼は二曲の名作を相次いで初演した。オペラ・セリアの《タンクレーディ》とオペラ・ブッファの《アルジェのイタリア女》である。二曲とも大成功で、彼の人気は爆発的に高まり、彼はオペラ界の寵児となり、確乎不動の地位を確立した。この時彼は二十一歳になったばかりだった。ヴェルディは五十年余の作曲生活で技法を磨きながら一歩一歩登り、遂にオペラ史上の最高峰をきわめた成長型だったが、ロッシーニは天才型だった。

《アルジェのイタリア女》は二幕八場構成であり、約三年後に初演された最高の人気作《セビリャの理髪師》と共に、ナポリ派以来錬磨され、仕上げられてきたオペラ・ブッファの定型で書かれた最も完成度の高い絶品で、これら二曲を凌駕するオペラ・ブッファの存在は不可能だろう。ちなみに八十年後の喜劇オペラの最高傑作であるヴェルディの《ファルスタッフ》は、オペラ・ブッファとは異なるジャンルの曲である。

総合的評価や感銘度、人気度や上演頻度では《セビリャの理髪師》の方が《アルジェのイタリア女》に勝るが、オペラ・ブッファの生命である笑いや底抜けの楽しさでは後者の方に軍配が上がる。実際、滑稽やユーモアが自然に誘発する笑いの精華や極致の表現がこのオペラの最大の特色である。奇想天外なドラマと、新鮮な、瑞々しい音楽から繰り出される笑いの魅力と、ぴちぴちした生命力に満ち溢れている。実にオペラ・ブッファそのものといった曲である。

頭の回転の早いイザベッラはどんな苦境にもへこたれず、敢然とそれに立ち向かい、脱出の血路を開く。彼女は専制と横暴をほしいままにする太守ムスタファを手玉に取り、機智奇略を縦横無尽に発揮して彼を天手古舞いさせ、愚弄し、懲罰する痛快な活劇を演じ、哄笑の渦を巻き起こす。奇想天外なパッパターチは、思い直せばばかげた創意だが、それを演出する見事な、すばらしい音楽の誘う笑いの魅力には抗し難い。彼女に奔弄され、嘲弄されてぐうの音も出ないムスタファが、彼の愚鈍に気づき、イザベッラは魅力的だが、所詮は彼には高嶺の花だと諦らめ、お払い箱にされてもなお誠実に彼を愛し続けるエルヴィーラが彼の分相応の妻だと悟り、彼女の鞘に収まるのが落ちである。イタリア女の機智奇略と果敢な行動で万事めでたく解決し、明るく、楽しい、笑いずくめの曲の最後にドラマの教訓が歌われるのがミソである。

オペラは序曲と十六のナンバーから成っている。独唱曲は八曲（カヴァティーナ四曲、アリア三曲、ロンド一曲）あり、役柄の重要度に応じて五人の人物に配分され、最多はイザベッラの三曲である。滑稽な歌、おもしろい歌、楽しい歌、美しい歌、優雅な歌、抒情的な歌、情緒のある歌など変化に富み、華やかな装飾歌唱も多い。聴かせどころの名曲が多い。二重唱は二曲で比較的少なく、三重唱と五重唱が一曲ずつある。ナンバーにはなっていないが、第一幕のフィナーレの中に全登場人物による七重唱があり、第二幕のフィナーレの中には二人のバスによるパッパターチ宣誓の滑稽な二重唱がある。合唱のナンバーはないが、ナンバーの中に多くの合唱が含まれている。第一幕と第二幕のそれぞれに導入とフィナーレのナンバーがある。二曲のフィナーレは充実したナンバーで、オペラの笑いと楽しさの面目が躍如としていて、聴きごたえがある。ナンバーとナンバーは、一箇所を除きレチタティーヴォ・セッコで定石通り連結されている。三つの独唱ナンバーでは管弦楽伴奏のレチタティーヴォが独唱曲の前、または途中に置かれている。

とにかく、これは音楽もドラマも、文句なく楽しい、魅力的な、笑わせるオペラ・ブッファの典型的名曲である。

ジョアッキーノ・ロッシーニ《ランスへの旅》全一幕

――ベル・カント・オペラの超絶技巧の精華

■**原作**　アンヌ＝ルイーズ・ド・スタールの小説『コリンヌ』（一八〇七）

■**台本**　ルイージ・バロッキ　イタリア語

■**初演**　一八二五年六月十九日　パリのイタリア劇場

■**ドラマの時と所**　一八二五年五月二十八日　フランスの温泉地プロムビエール

■**登場人物**

マッダレーナ　旅館の女中頭……ソプラノ

ドン・プルデンツィオ　旅館の医者……バス

アントニオ　旅館の支配人……バス

コルテーゼ　旅館の所有者……ソプラノ

フォルヴィル伯爵夫人……ソプラノ

モデスティーナ　フォルヴィル伯爵夫人の女中……メゾ・ソプラノ

ドン・ルイジーノ　フォルヴィル伯爵夫人の従弟……テノール

トロムボノク男爵　ドイツの陸軍少佐で音楽マニア……バス

ドン・プロフォンド　学者でこっとう品マニア……バス

ドン・アルヴァロ　スペインの提督でメリベーア侯爵夫人を愛する……バリトン

メリベーア侯爵夫人　イタリアの将軍の未亡人……メゾ・ソプラノ
リーベンスコフ伯爵　ロシアの将軍でメリベーア侯爵夫人を愛する……テノール
コリンナ　ローマの有名な即興詩人……ソプラノ
シドニー卿　イギリスの軍人でコリンナを愛する……バリトン
デーリア　ギリシャの若い孤児……ソプラノ
騎士ベルフィオール　フランスの士官……テノール
ゼフィリーノ　世話人……テノール
ジェルソミーノ　従者……テノール

■**録音ディスクと演奏時間**　多数あるＣＤの一例　グラモフォン　F70G 50277-8　二枚組　約二時間十六分。ＤＶＤ　TDK　TDBA-0097　約二時間四十四分。

■**すじがき**

［全一幕］

［第一場　黄金の百合亭内］

フランスの温泉地プロムビエールの旅館黄金の百合亭に投宿していたヨーロッパの国々の上流名士たちが、一八二五年五月二十八日ランスへ向って旅立とうとしている。彼らは明日ランスでのシャルル十世の戴冠式に出席の予定である。

女中頭マッダレーナが従業員たちを急き立て、食卓作りをさせている。彼らが女中頭のことをがみがみ文句を言うのが趣味だとからかうので、彼女は目に物を見せてやると脹《ふく》れっ面をする。温泉治療医ドン・プルデンツィオが治療助手の女たちに今日は休診だと告げるので彼女たちは喜び、散歩に出かけることにする。医者は支配人アントニオの案内で客の食事調べをする。

旅館の経営者コルテーゼ夫人が、今日は出発には恰好の日和とアリアを歌い、続いて全員を集めて、間もなく出発のお客様に旅館のいい思い出を印象づけるのが肝心だから、お客様の好みに合わせた応対をして、旅館の評判を高めるよう訓示する。一人になって、彼女が夫が留守でなければ戴冠式に出席して、国王を一目見たいと残念がっていると、明けても暮れても着飾ることに夢中のファッション狂のフォルヴィル伯爵夫人が現れ、新調の戴冠式用最新流行着がまだ届かないと苛立ちながら女中のモデスティーナを叱りつける。彼女に衣裳を届けることになっている従弟のドン・ルイジーノが、恐縮しながら、馬車の転覆のために晴着が届かないと報告するので、ファッション狂女は気絶する。

騒ぎを聞きつけて駆けつけたトロムボノク男爵が、フォルヴィル伯爵夫人は死んでいると叫ぶと、医者のドン・プルデンツィオが彼女の脈を取り、危篤状態だと診断するが、彼女がむっくり起き上がるので、トロムボノク男爵は彼を藪医者だと言わんばかりに、彼女は助からんでしょうなと揶揄する。医者がこれはシンコペーション失神だと知識をひけらかすと、男爵はモーツァルト、ハイドン、ベートーヴェン、バッハはシンコペーションの大家だ、とこちらも知識の押し売りをする。藪医者は伯爵夫人に再診を拒絶されて、これ幸いと逃げ出す。男爵が失神原因を尋ねると、伯爵夫人は晴着が馬車の事故で届かないので、戴冠式に出席のために出発したいのに出発できず、これほどみじめな、辛い心の苦痛をなめたことはないとアリアを歌う。モデスティーナが事故の被害を免れた流行最先端の見事な帽子を伯爵夫人に渡すと、彼女はそれに見惚れて悦に入り、これで胸の痛みがいくらか軽減されたと神に感謝して歌い、居合わせた全員が、伯爵夫人はおかしな女だと笑って合唱する。

トロムボノク男爵はランスへ発つ一行の会計係だから、彼らの荷物を馬車に積み込む費用を払うと支配人に伝える。彼は伯爵夫人の失神原因を思い出し、誰にも狂気の気はあり、この世は狂人の大きな檻のようなものだと感心する。

リーベンスコフ伯爵はメリベーア侯爵夫人に恋心を燃やし、彼女にその意志表示をするが、彼女は冷淡で空とぼけ、彼をまともに相手にしないので、彼は彼女に立腹する。一方、ドン・アルヴァロも彼女を愛しているので、嫉妬深い伯爵は彼を恋敵だとして彼に近づき、彼に挑みかかろうとする。二人の男の情熱は抑え難く燃え上って火花を散らし合い、それを見て、ドン・プロフォンドとトロムボノク男爵は恋は人の気持をおかしくし、分別のある大人を小人に変えると評し、コルテーゼ夫人とメリベーア侯爵夫人は恋の鞘当てのすさまじさに恐れをなし、六人が六重唱を歌う。二人の男は恋の鞘当てが嵩じて、あわや決闘しそうな雲行きとなる。そのとき、舞台裏から妙なる竪琴の音が聞こえ、やがてそれを伴奏に美しいアリアの歌声が聞こえるので、彼らはそれに魅せられて戦意を失い、矛を収めてうっとりと聞き惚れる。

好色な騎士ベルフィオールはすでにフォルヴィル伯爵夫人を征服しているが、コリンナにも数回目配せなどして彼の気持を送信しており、今が攻略の好機と判断し、彼女は必ず陥落すると自惚れる。彼は彼女こそ愛の理想の女性だと賛美し、彼女が彼の燃え上る情熱を拒めば、彼は彼女への愛に殉じて死ぬと威嚇するが、彼女は冷静そのもので、彼の大胆な告白に侮蔑で対処し、彼の求愛態度は名誉ある騎士にふさわしくないと彼の告白を断乎拒絶して、彼らは二重唱を展開する。

ドン・プロフォンドが現れ、一行の所持品目録の作成と整理に取りかかり、その模様が長大なアリアで歌われる。滑稽なアリアで、彼は目ぼしい品目を読み上げて歌って行く。そこへフォルヴィル伯爵夫人が騎士ベルフィオールを捜しにくるので、ドン・プロフォンドが彼はつい今しがたここで詩の勉強をしていたと教えると、彼女は彼がコリンナに言い寄っていたと解釈して怒り狂い、敵をとってやると力む。

トロムボノク男爵が困った様子で駆け込んできて、恐ろしい災難、ひどい不祥事が起こったと告げる。旅の一行が呼び集められ、馬車馬を捜しに行っていたゼフィリーノが、馬はすでに全部予約済みで、一頭も確保できなかったと報告する。全員が思いがけぬ不運に愕然とするが、コルテーゼ夫人がパリにいる夫からの手紙を手にして現れ、ランスでの戴冠式の数日後、パリで戴冠祝賀会が開催されるので、戴冠式には出席できなくても、これに出席して楽しむことができると伝える。全員がパリで楽しもうと歌い、今日のランス行きは取り止め、明日定期乗合馬車でパリへ発つことに衆議一決する。ドン・プロフォンドが今夜は町民も招待して夜会を開催しようと提案し、全員が賛成する。コルテーゼ夫人にその準備が依頼され、彼女は快諾する。

メリベーア侯爵夫人、トロムボノク男爵、リーベンスコフ伯爵以外の全員が部屋へ引き揚げる。リーベンスコフ伯爵がメリベーア侯爵夫人への愛をめぐるドン・アルヴァロとの三角関係に悩み、嫉妬しているので、トロムボノク男爵はリーベンスコフ伯爵とメリベーア侯爵夫人の関係に暗雲が垂れ込めているのを気づかい、彼らの仲直りを促し、退出する。伯爵は愚かにも情念に駆られて嫉妬深い態度を取った非を悔いて侯爵夫人に謝罪し、希望と不安に胸をどきどきさせながら改めて謙虚に彼女に求愛すると、彼女はそれに応じる。彼らは今まで味わったことのない比類のない喜びと感動の二重唱をする。

［第二場　明りで装飾された庭］

夜会の支度が整い、トロムボノク男爵が音楽と踊りの一座を招いて夜会を盛り上げる。参会者たちが席に着くと、一座の楽士や踊り手たちが余興を繰り広げる。やがてトロムボノク男爵が乾杯の音頭を取り、続いて各国の歌が披露される。皮切りにトロムボノク男爵がドイツ賛歌を、メリベーア侯爵夫人がポーランドのポロネーズを、リーベンスコフ伯爵がロシア賛歌を、ドン・アルヴァロがスペイン民謡を、シドニー卿がイギリス国家を、騎士ベルフィオーレとフォルヴィル伯爵夫人がフランス民謡を歌う。最後にコリンナが即興の歌を所望される。彼女は歌の主題を一同に選んでもらうことにし、彼らは用紙に主題を書いて提出する。「フランス国王シャルル十世」が選ばれ、コリンナが竪琴を弾きながらこの主題で即興曲を歌う。シャルル十世賛歌で、全員が彼女の歌に感動して唱和し、踊りを挟んで、フランスとフランス国王万歳のアンサンブルでフィナーレとなる。

■解説

ロッシーニは一八二三年に初演された大曲《セミラーミデ》でイタリアでの作曲時代を終え、一八二四年にパリへ移住してイタリア劇場（パリの上演団体）の支配人となり、一八二五年にパリ時代の第一作を初演した。これが彼の最後のイタリア語オペラ《ランスへの旅》である（その後パリで初演した四曲は全部フランス語オペラ）。《ランスへの旅》は特別の目的で書かれ、特殊な運命を辿ったオペラである。これは一八二五年にランスで戴冠式を挙げたシャルル十世のための祝典オペラで、四回上演されただけで楽譜は出版されず、一八二八年に初演の《オリィ伯爵》に転用されたり、行方不明になったりして、半ば幻のオペラと化した。初演は音楽の素晴らしい、見事な出来栄えと当時の錚々たる最高の名歌手陣の出演で大成功を収め、聴衆を陶酔させ、作曲者はパリのオペラ界を制覇した。初演一五〇年後にオペラの資料が発見回収され始め、復元され、数奇な運命を辿った末、初演一六〇年後の一九八四年八月十六日にペーザロのロッシーニ・オペラ・フェスティヴァルで蘇演された。これはロッシーニの代表的名作の一曲だけに、その復元と蘇演はオペラ史上の大きな福音である。粋な美食家で、料理の腕前も玄人はだしだったロッシーニは、こうして《ランスへの旅》で初演時にはパリ市民に、その蘇演後は世界のオペラ界に絶品料理を振舞った。

オペラは音楽劇だから、音楽とドラマの両方の出来栄えが立派であり、両者が融合密着していて隙がなく、バランスが巧みに取れているのが理想だろう。しかし、《ランスへの旅》は徹頭徹尾歌オペラで、物語はあってなきがごとしのたわいもない類のもので、プロットの劇的展開はほとんどない。これは聴くこと重視のオペラである。オペラの最大特色や最重要性は、名歌手によるベル・カントの名人芸の披露である。ベル・カントの醍醐味こそがその最高の魅力である。これほどベル・カントの精華と極致を表現しているオペラは珍しい。オペラの完璧な上演には、少なくとも主役十人（ソプラノ三人、メゾ・ソプラノ一人、テノール二人、バリトン二人、バス二人）の名歌手を必要とする。この実現は難事で、このオペラの上演は関係者には容易ではない。全曲が聴きどころの連続と言ってもよく、名歌名唱の指摘のいとまなしの感である。中でも第二ナンバーでフォルヴィル伯爵夫人が華やかな装飾歌唱の名人芸を披露するアリアや、第三ナンバーの六重唱の中間でハープの伴奏で即興詩人コリンナが歌う神韻とも言うべき美しいアリアなどは際立った絶唱で、聴き手を陶酔の境地に誘い込む。

ロッシーニは《ランスへの旅》をドランマ・ジョコーソと呼んでいるので、これはオペラ・ブッファのジャンルに属する。オペラ・ブッファは二幕が定型だが、これは一幕物である。ナンバー数は九で、アリアが三、二重唱が二、六重唱が一、コンチェルタートが一、それに導入部とフィナーレから成っている。独唱曲は三曲のアリア・ナンバー以外のナンバーにもかなり多く含まれている。オペラ・ブッファの定型どおり、ナンバーとナンバーは全部レチタティーヴォ・セッコで連結されている。アリアや重唱の多くのナンバーには管弦楽伴奏のレチタティーヴォ（名称はレチタティーヴォ、またはシェーナ）が前置されている。

同じオペラ・ブッファのジャンルでも、《ランスへの旅》は《アルジェのイタリア女》や《セビリャの理髪師》のような滑稽なドラマや音楽が誘発する笑いを楽しむ曲とは趣きを異にしている。喜劇的オペラではあるが、笑いの場面はドラマでも音楽でも前記の二曲の場合ほど多くはない。笑いと言えば、シャルル十世の戴冠式へ出席のためにヨーロッパ中から集まった名士たちが、馬の確保ができず、ランスへの旅ができなくなり、式への出席が不可能になったとは、何とも間の抜けた、滑稽な話の成り行きではないか。オペラはシャルル十世万歳で幕になるが、オペラの上演目的には、世界最高の文化都市パリへ乗り込んだロッシーニが、最高のベル・カント・オペラで彼のオペラ作りの天分と当時最高の多数の名歌手たちを動員する実力をパリ市民に見せつける示威運動もあった。そして、彼は見事にそれに成功し、栄光に輝いた。

第15章
シチリア

ヴィンチェンツォ・ベッリーニ《ノルマ》
ピエトロ・マスカーニ《カヴァレリア・ルスティカーナ》

◉都市の概説とオペラ小史

狭いメッシーナ海峡を挟んでイタリア本土の爪先に位置し、今にも蹴られそうなシチリア島。旅情を満喫しようと思い立ち、ナポリから列車で九時間の旅をしてシチリア第二の都市カターニャに着き、ベッリーニ劇場でオペラを聴いた経験がある。演目は二十世紀初頭の代表作、ドビュッシーの《ペレアスとメリザンド》(一九〇二) だった。聴衆の入りはひどく悪く、半分が空席だった。カターニャはベル・カント・オペラの大家で旋律美が売りもののベッリーニの故郷であるせいか、《ペレアスとメリザンド》のような朗誦オペラを拒絶しているかのような印象さえ受けた。オペラを聴きにローマからパレルモへ行ったときは、遠すぎて旅情を楽しむゆとりはなく、飛行機にした。

シチリア北部は山間地が多く、カターニャの北西にあって、常時煙を吐いている活火山のエトナ山は三三二三メートルの標高である。冬に飛行機でその間近を通過したが、中腹以上は雪に覆われていて、神秘的な感じがした。しかし、沿岸のパレルモ、カターニャ、シラクーザなどは、日本で言えば宮崎、鹿児島と気候風土が似ている。どちらも亜熱帯植物がふんだんに見られ、昔宮崎市に住んだ経験のある筆者は、これらのシチリアの都市に親近感を抱いた。北海道に札幌のような大都市があるように、シチリアにはパレルモのようなイタリア屈指の大都市があり、驚く。

たとえば、イギリス南岸の白亜の壁は、その彼方に豊饒な土地が存在している幻想を与え、大昔から異民族の心を魅了し、さまざまな民族をイギリスへ誘い込み、それらの民族の支配の交替がイギリス人や彼らの言語、気質、性格を形成してきた。シチリアの民族支配の交替の歴史もイギリスの場合に劣らず賑やかであり、華やかである。シチリアは地中海中央部に位置する最大の島で、海上交通の要路、交易の要衝地として、多くの国や民族の侵略や支配の的となり、争奪戦場となった。

シチリア州の州都パレルモはシチリアに近いカルタゴの植民都市として形成され、当時カルタゴがパレルモを含むシチリアの西半分を植民地とし、ギリシャが東半分を植民地としていた。第一次ポエニ戦争(紀元前二六四—二四一)でローマがカルタゴに勝利し、シチリアを植民地とし、パレルモはローマの重要な植民都市だった。四七六年の西ローマ帝国の滅亡後、パレルモは東ローマ帝国(ビザンティン帝国)の支配下に三世紀間置かれ、ビザンティン文化の西の拠点都市だった。八三一年にパレルモはアフリカのアラブ人に征服されてその統治下に入り、イスラム文化の洗礼を受け、地中海の大都市として繁栄した。一〇七二年にはノルマン人が侵略してパレルモを植民地とし、キリスト教世界を回復した。当時イタリア南部とシチリアがノルマン・イタリア王国の版図で、宮廷はパレルモに置かれていた。その後ドイツのホーエンシュタウフェン家がシチリアを支配し、神聖ローマ皇帝フリードリヒはシチリア国王でもあった。彼は首都パレルモの文化、産業貿易の振興を図り、パレルモは国際都市として繁栄した。続いてフランスのアンジュー家の短期の支配の後、パレルモとシチリアは長期のスペインの統治を経て、イタリア統一国家に編入された。

紀元前八世紀にギリシャ人が植民して以来、シチリアとパレルモはローマ、ビザンティン、アラブ、ノルマン、ゲルマン、フランス、スペインの支配地となって統治者が次々と交替した。異人種と異文化が出会い、衝突し、混合し、融和するるつぼだった。

＊

一六五五年にミゼリコルディア劇場でカヴァッリの名作《ジャゾーネ》（一六四九）が上演されたのがパレルモでの最初のオペラ上演だった。ドニゼッティの初期のオペラ《グラナダのアラホール》が一八二六年カロリーノ劇場で初演され、彼は当時この劇場の指揮者を務めていた。イタリアの代表的オペラ劇場の一つで、国際的にも有名なテアトロ・マッシモは、マッシモ（最大）の名称どおり威容を誇る威風堂々たる劇場だが、建設されたのは遅く、一八九七年にヴェルディの《ファルスタッフ》で開場した。最初のシーズンの演目、ポンキエッリの《ラ・ジョコンダ》（一八七六）に出演した若きカルーソが成功し、これが彼の大歌手への第一歩となった。

パレルモ出身のオペラ作曲家にはナポリ派初期の巨匠アレッサンドロ・スカルラッティ（一六六〇―一七二五）がいるが、彼は少年時代の一六七二年にローマへ移住して音楽修業し、数曲の最初期のオペラを書いた後、一六八四年にナポリへ移り、ナポリ派の創始者となる。しかしながら、彼の八十曲近いオペラで、劇場のレパートリーとなっているものはほとんどなく、ディスクで聴くことができる曲もごく少ない。また、彼は出身地パレルモのオペラ史にほとんど足跡を残していない。

パレルモにはヴィンチェンツォ・ベッリーニ音楽院がある。カターニャが音楽院の所在地でないのがおもしろい。その名称がアレッサンドロ・スカルラッティでないのも、またそうである。

ヴェネツィアが舞台のオペラの数は際立って多いが、シチリアが舞台のオペラもかなり多い。シチリアは由緒と特色のある土地柄で作曲家や聴衆の心を惹きつけ、魅了するからだろう。

シチリア・オペラ史で次に重要な都市はカターニャである。カターニャは三十三歳の若さで逝った天才的オペラ作曲家ヴィンチェンツォ・ベッリーニの生誕地である。アレッサンドロ・スカルラッティは十二歳で故郷パレルモから離れたが、ベッリーニは十八歳でナポリへ移住してからほとんどカターニャの土を踏まなかった。それにもかかわらず、カターニャには彼の名を冠した場所や施設や事物、彼や彼の創造人物の像などが溢れていて、彼が市民に親しまれ、彼らが彼を誇りにしていることがわかる。

カターニャのオペラはベッリーニに始まり、ベッリーニに終わると言っても過言ではない。テアトロ・マッシモ・ベッリーニ（ベッリーニ大劇場）は一八九〇年にベッリーニの最高傑作《ノルマ》（一八三一）で開場し、以来彼の作品や彼と同時代のロッシーニ、ドニゼッティのいわゆるベル・カント・オペラを中心に上演してきた。劇場はパレルモのテアトロ・マッシモと同じように「マッシモ」の名を冠しているが、テアトロ・マッシモ・ベッリーニにはパレルモのテアトロ・マッシモほどの偉容と壮大感はない。しかし、その内外部ともしばし見惚れるほどの美しさと魅力がある。

ちなみに、カターニャはヴェリズモ文学の作家ジョヴァンニ・ヴェルガの生誕地でもある。オペラ愛好家なら彼には馴染みがある。マスカーニの《カヴァレリア・ルスティカーナ》（一八九〇）の原作はオペラと同名のヴェルガの短篇小説だからである。

◉作品紹介

ヴィンチェンツォ・ベッリーニ《ノルマ》二幕五場
――カターニャ生まれのベル・カント・オペラの巨匠の代表的名曲

■**原作**　アレクサンドル・スーメとルイ・ベルモンテの悲劇『ノルマ』（一八三一）

■**台本**　フェリーチェ・ロマーニ　イタリア語

■**初演**　一八三一年十二月二十六日　ミラノ・スカラ座

■**ドラマの時と所**　ローマ帝国占領下の紀元前五十年のガリア地方

■**登場人物**

オロヴェーゾ　ドルイド教の大祭司でノルマの父……バス

ポッリオーネ　ガリア地方のローマ人総督……テノール
フラーヴィオ　ポッリオーネの友人でローマ軍の百人隊長……テノール
ノルマ　イルミンスル神殿の巫女の長……ソプラノ
アダルジーザ　イルミンスル神殿の巫女……メゾ・ソプラノ
クロティルデ　ノルマの腹心の友……メゾ・ソプラノ

■**録音ディスクと演奏時間**　多数あるCDの一例　東芝EMI　TOCE 6007-9　三枚組　約二時間四十一分。LDの一例　BMGビクター　BVLD 33-4　三面　約二時間三十三分。DVDの一例　TDK　TDBA-0041　二枚組　約二時間三十七分。

■**すじがき**

［序曲］

［第一幕第一場　ドルイド教徒たちの神聖な森］

ドルイド教徒たちが森に勢揃いすると、大祭司オロヴェーゾが、新月が出たらノルマが鳴らす三度の鐘を合図にローマ軍に戦闘を挑み、彼らの支配の軛から解放されるのだと教徒たちに戦意高揚の檄を飛ばすと、教徒たちは直ちにそれに応じる。

彼らが退場すると、ポッリオーネがフラーヴィオと共に現れ、ノルマとの秘密の愛の営みで二児までもうけたが、彼女に飽きて今は彼女の配下の巫女アダルジーザに愛を移し、これが発覚した時のノルマの復讐に戦々恐々としていると相手に打ち明け、続いてノルマの残酷な仕打ちの夢に懊悩しながらも、アダルジーザとローマで結婚する決意だとカヴァティーナを歌う。鐘が鳴ってノルマの来場が告げられ月が昇る。ポッリオーネはアダルジーザへの燃え上る熱烈な愛のカバレッタを歌う。

二人のローマ人が退去すると、ドルイド教徒たちがオロヴェーゾを中心にして登場し、ノルマの来場を待望して合唱する。姿を見せたノルマはローマ軍との戦いは時期尚早で神意ではないと彼らを失望させるので、オロヴェーゾがこれ以上先祖伝来の土地をローマ軍に蹂躙されるままでは彼らの武器が黙ってはいないと彼女のお告げに反対する。すると、彼女はドルイド教徒が蜂起せずともローマ軍は悪徳のために自滅するというのが神意だと彼らを捩《ね》じ伏せる。ポッリオーネの冷めた彼女への愛を甦らせたいノルマは、ドルイド教徒たちとポッリオーネとの戦いを恐れている。続いて彼女は夜空に照り輝く月に向い、人びとが戦いに勇み立つ心を鎮め、天の安らぎで地上を包んで下さいとカヴァティーナを歌う。華やかな装飾を伴うベル・カント歌唱の粋と言える、全曲中最高の名曲である。

経過部のシェーナで、ノルマが神がローマ軍の血を欲したら彼女の叫び声が響くと言って儀式の終わりを宣言すると、一同もそのときはポッリオーネに神罰が下ると合唱する。それから、ノルマはポッリオーネの誠実な彼女への愛と彼の美しく明るい瞳の輝きが、彼女のところへもどってきて欲しいとカバレッタを歌う。ここでは、巫女の長としての権威と義務で人びとに尊崇されている地位と、ポッリオーネへの熱烈な愛と、彼の彼女への愛の冷却との葛藤に心を引き裂かれた彼女の煩悶と苦悩が、カヴァティーナの場合以上に装飾音をふんだんにちりばめた超絶技巧の名人芸のベル・カントの妙技で聴かれる。

巫女のアダルジーザが神に背いて敵方のローマ人と禁断の恋に身を委ねる苦境に途方に暮れ、神の導きと加護を祈っていると、ポッリオーネが現れるので、彼女が彼との恋は断たねばならないと主張する。彼は断乎たる彼女への愛を披瀝し、ローマで結婚しようと強く誘うが彼女がそれを拒むと、彼はなおもローマでの彼らの愛の歓喜と至福を約束するので、彼女は禁断の愛の罪と愛の甘美な悦楽との葛藤に煩悶しながらも遂に愛の虜となり、神に背いて男への誠実を誓う。

［第一幕第二場　森の中のノルマの秘密の住居］

ノルマはここでポッリオーネとの間に生まれた秘密の二人の男児をクロティルデに世話をさせている。愛人の彼女への愛の冷却を感じて苦悩している彼女には、かつては愛の結晶だった子供たちへの彼女の態度も微妙に変化して行くような気がして、愛しくもあり、疎ましくもあり、憎らしくもある。その上、ポッリオーネが近くローマへ召還されることになり、彼女の心中は穏やかではない。

人の気配を感じて、ノルマはクロティルデに子供たちを隠させる。アダルジーザが現れ、恋のために神と巫女の掟に背いて国を捨てる苦衷を上司のノルマに打ち明ける。彼女が相手の男の名を伏せて、彼の顔に天国を見、愛の燃焼の経緯を語り、ノルマに禁断の罪を犯した許しを乞うと、自らも身に覚えのあるノルマは、彼女に同情し、罪を許すだけではなく、寛大にも彼女が恋を貫いて幸福に生きるよう激励する。恋と巫女の掟違反の葛藤で煩悶していたアダルジーザは、思いもよらぬノルマの寛容にほっとし、彼女を命の恩人だと感謝する。この二重唱は優しさと抒情性に溢れていて、前のアダルジーザとポッリオーネとの激情的で劇的な二重唱とは対照的である。

ノルマが恋の相手の名を尋ねると、当のポッリオーネが現れ、アダルジーザは彼だと答える。ノルマは驚天動地の激情に翻弄され、ポッリオーネを裏切り者だと罵倒して、一転して緊迫した三重唱となる。ノルマは彼が彼女を騙したようにアダルジーザを卑劣な手で誘惑し、彼女を悲嘆の涙に暮れさせ、恥ずかしめたと彼を弾劾し、アダルジーザは彼とノルマとの間の秘密を知って、彼に騙されたと嘆き、彼を不実な裏切り者だと罵る。彼はアダルジーザを愛するのが彼の運命なら、ノルマと別れるのも彼の運命だと弁明する。アダルジーザはノルマを苦しめたと自分を責め、ポッリオーネを彼女に返すと約束する。

［第二幕第一場　ノルマの住居］

顔面蒼白で心が千々に乱れたノルマは、短剣で眠っている子供たちを刺そうとするが、彼女の苦悩に彼らは何の罪もないと思い、短剣を振り下ろすことができない。彼らが目を覚ますと、彼女の母性本能も目覚め、やにわに彼らを抱き締め、クロティルデにアダルジーザを呼びに行かせる。

現れたアダルジーザにノルマは恥辱を告白し、贖罪のために自殺すると打ち明け、ポッリオーネと結婚して彼女の子供たちを育ててくれと頼む。アダルジーザはびっくりして結婚も子供たちの養育も拒み、彼女に自殺を思い止まるよう説得し、ポッリオーネがノルマのもとへ帰るよう彼に頼んでくると主張する。彼女たちは愛の三角関係から生じたわだかまりや対立を捨てて抱擁し合い、友情と信頼を回復する。この二重唱は超絶技巧の名人芸を要する歌唱で、ベル・カントの妙技が展開される印象的な曲である。

［第二幕第二場　森の中の神殿近くの淋しい場所］

兵士たちが戦闘態勢を整え、ノルマが伝える神のお告げを待って合唱している。ローマ軍への煮えたぎる怒りでじっとしておれない兵士たちに、オロヴェーゾがポッリオーネの後任にもっと冷酷な総督が着任するらしいと伝え、ローマ人の支配下での忍耐は辛いが、神がまだ抗戦を許可しないから、怒りの炎は心の中で燃やし続けようと血気盛んな一同を宥《なだ》める。

［第二幕第三場　神殿の内部］

ノルマはポッリオーネが彼女のところへもどってくれると期待していると、クロティルデがきて、アダルジーザの説得は失敗に終わったと報告するので、ノルマは激怒し、アダルジーザが彼女を裏切ってポッリオーネのもとへ走ったと信じ、彼とローマ人を血祭りにすると叫んで神殿の鐘を打ち鳴らし、戦闘の合図をする。集まったドルイド教徒たちにノルマがローマ人を全滅させよと布告すると、彼らはローマ人を皆殺しにして復讐だと合唱する。この合唱は、ベッリーニの最も激烈で力強い音楽である。

アダルジーザを連れ出すために神殿に侵入したポッリオーネが逮捕され、ドルイド教徒たちが彼を刺殺して復讐を遂げようと叫ぶと、ノルマが彼女の手で仇を討つと父親から短剣を受け取るが、心の底ではなお愛している男を手打ちにするのを臆し、彼に尋問することがあるからと一同の退去を求める。二人だけになると、彼女はアダルジーザとの恋を断念すれば命を救け、彼女も彼を諦めると彼に約束するが、彼はそれを拒否し、殺してくれと叫ぶ。彼女がローマ人を皆殺しにし、巫女の禁制を破ったアダルジーザを火刑にすると彼を威嚇すると、彼は彼女の助命を懇願し、彼自身は死ぬと彼女に短剣を要求するが、彼女はそれを拒否する。彼女は事態打開の決断をして彼との二重唱を終える。

ノルマは再び全員を集め、一人の巫女が禁制を破り、神に背いた罪で彼女を生贄にすると告げ、火刑の準備をさせる。ポッリオーネは巫女がアダルジーザだと信じて助命を嘆願すると、ノルマの口から発せられた生贄の名は、全員がびっくりしたことに、ノルマ自身の名である。彼女が神や運命は彼女とポッリオーネを切っても切れぬ絆で結びつけているとカヴァティーナを歌うと、ポッリオーネは彼女の崇高な精神にいたく感動して彼女の許しを乞い、彼女と共に死ぬ決意をする。一同は彼女の告白に狼狽し、彼女の罪の事実無根の弁明を求めるが、彼女が二児の母だと打ち明けると、彼らは驚愕で言葉を失う。彼女は子供たちを彼女の罪の犠牲にしないで、彼らに憐れみと慈悲をかけてほしいと嘆願のカバレッタを歌う。彼女が愛という人間の克服し難い情念に負けて罪を犯したと告白するに及んで、オロヴェーゾは子供たちの命と養育を涙ながらに保証する。

ノルマの頭から神聖な花環が外されて死の黒ヴェールが着せられ、彼女はポッリオーネと共に火刑台に登り、彼らはその向うに永遠の愛を求める。オロヴェーゾは彼女の罪を許し、一同は彼女が生贄になることで神殿と祭壇が浄化され、罪の呪いが消えるよう祈り、全員の大アンサンブルで全曲の幕となる。

■解説

《ノルマ》はすでに数曲の名作でオペラ界の代表的人気作曲家になっていたベッリーニの八番目の曲で、彼は実力と自信を持って作曲したが、初演では必ずしも成功作ではなく、彼の他の名曲ほどの人気と評判は得られなかった。しかし、上演を重ねるにつれて世評が高まり、彼の最高の名作であるのみならず、ベル・カント・オペラの最大傑作だと評価されている。《ノルマ》の発散するロマン主義の香りや得も言われぬ旋律美は、彼とほぼ同時代のショパンのピアノ音楽のそれらのように、他人には真似のできない独特のもので、天分のみが放ち、紡ぐことができるものである。しかしながら、《ノルマ》の旋律の際立った特色は、ベル・カントの美しく、滑らかでしなやかな抒情的歌唱である一方で、作曲者の情熱的な、激しい気質と性格を反映してか、それは激烈な感情や情念と心理的葛藤の劇的表現の歌唱である。豊饒な抒情的と劇的旋律の魅力が《ノルマ》の真骨頂である。

《ノルマ》は田園牧歌的な前作《夢遊病の女》とは調子が一変した、それとは対照的なぞっとするほど恐ろしい悲劇オペラである。

オペラの主題は古代ローマのガリア地方総督ポッリオーネとローマ支配下のガリア人の二人の巫女ノルマとアダルジーザの愛の三角関係、およびそれが惹起する嫉妬、憎悪、復讐、母性愛、苦悶煩悶、悲嘆などの葛藤である。その背景にはガリア人のローマ人への憎悪と謀叛への一触即発の険悪状況がある。ノルマは三角関係の愛と嫉妬の情念で苦悩するだけではなく、民衆に神意を布告する重大な職責を担う巫女の長で、民衆はローマ人との戦闘開始の神意の布告を迫るが彼女は愛するポッリオーネの戦死をもたらしかねない危険な宣戦布告はできず、愛と民衆の願望との板挟みでも苦しむ。《ノルマ》の主題には、一八四〇年代にヴェルディがリソルジメント（イタリアの独立と国家統一のための運動）に愛の三角関係を絡ませて採り上げ、人気を博した主題と共通点がある。

《ノルマ》は外題役を中心にして激しい感情や情念の起伏や変化と複雑な心理経過の描写の劇的緊張感と迫力に富んだオペラである。アリアと重唱の曲数が伯仲し、重唱（二重唱四曲、三重唱一曲）が多数であることも、オペラの劇的構成の緊密性を裏書きしている。

第二幕第一場のシェーナと二重唱でアダルジーザがノルマに譲歩してポッリオーネへの愛の競争から身を引き、彼のノルマへの愛が復活するように彼を説得する決心をしてノルマと和解するくだりまでは、ドラマの展開にはそれほど強烈な緊張感や緊迫感はなく、それほど激烈な感情表現もない。このくだりまでのナンバーの名称はシェーナとアリア、シェーナと二重唱、シェーナと三重唱などの、当時のオペラ・セリアのコンヴェンションに従っており、アリアや重唱の大部分はカヴァティーナ＝カバレッタ形式を取り、歌唱はベル・カントによる旋律美の宝庫の感がある。

しかしながら、アダルジーザのポッリオーネ説得の失敗をクロティルデから聞くと、ノルマは俄然激烈な感情を爆発させ、アダルジーザとポッリオーネを憎悪し、ローマ人に宣戦布告してドラマの様相は急変し、緊迫した激しい展開を見せる。ノルマの心境は内的苦悩と動揺に翻弄されて刻々と変化し、ドラマはスピーディな変化と複雑な様相の展開を見せながら終局に向う。アダルジーザを嫉妬し、憎み、ポッリオーネの不実と裏切りに復讐を企てたノルマは、苦しい内面的葛藤の末、彼らに対する恩讐を越えて、巫女の掟の侵犯と神の冒涜の罪の償いのために火刑台に上がり、彼女の崇高な精神に感動して、ポッリオーネも彼女と共に劫火に身を投げる。

この二幕三場の緊迫したドラマの場面の歌唱の多くの部分は、こういう場面の表現に適切有効なシェーナとなっている。ノルマとポッリオーネとの激しい対決の二重唱もこの劇的場面に効果的である。

《ノルマ》はドラマの面でも音楽（声楽と器楽）の面でも、何度聴いても聴き飽きない魅力的名曲である。

ピエトロ・マスカーニ《カヴァレリア・ルスティカーナ》一幕

――シチリアが舞台のヴェリズモ・オペラの代表的名曲

■原作　ジョヴァンニ・ヴェルガの同名の小説（一八八〇）の作者自身による同名の劇（一八八四）

■台本　ジョヴァンニ・タルジョーニ＝トッツェッティとグイード・メナーシ　イタリア語

■**初演**　一八九〇年五月十七日　ローマのコスタンツィ劇場

■**ドラマの時と所**　一八九〇年頃の復活祭の日のシチリアのある村

■**登場人物**

トゥリッドゥ　村の青年……テノール

サントゥッツァ　村の娘……メゾ・ソプラノ

ルチーア　トゥリッドゥの母……メゾ・ソプラノ

アルフィオ　馬車屋……バリトン

ローラ　アルフィオの妻……メゾ・ソプラノ

■**録音ディスクと演奏時間**　多数あるＣＤの一例　ロンドン　F25L-29115　一枚　約一時間十六分。多数あるＬＤの一例　フィリプス　88VC-303　二面　約一時間十分。

■**すじがき**

オペラの主要旋律を使って奏される前奏曲は、復活祭の朝ののどかで、平和な村の雰囲気にふさわしい穏かな曲想で始まり、次第にテンポを早めながら情熱的で、ドラマティックな曲想へと盛り上がっていく。美しい抒情性と激しいドラマ性が巧みに、見事に描き出されている。前奏曲の途中からトゥリッドゥが歌う、シチリア舞曲の語法による印象的な、美しい名歌〈シチリアーナ〉が聞こえてくる。この歌の中で彼はかつての恋人で、今また情を交している美しい人妻ローラを賛美し、彼女のためには死も恐れず、彼女のいない天国なら行きたくない、と情熱的に歌う。これはオペラの結末でローラの夫との決闘で殺されるトゥリッドゥの悲劇的運命の暗示でもある。オペラは開幕前からシチリアの地方色に彩られている。

幕が上がるとシチリアのある村の広場で、舞台上手に教会、下手にルチーアの居酒屋がある。教会の鐘を合図に村の男女の合唱が、初めは舞台裏から交互に聞こえ、やがて彼らが舞台に現れ、最後は男女の合唱が重なり合う。花が咲き、小鳥が囀り、麦穂が黄金色に色づく陽春のうららかな恵みと復活祭を賛美する、耳に快い、印象的な合唱である。四方八方から続々と集まってきた村の男女が復活祭のミサに出席のため教会の中へ姿を消す。

音楽は陽気な、明るい曲想から暗い曲想へ一転する。サントゥッツァが愛するトゥリッドゥの母親ルチーアに会いに居酒屋へきて、彼の居場所を尋ねると、ルチーアは知らないと答えるが、再度尋ねられると、ぶどう酒の仕入れに行ったと答える。サントゥッツァは彼が村にいるのを見た人がいると言って、母親の返事を否定する。ルチーアが家の中へ招き入れようとするが、サントゥッツァは教会から破門された身だから入れないと答える。舞台裏から馬車の鞭の音が聞こえ、軽快で、陽気な音楽に乗って馬車屋のアルフィオと村の男たちが現れ、馬車屋が闊達で、威勢のいいソロを歌う。歌の前半部で彼は稼業を楽天的に歌い、後半部では妻のローラと相思相愛の仲を自慢げに歌う。しかし、事実は、彼女はトゥリッドゥと情交の仲で、これが悲劇の原因になる。ソロには合唱も加わる。

男たちが立ち去ると、アルフィオが居酒屋へ入ってきて古いぶどう酒を注文する。ルチーアが息子が仕入れに言っていると答えるので、すかさずアルフィオが俺の家の近くで彼の姿を見たと言うと、彼女は不審がるが、その意味を解したサントゥッツァが制止し、彼女に喋らせない。馬車屋は二人の女の暗号的な様子と態度に気嫌を損ねて、ぷいと出て行く。教会からイエスの復活を祝う賛美歌の合唱が聞こえると、サントゥッツァもそれにつられて同じテクストを歌い、やがてルチーアも加わる。教会の外の人びとが中へ入って二人だけになると、ルチーアはサントゥッツァに、彼女の息子がアルフィオの家の近くにいるのを彼が見たと言ったとき、彼女に喋らせなかった理由を尋ねる。

ここでサントゥッツァは〈ママも知るとおり〉として知名のアリアを歌う。「トゥリッドゥは兵役前にローラと深く愛し合い、将来を契り合った仲だったが、除隊して帰るとローラはアルフィオと結婚していた。彼は彼女を思い切るためにサントゥッツァを新しい愛人に選び、彼女も彼を熱愛した。ローラはこれを見て、夫のことを忘れて嫉妬に狂い、彼女から彼を奪ってしまった。彼女は貞操も名誉も失って、悲嘆に暮れている」という意味のソロで、彼女の歌の調子は次第に高潮し、激情的になる。全曲中最高の名歌で、しばしばコンサートのプログラムを飾るドラマティックな名曲である。ルチーアはこれを聞いて、聖なる復活祭に縁起でもないと初めは不快がるが、次第にサントゥッツァの歌に心を動かされ、哀れになり、教会へ祈りに出かける。

入れ替りにトゥリッドゥが帰ってくると、サントゥッツァはどこへ行っていたのかと彼を追及し、アルフィオが彼の家の近くで彼を見かけたと非難する。嫉妬に狂った彼女が彼はローラを愛していると追い打ちをかけると、彼は彼女の嫉妬に立腹する。二重唱となり、彼への愛を諦め切れない彼女が彼に苦悩を訴えると、彼は彼女の嫉妬など真っ平だと憤慨する。緊迫した、激情的な二重唱の最中に、それとは対照的な、甘美で、魅力的なローラの歌声が舞台裏から聞こえ、やがて彼女が舞台に現れる。ローラが教会へ行こうと二人を誘うが、サントゥッツァはそれを拒み、トゥリッドゥもまだ話があるからここにいてほしいと訴える。ローラが去って、再び二人の二重唱が始まる。サントゥッツァは何とか彼の気持を取りもどそ

う と苦しい胸のうちを彼に訴えるが、トゥリッドゥは彼女が彼をつけ回していることに憤慨し、あげくの果ては互いに相手を罵倒し合う。彼女は遂に「覚えていなさい」と啖呵を切り、これが次の彼女とアルフィオの二重唱に繋がって、トゥリッドゥの悲劇へと発展する。トゥリッドゥも堪忍袋の緒を切らし、憤怒のあまり彼女を地面に突き倒し、教会の中へ逃げ込む。二人の関係の決裂のこの二重唱は、人間の情念のすさまじい激発であり、続くアルフィオとサントゥッツァの二重唱と共にオペラのドラマの頂点を形成する。

アルフィオが現れ、彼とサントゥッツァとの二重唱となる。前の二重唱での「覚えていなさい」という彼女の報復を意味する言葉が、今度の二重唱で具体的な形で展開される。サントゥッツァはアルフィオに、ローラとトゥリッドゥが彼の家へ行ったと嘘を言い、彼を驚かす。さらに、彼女は嫉妬に狂って、ローラが夫を裏切り、彼の名誉を汚していると伝え、ローラがトゥリッドゥを彼女から奪ってしまったと訴える。サントゥッツァがこれは事実だと誓うと、アルフィオはローラとトゥリッドゥを憎悪し、彼らに復讐を誓う。

［間奏曲］

二曲続いた二重唱でドラマは激烈さと緊張の頂点に達し、これから悲劇的結末に向って下降する。その間に一息入れるために、ここでゆっくりした、美しい間奏曲が演奏される。これはヴェリズモ・オペラの慣習でもあるが、緊張に水を差してドラマを中断し、その効果を減殺する恐れもある。

ミサが終わり、会衆は広場へ出てきて、初めは男声合唱、次に女声合唱、最後に混声合唱で家へ帰ろうと歌う。トゥリッドゥがローラに声をかけるが、彼女はサントゥッツァとの険悪な状況を懸念して家へ帰ろうとすると、彼がローラを引き止める。彼は村人をも彼のぶどう酒で一杯やろうと誘い、彼自身のもやもやした気分を晴らすためであるかのように酒を礼賛し、ほろ酔い気嫌になって〈乾杯の歌〉を歌う。ローラや村人たちも彼に唱和し、〈ぶどう酒礼賛〉の合唱をする。

そこへアルフィオが現れ、トゥリッドゥが彼にぶどう酒を差し出すが、彼はトゥリッドゥの酒は腹に毒だから受けられないと言って、それを地面に捨て、明からさまに敵意を見せる。険悪な空気を案じて女たちがローラを誘って立ち去ると、トゥリッドゥがアルフィオの右耳を噛んで決闘の意志表示をし、アルフィオがこれを受け入れる。トゥリッドゥはアルフィオに自分の非を認め、彼に殺されても文句は言えないが、自分が死んだらサントゥッツァが可哀そうだから、彼女のために彼の心臓にナイフを突き立ててやると言う。

アルフィオが立ち去ると、トゥリッドゥは母親を呼び出して別れを告げ、サントゥッツァと結婚の誓いをしたのに彼女を捨てたことを後悔し、彼が死んだら彼女の母親になってやってほしいと彼女に頼む。ルチーアが息子の言い草を不審がると、彼は酒のせいで訳のわからぬことを口走ったと言い逃れ、彼女にキスをしてもらって別れを告げ、走り去る。サントゥッツァがきて、二人の女は名前を呼びながら抱き合う。そのとき、「トゥリッドゥが殺された!」と悲鳴を上げながら叫ぶ女の声が聞こえる。サントゥッツァ、マリーア、村人たちは恐怖の叫びを上げ、二人の女は卒倒する。管弦楽の後奏と緊張の中で全曲の幕となる。

■解説

ピエトロ・マスカーニは一八六三年にリヴォルノで生まれ、一九四五年にローマで没した、ヴェリズモ・オペラの創始者として特に著名な作曲家。ミラノ音楽院で名作《ラ・ジョコンダ》で有名なポンキエッリに師事し、プッチーニとも親交を結んだが、音楽院を中途退学した。旅回りのオペレッタ一座で指揮者をしたり、ピアノ教師をしながら作曲を続け、ソンツォーニョ出版社の一幕物オペラの一八八九年のコンクールに見事優勝し、応募作の《カヴァレリア・ルスティカーナ》が一八九〇年にローマのコスタンツィ劇場で初演されて大成功を収め、忽ち世界中で次々に上演され、オペラ界を風靡し、以来オペラ史上屈指の名作で、最も人気の高い一曲である。その後の《友人フリッツ》（一八九一）、《グリエルモ・ラドクリッフ》（一八九五）、日本を題材にした《イリス》（一八九八）、《仮面》（一九〇一）、《イザボー》（一九一一）を含めて生涯に十六曲のオペラを書いたが、《カヴァレリア・ルスティカーナ》に匹敵する曲はおろか、成功作と呼べる曲さえほとんどない。彼にはレオンカヴァッロと同じようにオペレッタがあり、《はい嬢》（一九一九）が時に上演される。

マスカーニは一八九五—一九〇二年にペーザロ音楽院長を務め、指揮者としても知名だった。彼はファッシストに利用され、彼の最後のオペラ《ネローネ》（一九三五）をムッソリーニを称えて書いたために政治的に傷つき、音楽界からも排斥され、不名誉な目を見た。

《カヴァレリア・ルスティカーナ》の主題は三角関係の愛が惹起する嫉妬、復讐、意地、面子、義侠心などの絡み合った葛藤で、ドラマはその悲劇である。これはシチリアの田舎に限らず、いつでも、どこにも実生活の中に転がっている主題で、ヴェリズモ・オペラに好適なものである。意地や面子や義侠心は保守的な田舎人にはとかく美徳—騎士道—と思われがちで、「カヴァレリア・ルスティカーナ（田舎騎士道）」

とは、このオペラのドラマ内容にぴったりの題名である。

穏やかな抒情的音楽で始まる前奏曲がやがてドラマティックに盛り上がったところで、舞台裏からトゥリッドゥの情熱的なローラ賛歌が聞こえる。〈シチリアーナ〉と名づけられたこの歌は、歌い手の悲劇的運命を示唆している。

陽春と復活祭を賛える実に爽快で印象的な開幕の合唱の名曲が終わり、音楽が明るい曲想から暗い曲想へ一転し、サントゥッツァが登場して〈ママも知るとおり〉の名アリアで劇的緊張感が高まり始め、彼女とトゥリッドゥの激烈な二重唱にそれが受け継がれて一層増幅し続け、続く彼女とアルフィオとの二重唱でそれは絶頂に達し、張り詰めた糸は切れるのを待つばかりで、ドラマの悲劇的終局は確実となる。ここで演奏される美しい間奏曲は、極度の緊張から解放されて一息入れる、嵐の前の静けさを感じさせる効果はあるが、聴衆の心にはその間も破局を待つ意識が働いている。間奏曲の終演と共に、ドラマはトゥリッドゥや彼の仲間たちの〈乾杯の歌〉や彼の〈母親への告別の歌〉などを挟んで悲劇的終局へと駆け足で下降する。

《カヴァレリア・ルスティカーナ》の目立った特色として、音楽（器楽と声楽）にもドラマにもシチリアの地方色が豊かに表現されていて、懐かしさや親しみや楽しさが強く感じられる。音楽にはドラマティックな激烈さや情熱が溢れている一方で、詩情や抒情性があり、それらの対照の妙が感銘深く、魅力的である。これは言葉に言いつくせないほど親しみを感じ、心を惹かれ、感心する曲である。今日最も頻繁に上演されている曲で、たいていの場合レオンカヴァッロの《道化師》と一対で上演され、《カヴとパグ》の愛称で呼ばれる二曲のヴェリズモ・オペラは、絶妙な黄金の双子である。

あとがき

音楽学の受講経験はなく、音楽のことは我流で素人だが、これまでにオペラ関連の三冊の本を世に出した。(一)『二百年の師弟――ヴェルディとシェイクスピア』(音楽之友社)(二)『シェイクスピア劇のオペラを楽しもう』(音楽之友社)(三)『オペラで愉しむ名作イギリス文学』(水曜社)である。友人知人にはオペラマニアだとからかわれているが、我ながらオペラ好きを自認している。何しろ海外(主としてヨーロッパ)の十六カ国の一〇四劇場で五三四回オペラを視聴してきた。オペラに親しみ始めて六十年になる。晩年の今もオペラ熱の勢いは衰えそうにない。

これまでに出した三冊の本は、オペラとイギリス文学との関連から成り立っている。イギリス文学の学習と教授を仕事としてきたから、職業と嗜好の連結した本である。しかし、今回の本はイギリス文学とはほとんど関係がない。オペラは十六世紀末にイタリアのフィレンツェで呱々の声をあげた。四冊目のオペラの本は回り道せずにオペラの心臓部へ迫った書き物である。

余談だが、日本には徳川時代最初期に成立した伝統芸能の歌舞伎がある。先輩格の能が武家の芸能であるのに対し、歌舞伎は江戸町人の芸能である。能からは武家の気性の発散が感じ取られ、歌舞伎からは庶民大衆の喜怒哀楽がかもし出されている。

オペラは歌劇と訳され、歌で演じられる芝居である。補足すれば多くのオペラ(特にフランスオペラ)では踊り(バレエ)の場面がある。オペラも歌舞伎も歌舞劇である。歌舞伎に親しむようになったのはオペラよりも後だが、それでも五〇年になる。

不思議で興味深いことに、オペラと歌舞伎は同時期に誕生した。現存最古のオペラはヤコポ・ペーリ作曲の《エウリディーチェ》（一六〇〇）である。歌舞伎の始まりは出雲の阿国《おくに》と彼女の仲間が一六〇三年に都（京都）の天満宮で興行した「傾《かぶ》き踊り」だというのが定説である。阿国は出雲の巫女だったと言われるが異説もある。当時異端者の風変わりな服装や振舞いが流行し、これを傾くと呼んだ。歌や踊りに親しみ、愛着を覚えるのは人種を問わず人類共通の自然な傾向である。オペラと歌舞伎は同時期に始まっただけではなく、共通点や類似点が多々ある。

オペラは総合舞台芸術と呼ばれることがあり、歌舞伎は伝統芸能と言われる。芸術か芸能かは厄介な問いである。ヴェルディやヴァーグナーや現代オペラの中には哲学的に、内面的に芸術性の香り高い曲がある。しかし、四百年のオペラ史上の大部分の作品は芸術というより芸能と呼んだ方がぴったりする。大部分のオペラや歌舞伎は芸能であり、俗っぽい呼び方をすれば道楽である。深みに引き込まれたら、おもしろくて抜け出しにくい道楽である。

晩年の今振り返ってみて、二つの道楽の深みにはまって幸せだった気がする。

福尾 芳昭

二〇一五年十一月

福尾　芳昭（ふくお・よしあき）
1927年愛知県生まれ。東北大学文学部英文学科卒業。現在三重大学名誉教授。オペラ関連著書に『二百年の師弟――ヴェルディとシェイクスピア』、『シェイクスピア劇のオペラを楽しもう』（いずれも音楽之友社）、『オペラで愉しむ名作イギリス文学』（水曜社）。

イタリアの都市とオペラ

発行日　二〇一五年十二月二十三日　初版第一刷

著　者　福尾芳昭
発行人　仙道弘生
発行所　株式会社 水曜社
〒一六〇‐〇〇二二
東京都新宿区新宿一‐一四‐一二
電　話　〇三‐三三五一‐八七六八
ＦＡＸ　〇三‐五三六二‐七二七九
www.bookdom.net/suiyosha/
印　刷　日本ハイコム株式会社

ISBN978-4-88065-374-7 C0073